Seoul

ソウル

ララチッタとはイタリア語の「街＝La Citta」と、
軽快に旅を楽しむイメージを重ねた言葉です。
K-POPスター行きつけ店、最旬ショップ、
行列のできる美味しい店、韓方エステなど…
大人女子が知りたい旅のテーマを集めました。

ララチッタ ソウル

CONTENTS

とっておきシーン 7…P4
What's New Seoul…P10
ソウルエリアNavi…P12
2泊3日王道モデルプラン…P14

巻頭特集❶ 注目エリアガイド

聖水洞…P16
狎鴎亭洞〜清潭洞…P20
カロスキル…P24

巻頭特集❷ Kスター体験

推し活アイテム…P26
Kスター御用達店…P28
事務所or身内プロデュース店…P30
歌番組生観覧…P32
Kスター所属事務所…P34

街あそび

人気ドラマロケ地めぐり…P36
明洞　ファッション＆定番グルメ…P40
弘大　昼も夜も楽しいぶらり歩き…P44
三清洞　グルメ＆ショップめぐり…P48
梨泰院〜漢南洞
大人が遊べる街…P52
梨大　グルメ＆安カワアイテム…P54
東大門　ショッピング& DDP…P56
ノドゥル島／汝矣島
ソウル女子の休日…P60

おかいもの

韓国コスメ2大トレンド…P62
プチプラコスメ…P64
アクセサリー＆シューズ…P66
Kファッションをチェック…P68
安カワ♥ファッション…P70
心くすぐるデザイン雑貨…P72
シンプルな日常使い器探し…P74
スーパー&コンビニの人気みやげ…P76
免税店でお得な買い物…P78

おいしいもの

超人気行列店…P80
韓牛スペシャル焼肉店…P82
美容にも効く！豚肉料理…P84
ヘルシー鶏肉料理…P86
ピビムパプ厳選4店…P88
冷麺いろいろ…P90
赤チゲvs白湯スープ…P92
宮廷料理＆韓定食…P94
バリエーション豊富な海鮮料理…P96
ベーカリーの焼きたてパン…P98
とっておきスイーツ…P100
ご指名スイーツ…P104
伝統茶でほっこり…P106
韓流かき氷 ピンス大図鑑…P108
テイクアウトグルメ…P110

きれい

汗蒸幕でツルツル、ピカピカ…P112
チムジルバンでリラックス…P114
効果を即実感！韓方エステ…P116
ハイグレードなご褒美スパ…P118
ネイルにメイク、
カジュアルサロン…P120
韓方茶で内から美しく！…P122

もっと

在来市場をハシゴ…P124
ミュージカル＆モムチャンライブ…P126
韓国カルチャープチ体験…P128
国宝から現代アートまで…P130
世界遺産・古宮めぐり…P132
日帰りプチトリップ…P134

泊まる

スタイルで選ぶこだわりステイ…P136
主要ホテルリスト…P138

トラベルインフォメーション…P140
出入国情報、市内交通、オプショナルツアー
通貨、シーズン、電話、マナー、トラブルなど

旅じたくmemo…P154

Index…P155

MAP

別冊MAP
地下鉄路線図＋各エリア地図＋
韓国料理メニューカタログ
＋シーン別 カンタン会話

大判MAP
明洞MAP＋カロスキル～狎鷗亭洞MAP
＋Kスタースポット案内

マークの見かた

Ⓙ 日本語スタッフがいる	住 住所
J 日本語メニューがある	☎ 電話番号
Ⓔ 英語スタッフがいる	時 開館時間、営業時間
E 英語メニューがある	休 休み
交 交通	料 料金
Ⓜ 地下鉄	URL Webサイトアドレス

その他の注意事項

●この本に掲載した記事やデータは、2023年8月の取材、調査に基づいたものです。発行後に、料金、営業時間、定休日、メニュー等の営業内容が変更になることや、臨時休業等で利用できない場合があります。また、各種データを含めた掲載内容の正確性には万全を期しておりますが、おでかけの際には電話等で事前に確認・予約されることをお勧めいたします。なお、本書に掲載された内容による損害等は、弊社では補償いたしかねますので、予めご了承くださいますようお願いいたします。
●地名・物件名は観光公社などの情報を参考に、なるべく現地語に近い発音で表示しています。
●休みは基本的に定休日のみを表示し、年末年始や夏休み、旧正月・秋夕(お盆)、国の記念日など祝祭日については省略しています。
●料金は基本的に大人料金を掲載しています。
●飲食店で別途10%のサービス料金が加えられることもあります(高級店など)。
●本書掲載の日本国内で消費される各種料金は、原則として取材時点での税率をもとにした消費税込みの料金です。
●2014年より韓国では新住所システムが導入されました。本誌記載の住所データは全て新住所の表記で統一してあります。

SPECIAL SCENE 7

ソウルで叶えたい♥

とっておきシーン7

絶品韓国料理からトレンディなプチプラファッション、Kビューティ、大人気のK-POPまで。夜眠る暇もないほど遊び尽くせる、魅力いっぱいのソウルの過ごし方をご紹介♪

古き良き韓屋カフェでまったり過ごすのも◎

P100~109など

ますます進化中！常に流行最先端★

韓国スイーツ&カフェ

流行がめまぐるしく変わる韓国スイーツは、キュートな見た目とレベルの高い味わいで、女子のハートをわしづかみ！ 最近は海外直輸入型のスイーツ&カフェもトレンドだが、定番のかき氷・ピンスや伝統茶など、コリアンスイーツも根強い人気。

伝統菓子も
人気再燃中☆
ちょっとレトロな
雰囲気にキュン
クールなモードも
イマドキ！
無機質系
モノトーンカフェも
増加中★

ソウル・オウム(→P19)の壁には色とりどりの落書きが。旅の思い出に一言刻んでいく？

食べてキレイになる

ヘルシー韓国グルメ

野菜たっぷりのピビムパプや体の芯から温まるアツアツのチゲ、乳酸菌いっぱいのキムチなど、韓国は美肌に効果的な美容食の宝庫。なかでも伝統料理は、陰陽五行の考えに基づき、彩り豊かな食材を使いながら体を調えてくれるので、食べれば食べるほど元気になること間違いなし！

韓定食で贅沢気分に♪

鶏1羽を丸々煮込む豪快な鍋料理のタッカンマリ(→P81)

ナムルやキムチ、ユッケなど色とりどりの具材がたっぷり乗ったピビムパプ(→P88)

焼肉もエゴマの葉(左)とサンチュ(右)で包んでヘルシーに♡

海鮮料理も豊富

絶品ワタリガニ料理はソサンコッケ(→P97)で食べられる

いつ行っても行列が絶えない参鶏湯の名店・土俗村(→P80)

豆乳が丸々スープになった夏の麺料理。晋州会館のコングクス(→P90)

朝鮮王朝時代を再現
した交代式は、勤政殿に
入る正門の勤政門で
行われる
太鼓で合図を
出す
迫力たっぷり！

SCENE 3

→P133

王宮の警護などを担う
守門軍の交代儀式

守門将交代式

ソウルの中心街に位置する景福宮の交代式は1日2回10時、14時(火曜は休み) に行われる。軍楽奏に合わせ、鮮やかな衣装に身を包んだ守門将の行進は圧巻！

交代式は徳寿宮(→P133) でも見られる

国家行事を
行った勤政殿

とっておきシーン7

やっぱり韓流は外せない！ K-POP追っかけ隊

ライブや公開放送で憧れのアイドルに会えるのはもちろん、事務所直営のオフィシャルショップやレストランなども見逃せない。大手事務所やアイドルの家族が経営するスポットも要チェック！

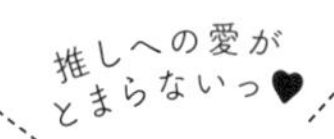

推しへの愛がとまらないっ

来店スターのサインが飾られている店も！

クァンヤ@ソウル(→P27) で推し活を盛り上げるアイテムをゲットしよう

身も心もキレイに♡ Kビューティー

汗蒸幕＆チムジルバンなどの伝統サウナは、体の不調を整えながら美を導く。韓方や発酵など独特の成分が配合され、美肌やアンチエイジングに効果的と評判の韓国コスメも見逃さないで。

売れ筋はアイオペ、SU:M37°、雪花秀など。免税店(→P78)でまとめ買いしよう

アクアフィールド河南(→P114)。たっぷり汗をかいてデトックス

廣東韓方病院五行センター(→P116)のスパ

ルーフトップバーでソウルの街を一望しながら一杯♪(→P53)

SCENE 6

P36~60など

歩いて魅力発見！人気の街をおさんぽ

明洞に弘大、三清洞に梨泰院…エリアごとに魅力の異なる街を散策してみると、ショップにグルメ、カフェなど、新しい韓国の魅力に出合えるはず。

韓国の伝統家屋・韓屋が立ち並ぶ北村韓屋村(→P51)

たくさんの出合いに心弾むひととき♥

SCENE 7

P68~71など

安カワがいっぱい プチプラショッピング

トレンドをいち早く抑えた韓国ファッションは、ストリートカジュアルからノームコアまで幅広いジャンルが揃う。プチプラのSPAブランドからちょっとリッチなセレクトショップまで、値段もさまざま。

オンライン発ブランドとして韓国ファッション界をリードするスタイルナンダ(→P44)

カラフルでポップなアイテムもお得にゲット！

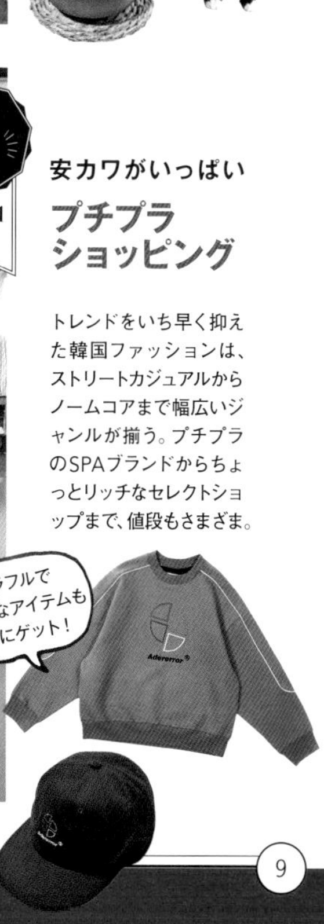

女子的／最旬ニュースをチェック！

What's New Seoul

女子旅に必要なソウルのトレンドを一挙公開。これさえ押さえておけば安心の、最新＆ホットニュースをお届けします。

ソウル女子はみんないい香り♪

韓国アイドル愛用のアイウェアブランド「ジェントルモンスター」が手がける。グローバルな人気を誇るパヒュームブランド。ハイセンスで上質なアイテムが話題。

⬅スティックタイプのパヒュームバーム SUEDE PEAR はW4万6500

➡やわらかいテクスチャーのボディローション BIGALICO はW5万9500

⬇ハンドクリームのパフュームシェル BERGA SANDAL はW3万2000

⬅カモミールとハーブの香りパヒューム CHAMO はW13万9000

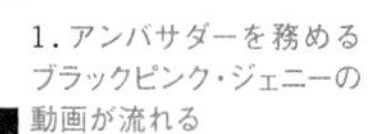

1.アンバサダーを務めるブラックピンク・ジェニーの動画が流れる
2.メインストリートから1つ入った通りにある真っ白な建物

タンバリンズ 탬버린즈 TAMBURINS

DATA ⓧⓂ3号線新沙駅8番出口から徒歩7分 ㊟江南区狎鷗亭路10キル44 ☎02-511-1246 ㊐12～21時 ㊡なし Ⓔ 別冊MAP●P24A2

韓国っぽいオリジナルグッズ制作が人気！

ネオンサイン作り

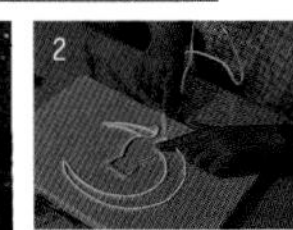

1.2.ネオンサイン作りはW3万4000(約60分)。1週間前までに要予約

ネオンサインやアクリルライトスタンド作り体験ができるワンデークラス専門の工房。作りたいデザインを持ってきてもよし。

スムーディ 스무:디 / SM00:D

DATA ⓧⓂ2号線弘大入口駅3番出口からすぐ ㊟麻浦区楊花路183 地下1階 ☎070-8880-2020 ㊐11～18時(土・日曜13～20時) ㊡なし Ⓔ 別冊MAP●P17C1

キャンドル作り

1.2.3.体験料金はW2万5000～(約60分)。カカオトーク、インスタグラムDMにて10日前までに要予約(予約金あり)

「韓国キャンドル協会」の指導者によるワンデークラス。種類豊富な材料を自由に使えるのがうれしい。インテリアにピッタリなキャンドル作り体験を。

アイル・ラント 아일랑트 / AIL LANGTEU

DATA ⓧⓂ2・6号線合井駅3番出口から徒歩6分 ㊟麻浦区トンマッ路7キル49 3階 ☎010-3996-8581 ㊐11～21時 ㊡なし 別冊MAP●P16B3

行列はチュロスカフェにできている

「ノティド」や「ダウンタウナー」など、韓国の有名F&Bブランドを手掛ける「GFFG」によるチュロスカフェ。レトロなインテリアや甘すぎないチュロスが好評。

濃厚なチョコクリームにつけるとよりおいしくなるディープチョコ＆チュロスW8000

ミニュート パピヨン

미뉴트빠삐용 / Minute Papillon

DATA 交Ⓜ盆唐線狎鷗亭ロデオ駅5番出口から徒歩4分 住江南区島山大路51キル37 地下1階 ☎070-8888-0288 時10〜22時（21時30分LO） 休なし Ⓔ Ⓔ 別冊MAP●P22B2

レトロ菓子・薬菓ブームが到来中！

古くは高麗時代から食べられていた「薬菓」は小麦粉にごま油をかけ、ハチミツと酒を入れて練り、油で揚げた韓国の伝統菓子。近年、カフェで薬菓クッキーや薬菓フィナンシェを提供する店も増えている（→P105）。ぜひ進化した伝統菓子をおみやげに買って帰ろう！

1. 小さいサイズ12個入りの宮中薬菓W1万2900 2. 薬菓ジェラートW7000
3. 狎鷗亭駅と新沙駅両方からアクセス可能

マンナダン

만나당 / MANNADANG

DATA 交Ⓜ3号線狎鷗亭駅4番出口から徒歩6分 住江南区論峴路175ギル61 1階 ☎02-515-8338 時10〜18時 休日曜 別冊MAP●P24B1

ステキ空間が広がる！ 話題のスタバ

2022年12月にソウル最大の在来市場・京東市場（→P125）にオープン。1960年代に建てられた廃劇場をリフォームし、ユニークでレトロな空間が人気を集めている。

スターバックス京東1960店

스타벅스 경동 1960 점

DATA 交Ⓜ1号線祭基洞駅2番出口から徒歩5分 住東大門区古山子路36キル3 3〜4階 ☎1522-3232 時9〜22時 休なし Ⓔ Ⓔ 別冊MAP●P5C2

袋チャンポン＆フルーツウユをGETせよ！

爆発的な人気となっている袋チャンポン。有名シェフ監修や麺にこだわるメーカーなど、本格的な味が楽しめる。また、フルーツ牛乳のことを指す「フルーツウユ」も流行中！スーパーやコンビニでチェック！

1. 定番のバナナ味のほかにイチゴ味やメロン味も
2. ブームの火付け役となったオットゥギのチンチャンポン

and more… まだある！ ニューストピックス

● 韓国ドラマが世界中から注目されている！

コロナ禍で気軽におでかけができなかった期間、韓国ドラマの虜になる人が続出！ 日本でもNetflixでたくさんの作品が配信され、長い期間上位をキープする作品も。ソウルで撮影されたロケ地もあるので各エリアでロケ地を探してみよう（→P36）。

● 今年もやります！ ソウルバムトッケビナイトマーケット

2016年からソウルの観光地に仲間入りしたナイトマーケット。3〜10月の週末の夕方〜夜にかけて、汝矣島漢江公園水光広場（別冊MAP●P4B3）や、盤浦漢江公園月光広場（別冊MAP●P5C3）など、ソウル市内の6カ所で開催される。

● 韓屋カフェが益善洞を中心に沸騰中！

韓国の伝統家屋「韓家（ハノク）」をリノベーションしたレトロモダンな絵になるおしゃれカフェが続々登場。緑豊かな中庭を眺めながら、美容と健康に効果が期待できる伝統茶でほっとひと息。ひと味違う優雅で大人なティータイムを過ごそう。

歩く前にチェック!

ソウル エリアNavi

中央を流れる漢江（ハンガン）で大きく南北に分かれるソウル。
江北（カンブク）とよばれる北側は歴史ある街が多く、南側の江南（カンナム）は新興住宅地で、洗練されたスポットが多い。
各エリアの特徴を押さえて、街歩きを楽しもう。

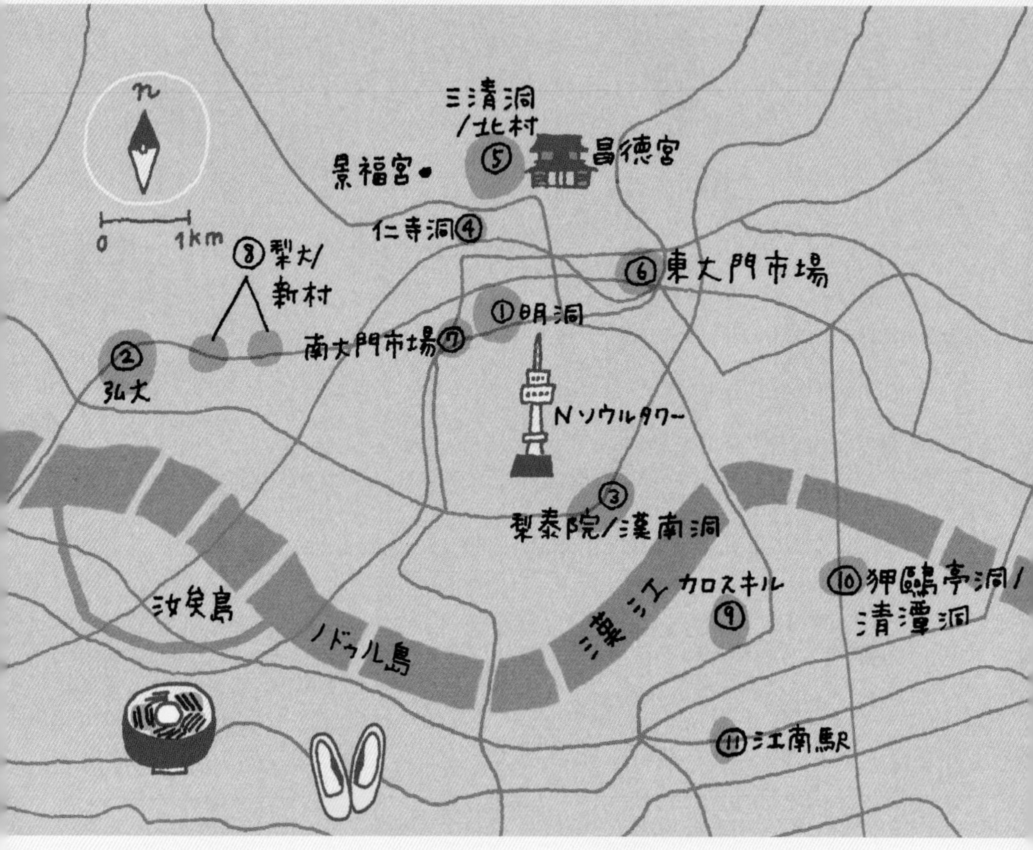

三清洞/北村
⑤
昌徳宮
景福宮
仁寺洞④
⑧梨大/新村
⑥東大門市場
①明洞
南大門市場⑦
②弘大
Nソウルタワー
③梨泰院/漢南洞
汝矣島
ノドゥル島
漢江
カロスキル
⑨
⑩狎鷗亭洞/清潭洞
⑪江南駅
0 1km

ソウルきっての繁華街!

1 明洞

명동/ミョンドン ⇔P40

ソウルでも随一の繁華街が明洞。コスメ、カジュアル服、カフェ、ホテルなど、あらゆるものが揃う。旅の拠点にも便利な、初めてのソウルならマストのエリア。

最寄り駅 Ⓜ4号線明洞駅、2号線乙支路入口駅

エネルギーあふれる街

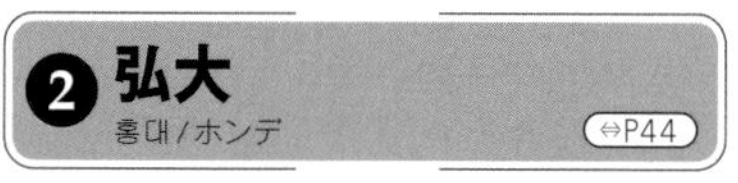

2 弘大

홍대/ホンデ ⇔P44

名門芸術学校として名高い弘益大学周辺の学生街。若さあふれる元気な街は、昼も夜も人でごった返すカルチャースポット。個性的なショップが立ち並び、クラブやライブハウスも多い。

最寄り駅 Ⓜ2号線など弘大入口駅

オシャレ度上昇中の街

3 梨泰院／漢南洞 ⇔P52

이태원 / 한남동 / イテウォン / ハンナムドン

外国人居住者が集まる、インターナショナルな街。昔からの革製品の店が多い。最近は洗練されたショップが増えつつあり、夜遊びスポットとしても注目が高い。

最寄り駅 Ⓜ6号線梨泰院駅

伝統工芸が息づくエリア

4 仁寺洞

인사동 / インサドン

伝統工芸品や伝統茶の店が集まる。韓国らしいものを求める観光客で賑わい、路上パフォーマーも多い。

最寄り駅 Ⓜ3号線安国駅、1号線鐘閣駅、1·3·5号線鍾路3街駅

新旧が入り交じる光景

5 三清洞／北村 ⇔P48

삼청동 / 북촌 / サムチョンドン / プッチョン

朝鮮王朝時代のお屋敷街が保存されている北村と、次々と新しいショップやカフェが誕生する三清洞。相反する2つの顔が共存する散策が楽しいエリア。

最寄り駅 Ⓜ3号線安国駅、景福宮駅

朝まで掘り出し物探し

6 東大門市場

동대문시장 / トンデムンシジャン ⇔P56

明け方まで営業するファッションビルが集まるエリア。バイヤーも利用する市場なので、総じてお得にショッピングが楽しめる。

最寄り駅 Ⓜ1·4号線東大門駅、2·4·5号線東大門歴史文化公園駅

観光客にもやさしい市場

7 南大門市場

남대문시장 / ナンデムンシジャン ⇔P124

手頃な価格の衣類や日用雑貨を中心に、漢方や海苔など、おみやげにぴったりなアイテムが豊富に見つかる市場。観光客が多く、日本語OKの店も。

最寄り駅 Ⓜ4号線会賢駅

女子向けアイテムはここで

8 梨大／新村

이대 / 신촌 / イデ / シンチョン ⇔P54

名門女子大・梨花女子大学があり、占い、雑貨、カフェ、スイーツなど、女子大生が好むものが揃う梨大。価格設定も学生向け。新村は名門・延世大学のお膝元。

最寄り駅Ⓜ2号線梨大駅、新村駅

ソウルの流行発信地

9 カロスキル

가로수길 ⇔P24

街路樹が美しい約700mの通りにカフェ、ショップ、雑貨店などが並ぶ。流行に敏感なソウルっ子が集まる場所だけに、ステキなアイテムがいっぱい。

最寄り駅Ⓜ3号線新沙駅

ハイエンドなブランドが集合

10 狎鴎亭洞／清潭洞 ⇔P20

압구정동 / 청담동 / アックジョンドン / チョンダムドン

高級ブランドが密集する、江南の代表的なおしゃれエリア。芸能事務所が多いため、韓流スター御用達の店も多い。

最寄り駅 Ⓜ盆唐線狎鴎亭ロデオ駅、3号線狎鴎亭駅、7号線清潭駅

明洞と並ぶ一大繁華街

11 江南駅

강남역 / カンナムヨッ

ソウルで一番乗降者が多い駅といわれる。駅周辺には有名企業が多く、レストランやOL向けのショップなどが集まる。ショッピングセンターもあり、利便性はバツグン。

最寄り駅Ⓜ2号·新盆唐線江南駅

こちらも Check

● ノドゥル島 ノドゥルソム→P60

もともとは漢江の中洲にあった人口島を「市民の憩いの場」として造成。通称「音楽島」。

● 汝矣島 ヨイド→P60

「漢江観光船」の乗り場がある汝矣島漢江公園はお散歩コースとして人気。

やりたいことを全部叶える！

2泊3日王道モデルプラン

滞在時間が短くてもあれもこれも楽しみたい！ そんな欲張りな女子旅にピッタリな、ソウルの魅力をぎゅっと凝縮したとっておきモデルプランをご紹介。

DAY1

気になる最旬エリアへ★

おしゃれタウンさんぽ

ADVICE!
ソウルの空の玄関口は仁川国際空港と金浦国際空港。ソウル市内へはA'REXのほか、タクシーやリムジンバスを利用しても便利。

11:30 ソウル金浦空港着

↓ A'REXで40分

13:00 中心部のホテルにチェック

↓ 地下鉄またはタクシー

13:30 狎鷗亭洞でランチ＆ショップ巡り

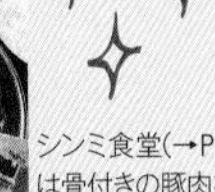

シンミ食堂(→P93)では骨付きの豚肉を煮込んだ鍋料理カムジャタンが食べられる

アレンジプラン
K-POP好きや韓国ドラマ好きなら推し活(→P26)やロケ地めぐり(→P36)をするのもオススメ！

↓ タクシーで5分

15:30 カロスキルでショッピング＆カフェでひと休み

カフェが多いカロスキルのなかでも話題の癒やしカフェ、ソナ(→P25)

↓ 地下鉄で30分

17:00 聖水洞リノベスポット散策

古き良き建物の雰囲気を生かした施設が若者を中心に人気(→P16)

↓ 地下鉄で20分

19:00 1等級韓牛の焼肉ディナー

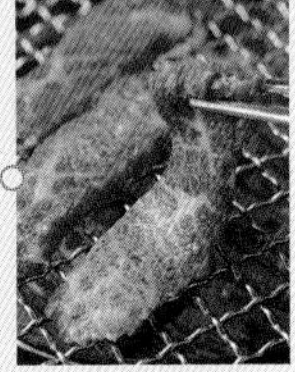

焼肉なら韓牛！ ヨンチョンヨンファ(→P83)ではスペシャルランクの韓牛が食べられる

DAY2

食べて買って大満足！

新旧テッパン総巡り

ADVICE!
明洞などの繁華街では、24時間営業のチェーン店や早朝から営業している飲食店が少なくない。上手に利用しよう

9:00 ホテルまわりで朝ごはん

↓ 地下鉄またはタクシー

10:30 梨泰院～漢南洞で最旬ショップ巡り

個性が光るハイセンスなショップで自分好みのアイテム探しを楽しみたい(→P52)

↓ 地下鉄で20分

12:00 南大門市場で食べ歩き！

韓国で最も古い南大門市場(→P124)で韓国ならではのグルメを堪能しよう

↓ 徒歩10分

13:00 北村韓屋村をさんぽ

昔ながらの韓屋の家並みが残る北村韓屋村(→P51)

↓

P15へ続く

アレンジプラン

夜中も営業する東大門のファッションビルへ繰り出して、ショッピングを楽しもう！(→P56)

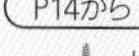

地下鉄と徒歩で20分

14:30

明洞のカフェでおやつタイム

テラス席から明洞聖堂やNソウルタワーが望めるカフェ、モルト(→P43)でひと休み

徒歩すぐ

16:00

コスパ最強！ K-ファッションをチェック

韓国のファッションを代表する人気のSPAブランド、エイト・セカンズ(→P41)

徒歩すぐ

17:00

迫力満点！ 打楽器パフォーマンスを鑑賞

国内ダントツのロングランを誇り、世界48カ国以上で公演されるナンタ(→P126)。年齢も言語も超えて魅了されること間違いなし！

地下鉄で6分

机いっぱいのごちそう！ 韓定食ディナー

仁寺洞で35年以上続く韓定食の老舗・両班宅(→P94)で韓国の味を満喫

DAY3

体にいいことたくさん！

定番エリアでヘルシーに

8:30

明洞で朝ごはん

人気チェーン店・神仙ソルロンタン(→P43)の牛骨スープ

徒歩すぐ

9:30

コスメ&SPAショップ巡り

徒歩すぐ

11:30

ホテルに戻りパッキング、チェックアウト

アレンジプラン

時間があればスーパー＆デパ地下でおみやげを探すのもオススメ。ロッテ百貨店 本店はアクセスがよいうえに品揃えも豊富。

地下鉄またはタクシー

12:30

弘大でゆで豚ランチ

ゆでた豚肉とキムチや野菜を一緒に食べるヘルシー料理「ポッサム」を堪能(→P46)

地下鉄またはタクシー

14:00

汗蒸幕で旅の疲れをスッキリ落とす

女性専用のスパ・レイ(→P115)。アカスリやマッサージで疲れた体をリフレッシュ

タクシー

16:00

ホテルへ戻り荷物をピックアップ、空港へ

空港到着は出発の2時間前を目安に。市内の免税店で購入した商品は、出国審査後にピックアップが必要なので忘れずに。

ソウルの最旬はここにあります！

注目エリアガイド

ソウルに行くなら、やっぱり最旬エリアで過ごしたい。今気になる、ソウル女子が集うホットな街の新たな魅力を見つけに行こう！

Area 1 聖水洞 ソンスドン

近年、クリエイターが古い建物を改装したカフェやギャラリーを続々オープン。おしゃれで、ヴィンテージな街のショップやカフェを巡りたい！

街あるきPOINT

昔は靴工場が並ぶ地帯だったが、古い工場を利用したカフェやギャラリーが急増中。若い芸術家たちが集まるスタイリッシュな街に。ソウルの森など緑も多いので自然と都市、両方の魅力を堪能できる。

かつて倉庫や工場が並ぶ工業地帯として知られていた

人気のベーカリーカフェ・カフェオニオンの聖水洞店もあります！

イ・ジョンさん

聖水洞 マストチェック
Renovation Spot

カフェ ハラポジ工場

別冊MAP P5C3

카페 할아버지공장
カペ ハラボジコンジャン

古い工場で憩いのひととき

工場をリノベした3階建ての広いカフェ。モダンな店内とクラシックな雰囲気のテラスは、ドラマやバラエティに多く使われるホットスポット。

DATA ㊋Ⓜ2号線聖水駅3番出口から徒歩6分 ㊟城東区聖水2路7カキル9 ☎0507-1317-2301 ㊕11～22時(21時LO) ㊡なし Ⓔ Ⓔ

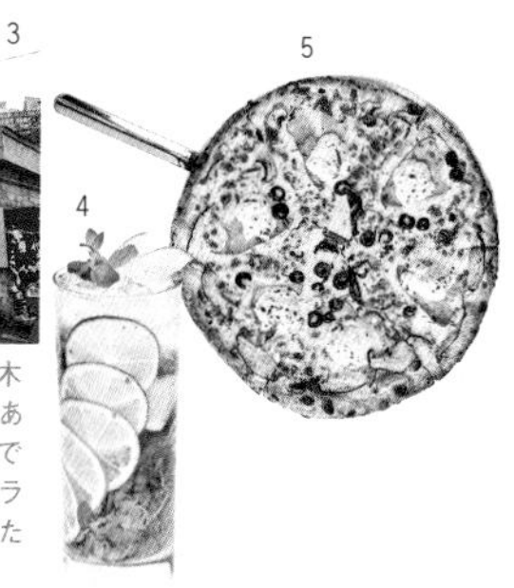

1.席数は多く、テラス席も用意 2.木の形がそのまま残っているテーブルもあり、自然を感じられる空間 3.聖水洞で最もホットなカフェ 4.ノンアルコールライムモヒートW1万 5.かまどで焼いたハラボジピザW2万5000

赤レンガのような倉庫を連想させる外観が話題に

聖水連邦

別冊MAP P5C3

성수연방
ソンスヨンバン

聖水エリアに複合施設が誕生！

ソウルっ子の新たなスポットとして注目を集めている総合商業施設。ファッション、グルメ、カルチャーなどさまざまなジャンルのショップが軒を連ねる。

DATA ㊋Ⓜ2号線聖水駅3番出口から徒歩5分 ㊟城東区聖水2路14キル14 ☎070-8866-0213 ㊕㊡店舗により異なる

倉庫だった高い天井をそのまま生かした巨大空間。テーブルや家具もおしゃれ

大林倉庫

別冊MAP P5C3

대림창고
テリムチャンコ

聖水洞発展の先駆け的存在

古くなった空き倉庫をリノベーションしたギャラリーカフェ。天井に飾られたアートオブジェを眺めながら、コーヒーやビール、パスタやピザなどが楽しめる。

DATA ㊋Ⓜ2号線聖水駅3番出口から徒歩4分 ㊟城東区聖水2路 78 ☎02-499-9669 ㊕11～22時 ㊡なし

聖水洞 マストチェック
Shopping mall

遠くからでも鮮やかなブルーが目につく。2階に上がることもでき、コンテナ群に近づくと、より迫力を感じる

イベントも定期的に開催。ワークショップもある

D 別冊MAP P5C3 アンダー・スタンド・アベニュー

언더스탠드에비뉴
UNDER STAND AVENUE

買い物もグルメもオシャレ自撮りもここで完結！

コンテナをショップやレストラン、ギャラリーとして使い、幅広い楽しみ方ができる複合施設。規模は小さいが、おしゃれでソウルの森からも近いので週末には多くの人で賑わう。

DATA 交M盆唐線ソウルの森駅3番出口から徒歩2分　住城東区往十里路63　☎02-725-5526　時店舗により異なる　休なし

洋服や雑貨など、さまざまなショップ巡りが楽しい

約1600坪の施設面積は世界で最大級！

E 別冊MAP P5C3 コモン・グラウンド

커먼그라운드

韓国初のコンテナショッピングモール

約200個もの大型コンテナにはソウルの街で評判の小規模店が数多く入店。個性的で注目のショップが集まるトレンドの宝庫。

DATA 交M2・7号線建大入口駅6番出口から徒歩3分　住広津区峨嵯山路200　☎02-467-2747　時休店舗により異なる

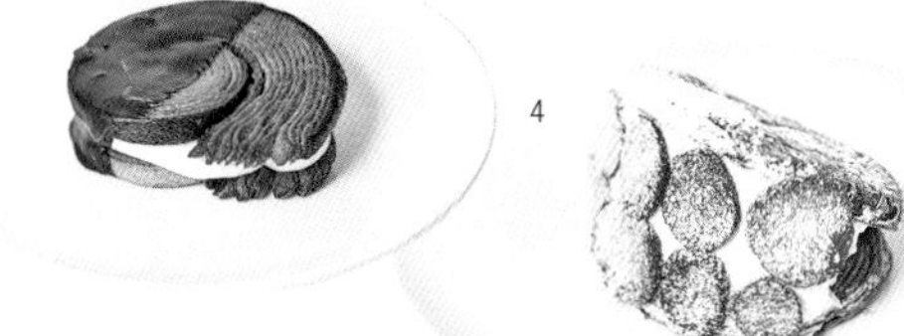

F 別冊MAP P5C3

ソウル・オウム

서울앵무새
SEOUL ANGMUSAE

フォトジェニックな空間＆スイーツ

「都会の華麗なる時間」がコンセプトであるだけに、オウムを象徴としたカラフルなインテリアやスイーツを展開。絶品ベーカリーメニューやオリジナルグッズのライナップも豊富。

DATA ㊋M2号線トゥクソム駅8番出口から徒歩4分 ㊟城東区ソウルの森9ギル3 ☎070-8846-2025 ㊕8～23時 ㊡なし [J][E]

1.カラフルなペンが多数用意されており、誰もが自由に落書きできる 2.抹茶パウダーでかわいいオウムが描かれている抹茶ラテ W6500 3.チョコパイクイニーアマン W5500 4.イチゴミルクボンボククイニーアマン W8000 5.オウムの絵やオブジェがある派手な外観がホットなフォトゾーン

G 別冊MAP P5C3

monamiストア 聖水店

모나미스토어 성수점
モナミストオ ソンスジョム

自分だけのDIYができる体験型文具店

70年の歴史をもつ韓国文具の定番ブランド。オリジナルアイテムが作れる体験ゾーンが多く、文具好きには欠かせないスポット。

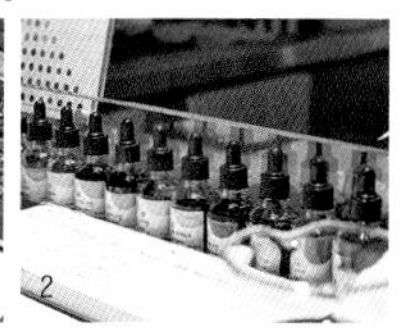

1.153DIYは1本W500、プラスペン3000DIYは1本W1000。予約不要。自分でカスタムし会計すればOK 2.インクLAB体験料金はW2万5000(約90分) 3.4.気軽に買えるW500～のペンから高級ステーショナリーまで幅広い

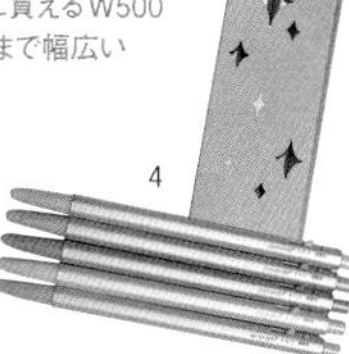

DATA ㊋M2号線聖水駅4番出口から徒歩1分 ㊟城東区峨嵯山路104 ☎02-466-5373 ㊕10～21時(第3月曜12時～) ㊡なし

H 別冊MAP P5C3

ローマジック

로매지크
L'EAUMAQIQUE

自分好みのオリジナル香水を作れる

好きな香りを選び自分だけのカスタム香水を作る体験が人気。体験予約なしの場合はイメージに合う香水を調香師が作ってくれる。

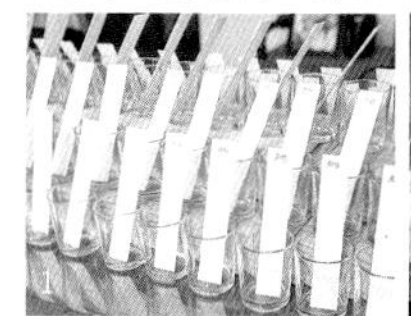

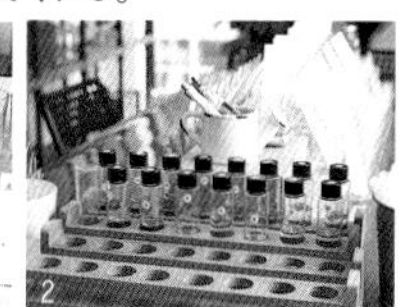

1.100種類以上の香りの試香紙がずらりと並んでいる体験室 2.香料を選んだら、決められた量ずつビンに詰める 3.ソウルの森近くの静かな街に位置した赤レンガの建物 4.ラベルに名前と製造日を記入すれば完成

DATA ㊋M2号線トゥクソム駅8番出口から徒歩8分 ㊟城東区ソウルの森2キル17-2 2階 ☎02-6465-5587 ㊕12～21時 ㊡なし ※予約は希望の1週間前までに電話、またはインスタグラムから [E]

Area 2

狎鴎亭洞(アックジョンドン)～清潭洞(チョンダムドン)

ソウル屈指のハイソなエリア。
高感度なショップやダイニングが多く、
スーパーまでも高級です！

買い物しやすい場所ですよ

ホン・ヨンジュさん

街あるきPOINT

狎鴎亭ロデオ駅を基点に。メインはロデオ通り。流行のショップや人気セレクトショップが集まっている。東の清潭洞には高級ブランド店やオシャレなレストランが並ぶ。

ファッショニスタなら必見です！

イ・ハンスルさん

狎鴎亭路
ギャラリア百貨店
ロデオ通り
狎鴎亭ロデオ駅
まずはロデオ通りをチェック！
このあたりは高級ブランド街
狎鴎亭洞
G 狎鴎亭カルサムギョプサル→P23
クイーン・ママ・マーケット→P21
C
ルッソ・ラボ→P22
E
A レア・マーケット→P21
島山公園
D バター・フィンガー・パンケーキ→P22
宣陵路
B インスタントファンク→P21
清潭洞
エスエスジー・フードマーケット→P23
島山大路
H
F トゥレグクス→P23
ハヌリ韓定食→P95

おいしいレストランも多いです

イ・ナヒョンさん

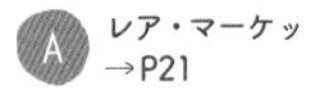

A レア・マーケット→P21

オーナーのこだわりのスパンコールの外観は特注デザイン！

C クイーン・ママ・マーケット→P21

4階建ての建物まるごとを使った大型店

H エスエスジー・フードマーケット→P23

この建物の地下1階が高級スーパーになっている

狎鷗亭洞～清潭洞 マストチェック Shop

『不思議の国のアリス』の舞台に迷い込んだような空間

A 別冊MAP P23C2 レア・マーケット

레어 마켓 / Rare Market

世界中のハイファッションが集結

清潭洞の路地裏に構える高感度セレクトショップ。国内外を問わず、最旬ブランドが集まり、200種類以上のアイテムが揃う。スパンコールの外観や店内のディスプレイも注目したい。BIGBANG・GDの姉クォン・ダミ氏が共同代表を務めている。

DATA ㊇Ⓜ盆唐線狎鷗亭ロデオ駅4番出口から徒歩10分 ㊟江南区狎鷗亭路80キル24 ☎02-512-3433 ㊕11～20時 ㊡なし Ⓔ

1.デニムを中心に一部小物をディスプレイしている
2.デイリーで使いやすいストライプバケットハットW6万3000
3.フラワー刺繍がついたシルキーなブラウスW16万9000
4.パールハートグラフィックのVネックTシャツW5万2000

B 別冊MAP P22B2 インスタントファンク

인스턴트펑크 / INSTANTFUNK

アイドルも愛用のカジュアルブランド

トレンディなポイントや素材が好評のブランド。個性豊かなユニセックスアイテムやマルチウェアなども多く、一枚でオシャレ完成！

DATA ㊇Ⓜ盆唐線狎鷗亭ロデオ駅5番出口から徒歩6分 ㊟江南区島山大路51キル12 ☎070-7720-9093 ㊕12～20時 ㊡なし

1.ハーニサックル香りのキャンドル 2.韓国ブランドBOURIEのバッグ 3.オリジナルのトップスなども揃う 4.スペインブランドのメッシュシューズ 5.厳選されたアイテムがゆったりと並ぶ

C 別冊MAP P22B2 クイーン・ママ・マーケット

퀸마마마켓 / Queenmama Market

注目の高級ライフスタイルショップ

2015年のオープン当時から話題になっている大型セレクトショップ。有名ファッションデザイナーが手がけており、自然と調和するモダンで上品な雑貨がずらりと並ぶ。

DATA ㊇Ⓜ盆唐線狎鷗亭ロデオ駅5番出口から徒歩9分 ㊟江南区狎鷗亭路46キル50 ☎070-4281-3372 ㊕10時30分～20時（日曜12時～） ㊡月曜 Ⓔ

狎鷗亭洞～清潭洞 マストチェック cafe

D 別冊MAP P23C2 バター・フィンガー・パンケーキ

버터핑거팬케익스 /Butter Finger Pancakes

超ボリュームのプレートブランチ

2006年にオープンした、パンケーキブームの草分け的存在。ブランチメニューを組み合わせたプレートが充実していて、シェアして食べるのにちょうどいい。すべてのメニューを営業時間の早朝から夜中まで注文できるのも魅力。

DATA 交Ⓜ盆唐線狎鷗亭ロデオ駅4番出口から徒歩5分 住江南区宣陵路152キル11 ☎02-3448-1070 時8～22時（21時LO、土・日曜7時～） 休なし Ⓔ

1.定番人気のスプリット・デシジョンプレート（ワンプレートで2人前） 2.カジュアルな雰囲気で入りやすい 3.大皿にワッフルやアイスクリームを盛り合わせたザ・ジャイアントアリゲーターW3万8800（3～4人前）もおすすめ

E 別冊MAP P23C2 ルッソ・ラボ

커피루소 /Cafe Lusso

ダッチキューブラテが名物

ゆったりとしたハンドドリップコーヒーの店。コーヒーを凍らせたキューブ状のアイスにミルクと黒糖シロップをかけていただく、ダッチキューブラテが評判。

DATA 交Ⓜ盆唐線狎鷗亭ロデオ駅4番出口から徒歩3分 住江南区宣陵路158キル16 ☎02-545-9935 時10～21時（20時30分LO） 休なし Ⓔ Ⓔ

1.落ち着いた内装の店内。階ごとに雰囲気が異なりテラス席もあり
2.自家製クリームを使った手作りティラミスW7500
3.ダッチキューブラテW1万1000

狎鷗亭洞～清潭洞 マストチェック
Dining

1.昆布と煮干しのあっさりスープ。お好みで青とうがらし入りの薬味醤油を加えて味わうトゥレグクス W1万　2.住宅街にあるこぢんまりとした店。常連客も多い

F 別冊MAP P22A2 トゥレグクス
두레국수

品切れ御免！さっぱり味の牛肉うどん

トゥレグクスとは自家製麺の牛肉うどん。スープの仕込みに限界があり売り切れ次第終了となるため、早い時間に訪れたい。ボリュームのあるビビムパプもおいしい。韓流スターも訪れるほど。

DATA ㊋Ⓜ3号線狎鷗亭駅3番出口から徒歩8分 ㊟江南区島山大路37キル28 ☎02-3444-1421 ㊛10時30分～21時(20時30分LO) ㊡土・日曜 Ⓙ Ⓔ

1.カルサムギョプサルW1万6000。その名も"包丁サムギョプサル"。無数の包丁目を入れることで下味も染み込みやすい　2.芸能人も訪れる人気店

G 別冊MAP P22B1 狎鷗亭カルサムギョプサル
압구정 칼삼겹살
アックジョンカルサムギョプサル

包丁目を入れたやわらかな豚バラ肉

ブロックの豚バラ肉に包丁目を300回入れてやわらかさを演出！プレーン、カレー、ハーブガーリックの3種の味付けから選択できる。注文は2人前～。

DATA ㊋Ⓜ盆唐線狎鷗亭ロデオ駅5番出口から徒歩3分 ㊟江南区島山大路51キル41 ☎02-518-9996 ㊛11時30分～14時、17～23時 ㊡なし Ⓙ Ⓔ

上質食品が揃う高級スーパーへ行こう！

食への健康意識が高まってきたソウルにいち早く登場した話題のスーパー。韓国中から選りすぐった、職人による醤油や味噌、オリジナルのオーガニック食品など、珍しいアイテムを揃える。高級感あふれるスーパーで魅力の食品をいっぱいゲットしよう。

1.パウダー調味料。左からアワビW8万、カニW1万6200、カキW8000　2.有機醤油などを使用した有機伝統コチュジャンW2万5000　3.韓国産黒ゴマの油W5万1000

職人が手がける伝統調味料が揃う必見コーナー

H 別冊MAP P23C2 エスエスジー・フードマーケット
에스에스지 푸드마켓 /SSG Food Market

DATA ㊋Ⓜ盆唐線狎鷗亭ロデオ駅4番出口から徒歩12分 ㊟江南区島山大路442ピーエンポルス地下1階 ☎02-6947-1234 ㊛10～21時 ㊡月曜不定休 Ⓙ

カロスキル

ファッショニスタが集まるカロスキルは、
ソウルきってのおしゃれスポット。
流行アイテムをゲットしよう！

街あるきPOINT

エリア自体は広くないので半日あれば十分に楽しめる。カフェやレストランも多く、ショッピングの合間にお茶や食事を楽しめるのも醍醐味。週末の夜は美女&イケメン遭遇率が高い。

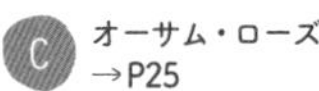

C オーサム・ローズ →P25

目を引く入口の大きなバラのオブジェが目印

押鷗亭路
→押鷗亭駅へ
A イズナナ→P25
裏路地も要チェック
B デイリーライク →P25
カロスキル
ここがメインストリート
C オーサム・ローズ →P25
ソナ→P25 D
ダミ→P 66
キムソヒョン韓方クリニック→P 116
島山大路
新沙駅

A イズナナ→P25

フェミニン&ガーリーアイテムで女度アップ

D ソナ→P25

スプーンで割って食べるのがもったいない花びらのスイーツが食べられる店

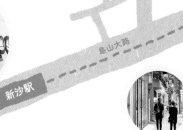

B デイリーライク →P25

人気オンラインブランドが路面店に

路地裏にもたくさんショップがありますよ

イ・シンヘさん

カロスキルデートもおすすめですよ！

ホン・ジヒョンさん　クォン・ジノさん

カロスキル マストチェック
Shop&Gourmet

1. オリジナルとインポートの割合は5対5ほど　2. シンプルで使いやすいアイテムが多数揃う

A 別冊MAP P24B1 イズナナ
이즈나나 / Isnana

フェミニンアイテムが目白押し
カロスキルといえばこちらのショップの名がまず挙がるほどの超有名店。同系列の店が同じ通りになんと4軒もある。ベージュ系やモノクロなどオフィスにも重宝しそうな落ち着いたカラーとデザインが揃っている。ジャケットはW9万くらい〜。

DATA ⓧⓂ3号線新沙駅8番出口から徒歩12分
㊟江南区カロスキル80　☎02-516-3989
時11〜21時　休なし　Ⓙ Ⓔ

1. ラッピンググッズW2500〜　2. インテリアのアクセントにもなるキャンドル白W2万4000

B 別冊MAP P24A2 デイリーライク
데일리라이크 / Dailylike

今ソウルでホットな雑貨店
オンライン販売から始まった人気の雑貨店で、パーティ用の食器類や文房具など、お手頃価格のライフスタイル雑貨がバラエティ豊かに揃う。毎日が楽しくなるような、かわいいプリント柄のアイテムが中心で、おみやげ選びにもおすすめ。

DATA ⓧⓂ3号線新沙駅8番出口から徒歩10分
㊟江南区狎鷗亭路4キル27-8　☎070-8670-7062
時11〜20時　休なし

1. ローズアーリオオーリオW1万4900。スパイシーなパスタにも食用バラが　2. 隅々にバラが飾ってありフォトジェニック

C 別冊MAP P24A2 オーサム・ローズ
어썸로즈 / Awesome Rose

乙女心をくすぐるバラモチーフ
ローズとゴールドをコンセプトにしたおしゃれで高級感あふれるインテリアが女性の間で大人気。イタリアンや洋食メインのメニューは、リーズナブルな値段で味も評判が高い。

DATA ⓧⓂ3号線新沙駅8番出口から徒歩9分
㊟江南区狎鴎亭路10キル40 地下1階　☎02-518-0619　時11〜22時　休なし　Ⓔ

シャンパン・シュガーボールW1万8000は一番人気のデザート

D 別冊MAP P24A2 ソナ
소나 / Sona

ローズシャンパンの贅沢デザート
見た目も味も華やかなデザートが食べられるデザートカフェ。一流レストランで腕をふるっていたオーナーシェフのデザートは、コース料理の最後にいただくような逸品ばかり。

DATA ⓧⓂ3号線新沙駅6番出口から徒歩10分
㊟江南区江南大路162キル40 2階　☎02-515-3246
時12時30分〜21時(20時30分LO)　休火曜

＼あれもこれも欲しくなる！／

グッズ充実★推しに近づくアイテムを揃えたい！

アイドルたちが所属する事務所が運営するショップやカフェには、ファンが喜ぶポイントがたくさん！ 推しと同じものを食べたり使ったり…わくわくが止まらないスポットをチェック！

YGエンタ/ショップ&カフェ

ザ・セイム

더세임
the SameE

アイドルとファンが同じを共有できるカフェ

ファンを思ってYG社屋前にオープンしたカフェ。アーティストのお気に入りのメニューを楽しむことができ、運がよければ事務所に出入りするアイドルの姿が見られることも。地下1階ではアーティストの関連グッズを販売する。

DATA ㊋M6号線合井駅8番出口から徒歩7分 ㊟麻浦区喜雨亭路1キル6-3 1・2階 ☎02-336-0536 ㊌カフェ10～21時(20時30分LO)、MDショップ10時30分～20時 ㊡なし

1

2

3

4

1. CDやDVDのほか、たくさんのグッズがアイドル別に並んでいる 2. 店内にはアーティストのサインやポスターが飾ってある 3. ザ・セイムはガラス張りなので、外がしっかり見えるのもポイント 4. アーティストが練習の合間に買いに来ることもあるドリンクやスイーツをゲット

★BTSグッズはココ★

プレイ ライン フレンズ

플레이 라인 프렌즈
PLAY LINE FRIENDS

おなじみキャラに出合える仁寺洞の新名所

複合文化空間「アンニョン仁寺洞」に新たにオープン。SALLYを中心をしたラインフレンズキャラやBT21のグッズを販売。

DATA ㊋M3号線安国駅6番出口から徒歩3分 ㊟鐘路区仁寺洞キル49 ☎02-6954-2940 ㊌11時30分～19時30分(土・日曜11時～20時30分) ㊡なし

3

1. BT21TATA ベビーKエディションぬいぐるみW2万7000 2. BT21COOKY ミニニスタンド型ヘアブラシW1万2000 3. 「PLAY」をイメージしたイエローカラーを多く使う

SMエンタ/ショップ

クァンヤ@ソウル

광야@서울
KWANGYA@SEOUL

SMエンターテインメントの公式グッズショップ

NCTやaespaなどが所属するSMエンターテイメントが手がけるショップ。店内にはファンにはたまらないグッズがいっぱい。

DATA 交Ⓜ盆唐線ソウルの森駅4番出口地下直結 住城東区往十里路83-21 地下1階 ☎02-6233-6729 時10時30分～20時 休なし Ⓙ Ⓔ

1. 大型スクリーンからSM所属アイドルのMVを鑑賞できる 2. 店内中央のフォトゾーンは定期的にコンセプトが変わる 3. アーティストのアルバムリリースや活動にちなんだ品揃え 4.NCT127・ジョンウのスペシャルポストカードブック W1万6000 5.aespa・カリナのコレクトブック W1万5000 6.aespa・ニンニンのキャンディールームキット W2万9000 7.SMエンターテイメントの社屋ビル地下に2022年11月オープン

★BLACKPINKのお気に入り★

アイヘイトマンデー

아이 헤이트 먼데이
I Hate Monday

K-POPアイドルも愛用のソックスブランド

嫌いな月曜日が楽しくなることを願い、かわいくてユニークな靴下を披露する。SMやKAKAOなど有名企業とのコラボも多数。

DATA 交Ⓜ4号線ソウル駅10番出口から徒歩10分 住龍山区素月路58 ☎070-4028-1867 時12～19時(土曜13～18時、7～8月は～18時) 休日曜(7～8月は土・日曜)

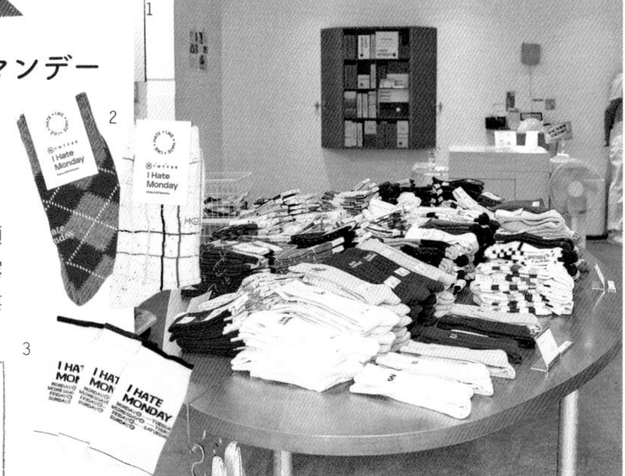

1. 靴下のラインナップは通常150種以上で一部エコバッグやポーチも 2. ガーリーな雰囲気のSunlay PinkW1万2000(左)、デイリーに使えるordwayW1万(右) 3. 3枚がセットというのがおもしろいThree SocksW1万3000

※掲載商品は取材時のものになるため、売り切れや価格変更がある場合があります。

Kスター体験②

\ 偶然会えたら超ラッキー☆ /

御用達店で同じメニューをいただきます♪

スターが通うお店だけあって味もピカイチ！ 店内に並ぶサインや写真を見ながらスターと同じメニューを注文しよう。遭遇を狙うなら深夜がオススメ。

河南テジチプ

하남돼지집
ハナムテジチプ

K-POPアイドルも常連

東方神起のチャンミンやSUPER JUNIORのキュヒョン、SHINeeのミンホも訪ねるサムギョプサル専門店。韓国産豚肉ブランドのみを使用、200℃のロースターで焼くお肉はジューシーで歯ごたえ抜群。

DATA 交M9号線新論峴駅3番出口から徒歩4分 住江南区江南大路118キル17 ☎02-3445-2255 時11～24時(23時LO) 休なし E

キュヒョンのサイン

1. 生サムギョプサルはW1万8000 (1人前。注文は2人前からOK)。お肉にわさびをのせ行者にんにくのナムルに包んで食べて 2. 飲み屋や食堂が並ぶ新論峴駅エリアに位置 3. 店内には韓国スターたちのサインも

BTSのサイン
来店memo
＊BTS (防弾少年団)
＊GFRIEND
＊KNK (クナクン)

ユジョン食堂

유정식당
ユジョンシクタン

BTS (防弾少年団) の行きつけ

BTS(防弾少年団) のメンバーがデビュー前から通い、レッスンの後、汗びっしょりになってここで食事をしていたという。彼らが好んで食べた料理はメニュー表に印が付いている。

DATA 交M3号線新沙駅1番出口から徒歩12分 住江南区島山大路28キル14 ☎02-511-4592 時10～22時(土・日曜は～20時) 休なし J J E E

1. デビューに向けて頑張っていたころの思い出の店 2. バンタン (防弾) 食堂とよばれるほど、ファンの間では知られた店 3. 生黒豚皮付きサムギョプサルW1万6000は、コラーゲンたっぷりで、この店のイチオシ

来店memo
- SHINee
- HIGHLIGHT

エゴマの葉と腸詰めの炒め物 W1万9000

江南区庁駅 別冊MAP P21C2

スーパージップ

슈퍼집 / Superzip

スターが足繁く通うトッポッキ専門店

オーナーが屋台料理のトッポッキを、レストランのようなおしゃれな店でゆっくり食べてほしいとオープン。最初は周囲の美容室からの出前注文が多く、それを食べた多くの芸能人が店を訪れるようになったそう。

エゴマの葉入りトッポッキ W9500～

DATA 交M7号線、盆唐線江南区庁駅2番出口/7号線鶴洞駅1番出口から徒歩7分 住江南区彦州路130キル14 ☎02-540-1591 時11時30分～13時50分、14時30分～23時(月・土曜は～21時50分) 休日曜 J E

江南区庁駅 別冊MAP P23C4

朴高ボルレ

박고볼래
パクコボルレ

チャンミンお気に入りの居酒屋

名物のイカとヒラメの刺身は焼酎やマッコリといただくのが◎。東方神起のチャンミンが座った席は店員さんに聞こう!

来店memo
- 東方神起
- SUPER JUNIOR
- SS501

1. いつも賑わっている
2. 東方神起チャンミンのサインは希望すれば見せてくれる
3. 壁にはスターのサインがずらり
4. 氷で冷やしたムルフェ(中) W4万5000

DATA 交M7号線、盆唐線江南区庁駅2番出口から徒歩5分 住江南区宣陵路129キル9-6 ☎02-512-7003 時16時30分～翌3時30分LO 休日曜

魔女キンパプ W3900などバリエーションも豊富

清潭洞 別冊MAP P23D2

マニョキンパプ

마녀김밥

スターたちが大好きな魔女(マニョ)のレシピ

多くの有名人が通うキンパプ(のり巻)専門店。一度食べたらやみつきになる味と評判になり、周囲に芸能事務所がたくさんあったため、あっという間に芸能人やファンが通う人気店へ。

来店memo
- 少女時代
- EXO
- 東方神起 ほか

来店スターのサインは写真付き

DATA 交M7号線清潭駅9番出口から徒歩15分 住江南区狎鷗亭路79キル32 ☎02-547-1114 時8～21時(日曜は～20時) 休なし J J E E

Kスター体験③

＼スター関連グッズもいっぱい♥／

事務所or身内プロデュース店でバッタリ!?

スターがプライベートでよく訪れる注目スポット。ここにしかないグッズやスターの情報もゲットできるチャンス。運がよければバッタリ会えちゃう!?

1

おしゃれ度抜群のインテリア

別冊 MAP P5C3

ハル＆ワンデー

하루 앤 원데이
Haru & Oneday

SUPER JUNIORドンへのお兄さんが経営しており、ドンへも理事を務めるカフェ。洗練された大人の雰囲気は評判が高く、ファンだけでなく客層も幅広い。

DATA ㊛Ⓜ2号線聖水駅4番出口から徒歩1分 ㊟城東区峨嵯山路92 ☎02-499-9303 ㊕8時～22時30分(22時LO) ㊡祝日のみ不定期(インスタグラムにて事前告知) Ⓙ Ⓔ Ⓙ Ⓔ

2

3

1.モダンでおしゃれなインテリア　2.店内のところどころにはドンへが撮影した写真作品が展示されている　3.手作りのニンジンケーキ W7500は甘さ控えめ

EXOチャニョルの父が経営

チョウンセサンマンドゥルギ

좋은세상만들기

EXOチャニョルの父であるパク・ソンジンさんが代表を務めるライブカフェ。ライブ中はお父さんもドラムやギターを演奏し楽しいセッションが繰り広げられる。チャニョルはもちろんメンバーも訪問し、店内のあちこちにサインがある。

DATA ㊋M2・9号線堂山駅3番出口から徒歩7分 ㊟永登浦区楊坪路12カキル14 ☎070-4412-5700 ㊒17時30分～23時50分 ㊡日曜 E J E

1.ステージ後ろの壁画にもサインが書かれているので探してみて

2.3.ギターにはメンバー全員のサインが。記念撮影必須! 4.演奏中は写真撮影禁止。お父さんとの撮影はOKでも、ブログなどオンラインには掲載NGなのでマナーを守ろう

SUPER JUNIORイェソンの弟運営

マウス・ラビット

마우스래빗 / Mouse Rabbit

SUPER JUNIORのイェソンの弟が運営。地下1階～2階のフロアごとに違う雰囲気を満喫できる。店名はイェソンの干支が子年、弟が卯年であることから由来。

DATA ㊋M2・7号線建大入口駅2番出口から徒歩3分 ㊟広津区陵洞路11キル10 ☎02-462-4015 ㊒12～23時(22時30分LO) ㊡なし

1.ラテ W5500とオレオミルクケーキ W6800 2.ポーチやマグカップなど、オリジナルグッズも販売している

キム・ヒョンジュン経営

チャクサルチキン

작살치킨

キム・ヒョンジュンが友人と共同経営するチキン店。メニュー開発にも携わり、お気に入りは餅入りのオリジナル餅チキンW2万だとか。後ひく辛さのチキンはファンでなくても必食。

DATA ㊋M8号線石村駅7番出口から徒歩5分 ㊟松坡区百済古墳路39キル11 ☎02-415-5413 ㊒15時30分～翌1時30分 ㊡なし

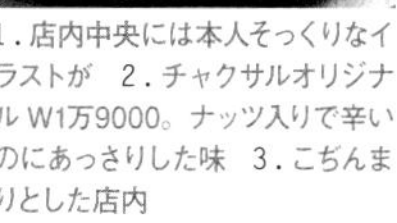

1.店内中央には本人そっくりなイラストが 2.チャクサルオリジナル W1万9000。ナッツ入りで辛いのにあっさりした味 3.こぢんまりとした店内

＼憧れのあのスターが目の前に♥／

スター出演の歌番組を観覧しに行きたーい！

スターを自分の目で確実に見たいなら歌番組の収録へGO！ 目の前で披露される歌やダンスに感動すること間違いなし。収録日に合わせて旅行の計画を立てよう。

ショー！ KPOPの中心

쇼! 음악중심 / Show Music Core

韓国MBCにて毎週土曜の15時15分～放送。上岩洞デジタルメディアシティのMBC公開ホールより生放送。MCの名前入りマイクにも注目！

会場DATA 別冊MAP P4B2

MBC公開ホール：交M6号線デジタルメディアシティ駅9番出口から徒歩10分 住麻浦区城岩路255

URL aboutmbc.imbc.com

MCも新しくなりますます盛り上がる ©MBC

日本で番組を観るには

【視聴方法】
CS放送の韓流専門チャンネル『KNTV』で日本初放送中！
【字幕なし最新版】毎週（水曜）22時30分～23時50分
【字幕版】毎週（火曜）14時～15時30分
※番組・視聴方法など詳しくはKNTV公式HPまで
https://kntv.jp/

知っ得☆音楽番組NAVI！

推しとの距離をグッと縮めるチャンスを逃さないためにも、事前準備は万全に！ 知っておきたい情報をまとめてご紹介。

韓国の6大音楽番組とは？

韓国では、地上波3つ、ケーブルテレビ3つの計6つの音楽番組が毎週放送されている。

月曜 なし
火曜 THE SHOW（ドショ）
水曜 SHOW CHAMPION（ショーチャン）
木曜 M COUNTDOWN（エムカ）
金曜 MUSIC BANK（ミューバン）
土曜 ショー！KPOPの中心（ウマチュン）
日曜 人気歌謡（インガ）

韓国の音楽番組の仕組み

それぞれの番組で、CDの売上や配信数、動画再生数、投票などを集計した独自の順位をつけており、1位になることがトップアイドルのステータス。すべての番組で1位になることをパーフェクトオールキルという。事前収録したステージと生放送でのステージを混在して放送しており、その週にカムバした出演者はファンを集めて事前収録する場合が多い。

観覧するにはどうすればいい？

ファンカフェや公式HPから抽選に応募するほか、先着順の番組もある。無料で観覧できるが、日本人不可の場合もあり、かなり難易度は高い。一部ツアー会社などでは番組観覧ツアーを取り扱っており、こうしたツアーを利用して確実に観覧するのも手。

日本で番組を観るには
【視聴方法】
CS放送局Mnet、動画配信サービス
Mnet Smart+で
毎週(木曜)18時~
日韓同時生放送・生配信!
M COUNT DOWN

M COUNTDOWN

엠카운트다운 /エム カウントダウン

韓国Mnetにて毎週木曜の18時~放送。上岩洞デジタルメディアシティにあるCJ ENMセンターより生放送。コンテンツが充実していて、海外でも放送されている。

会場DATA 別冊MAP ● P4B2

CJ ENMセンター: 交M6号線デジタルメディアシティ駅9番出口から徒歩10分 住麻浦区上岩山路66 URL www.cjenm.com

THE SHOW

더쇼 /ザ┌ショ┌

新人アイドルの登竜門的番組。韓国SBS MTVにて毎週火曜の18時~放送。上岩洞デジタルメディアシティのSBSプリズムタワーより生放送。

会場DATA 別冊MAP ● P4B2

SBSプリズムタワー: 交M6号線デジタルメディアシティ駅9番出口から徒歩10分 住麻浦区上岩山路82 URL sbsmedianet.sbs.co.kr

プチ情報

お役立ちハングルフレーズ

ハングルフレーズ

集合時間は何時ですか?

집합 시간은 언제입니까?

チプハプ ジガヌン オンジェイムニカ?

ハングルフレーズ

○○○のファンクラブ(一般)列はどこですか?

○○○펜클럽 (일반)줄이 어디에요?

○○○ペンクルロブ(イルバン)チュリ オディエヨ?

＼ファンならマストの重要スポット／

スター所属事務所も行かなくちゃっ！

スターの所属事務所はまさにファンの聖地。事前調査と地元の出待ちファンから情報をゲットするのが鍵！周辺のお店はスターが立ち寄る可能性大。

東方神起、EXO、SUPER JUNIOR etc.

SMエンターテインメント

SM엔터테인먼트 / SM Entertainment　別冊MAP ● P5C3

⬆長年にわたりトップアイドルを輩出し続ける韓国アイドル事務所界の王様。2021年ソウルの森駅近くのビルにオフィスを移転

DATA ㊋Ⓜ盆唐線ソウルの森駅5番出口からすぐ ㊟城東区往十里路83-21 6～19階

2PM、TWICE、NiziU、ITZY、GOT7 etc.

JYPエンターテインメント

JYP엔터테인먼트 / JYP Entertainment　別冊MAP ● P5D3

⬆外国人メンバーも多く所属する多国籍感あふれる事務所。所属スターのパネル前で記念撮影をするファンの姿も見られる

DATA ㊋Ⓜ5号線遁村洞駅3番出口から徒歩14分 ㊟江東区江東大路205

BIGBANG、iKON、BLACKPINK etc.

YGエンターテインメント

YG엔터테인먼트 / YG Entertainment　別冊MAP ● P4B3

⬆力強いパフォーマンスで人々を魅了するグループが多い。2020年に新社屋が完成し、事務所の前にはファンのためのカフェをオープン

DATA ㊋Ⓜ2･6号線合井駅8番出口から徒歩7分 ㊟麻浦区喜雨亭路1キル7

BTS、SEVENTEEN、ENHYPEN etc.

ハイブ

하이브 / HYBE　別冊MAP ● P4B3

⬆ビッグヒットエンターテインメントから名称を変更。2021年に社屋を江南から龍山駅前に移転

DATA ㊋Ⓜ4号線新龍山駅2番出口から徒歩8分 ㊟龍山区漢江路3街65-9

Lala Citta Seoul

Topic1

街あそび Town Guide

ソウルには歩くだけで気分が上がる
個性的なタウンがたくさん。
各タウンのおすすめテーマで遊びましょ。

人気の韓ドラ名場面の場所へ！

人気ドラマロケ地めぐり

大好きな主人公になりきって名場面と同じ場所で写真撮影をしたり、ドラマゆかりの場所で食事をしたり。現地だからできることをぎゅっと詰め込んで思う存分楽しもう！

2022 ウ・ヨンウ弁護士は天才肌

あらすじ 自閉症の主人公・ウ・ヨンウが、弁護士として働きながら困難を乗り越え成長していくストーリー。さまざまな壁に向き合い悩んで落ち込む主人公だが、周りの人たちと協力しながら持ち前の記憶力と頭脳で事件を解決へと導いていく。

センターフィールドウエスト

江南 別冊MAP P21C3

센터필드West / Center Field West

主人公が働くハンニダ事務所の回転扉

主人公をさまざまな場面で助ける、同僚イ・ジュノとの出会いの場所。回転扉にうまく入れない主人公に、ワルツのリズムにのれば通ることができると教えてあげるジュノ。このドラマの印象的なシーンで使われた。

1.EASTとWESTがあるが、撮影した場所はWEST　2.主人公の自己紹介で出てくる駅　3.オフィスビルの入口

DATA 交Ⓜ2号線駅三駅8番出口から徒歩8分　住江南区テヘラン路231

2

3

ザ・現代ソウル

汝矣島 別冊MAP P4B3

더현대 서울 / The Hyundai Seoul

テ・スミとすれ違うデパート

6話で主人公とスヨンがショッピングを楽しんだデパート。ある洋服店でライバル事務所のテ・スミとすれ違うが、お互い気がつかない場面。2話で主人公がウエディングドレスを試着したホテルはデパートに直結。

館内にはベンチや庭園など休憩スポットも多い

DATA →P60

徳寿宮石垣道

市庁駅 別冊MAP P10A1

덕수궁돌담길 / トクスグントルダムギル

ジュノと歩いた石畳の道

この道を歩いた恋人は別れるという話をしながら主人公とジュノがデートをした道。その後、ジュノの友達に会い、主人公が問題を解決するのに重要なことを思い出す。さまざまなドラマのロケ地として知られる。

ドラマでは夜のシーンで使われることが多い。ライトで照らされた道を歩こう

DATA 交Ⓜ1・2号線市庁駅2番出口からすぐ　住中区世宗大路19キル24

プチ情報 聖水洞のリノベスポット「カフェ ハラボジ工場」(→ P17) は『ヴィンチェンツォ』の4話と5話のカフェシーンの撮影地。モダンな店内とクラシックな雰囲気のテラスがオシャレで、ドラマやバラエティに多く使われるホットスポットだ。

2023 セレブリティ

あらすじ 化粧販売員だった主人公、ソ・アリ。学生時代の友人でトップインフルエンサーのオ・ミネに再会し、セレブの裏の顔を知ることになる。主人公がトップインフルエンサーまで上り詰め、セレブの裏を暴くまでに至る経緯が描かれている。

ソウルウェーブ アートセンター

서울웨이브아트센터 / Seoul Wave Art Center

セレブの裏の顔を知るパーティ

ミネに誘われて行ったパーティの会場。主人公がここでインフルエンサーの裏の顔を知り、セレブの世界へ足を踏み入れることに。夜のライトアップされた姿も見に行こう！

ジュンギョンと初めて出会ったシーンが蘇ってくる。館内にあるスタバが人気

DATA 交Ⓜ３号線蚕院駅３・４番出口から徒歩17分 住瑞草区蚕院路145-35

ティルティル

티르티르 / TIRTIR

ミネのブランドのお店

ミネのブランド「LUNA CHIC」の店内として使われた。劇中でたびたび出現するが、２話の佳賓会のサプライズパーティではティルティル のフォト映えするアーチや、ライトが付いた鏡が並ぶ棚なども映る。

1. ミネがスマホで配信しながら通り抜けるアーチ
2. 実際には化粧品が並ぶディスプレイ棚にアパレル商品が並んでいた　3. 佳賓会のメンバーが食べ物を囲みながら配信する場面を思い出させる

DATA 交Ⓜ2・6号線合井駅3番出口から徒歩6分 住麻浦区チャンダリ路3アンギル5
☎070-4281-9974 時10～19時 休なし

2022 ザ・ファビュラス

あらすじ モデル、カメラマン、デザイナー、代理店という職種でファッション業界に身を置く仲良し４人組。仕事や恋愛でつまづくが、お互いにさまざまな方面から助け合いそれぞれの夢を叶えていくストーリー。

東大門デザインプラザ

동대문디자인플라자 / DDP

アーレインJのイベント会場

最終回に、ジョセフがアートレインJの初代ディレクターとしてコレクションを開催した会場。プレッシャーに押し潰されたジョセフだったが、４人で力を合わせてショーを成功させた。

DATA →P58

劇中では建物に「アートレインJ」の大きな張り紙が２枚貼られていた

ウルフギャング・ステーキ・ハウス

울프강스테이크하우스 / Wolfgang's Steakhouse

カフェ店員のドヨンと待ち合わせ

ジウンが名刺入れを忘れたカフェの店員、ドヨンが待ち合わせに指定してきた場所。ここで電話番号を渡されたことがきっかけでジウンとドヨンは親しくなる。

DATA 交Ⓜ盆唐線狎鴎亭ロデオ駅４番出口から徒歩５分 住江南区宣陵路152キル21

ジウンがオードリーの車を横に停めて、ステーキ店に入っていくシーン

2020 梨泰院クラス

あらすじ 若手俳優パク・ソジュンが主演のドラマ。「信念を貫く」をモットーに学校生活を送る主人公・セロイは正義感が強いあまり、クラスの問題に直面し、服役することに。服役後、居酒屋「タンバム」を開店するが、大企業・長家に邪魔をされ、さまざまな不条理と向き合いながら仲間と夢に向かって進んでいく。

緑莎坪歩道橋

緑莎坪 別冊MAP P18A4

녹사평육교／ノッサピョンボドユッキョ

Nソウルタワーが見える歩道橋

主人公セロイが考え事や決意をする場面でよく使われ、劇中で最も印象的なシーン。駅からのアクセスも抜群なので『梨泰院クラス』のファンなら絶対訪れたいスポット！

DATA 交M6号線緑莎坪駅3番出口すぐ 住龍山区緑莎坪大路地下195

Nソウルタワーを背景に写真撮影するのがポイント！

ザ・ファイネスト

緑莎坪 別冊MAP P5C3

더 파이니스트／The Finest

セロイとイソが行ったバー

ドラマに登場したカウンターバー席は、放送終了後しばらく予約いっぱいで大人気だった。南山の風景を楽しめるテラス席もカップルにオススメ！

DATA →P53

Nソウルタワーの夜景が美しくロマンチックな雰囲気抜群！

ソウルバム

緑莎坪 別冊MAP P18A4

서울밤

移転前のタンバム

セロイが長年の夢を叶えたタンバム1号店はココで撮影！ さまざまな名場面が生まれた建物をバックに撮影して友だちに自慢しちゃおう。

ドラマでも出てくるスンドゥブチゲが食べられると話題！

DATA 交M6号線緑莎坪駅3番出口から徒歩5分 住龍山区緑莎坪大路40キル59

マンマンココロ

弘大 別冊MAP P16B2

만만코코로

長家の居酒屋 梨泰院店

スアが店長をする長家の居酒屋は「マンマンココロ」の弘大店で撮影。きらびやかに光る外観をセロイが見つめるシーンが印象的。店内の撮影は違う場所が使われた。

DATA 交M2号線弘大入口駅9番出口から徒歩7分 住麻浦区楊花路16キル34

夜にライトが灯された状態で建物を見つめる姿をパチリ！

プチ情報 『梨泰院クラス』の原作者が経営する居酒屋「クルバム」（別冊MAP● P18A4）は梨泰院駅1番出口から徒歩2分の場所にある。ドラマの中の店名はタンバムだが、こちらはクルバム。音楽や装飾など、ドラマに関係するポイントが満載。

2022 ヴィンチェンツォ

あらすじ 主人公・ヴィンチェンツォはイタリアンマフィアの顧問弁護士。「クムガプラザ」というビルの下に埋めた金塊を取りにソウルに戻ってきたが、その情報が巨悪のバベルグループにバレてしまう。バベルグループが先回りしてビルを買収しようとするが、ヴィンチェンツォも負けじとバベルグループの悪を暴こうとする。

別冊 MAP P9D4

世運商店街

세운상가 / セウンサンガ

ドラマでおなじみ！ クムガプラザ

ドラマのメイン舞台。ヴィンチェンツォが「このビルを壊す」と決意する場面がフラッシュバック！

DATA ㊋Ⓜ1号線鍾路3街駅12番出口から徒歩4分 ㊓鍾路区清渓川路159

クムガプラザが見えるカフェでゆっくりするのもおすすめだ

カフェやショップが集まる人気のデートスポットとして知られる

別冊 MAP P5C3

コモン・グラウンド

커먼그라운드 / COMMON GROUND

チャヨンとヴィンチェンツォがホットドッグを食べていた場所

おしゃれなコンテナが並ぶショッピングモールは、2人がホットドッグを食べるシーンで使われた。ジュヌとチャヨンがアイスを食べているのは違うコンテナモールなので注意。

DATA →P18

2019 愛の不時着

あらすじ パラグライダーの事故でセリが北朝鮮に不時着し、ジョンヒョクと出会い、一緒に生活を送ることに。ジョンヒョクはセリが帰国できるよう奮闘する毎日。2人は一緒に過ごすうちに惹かれ合っていく。主演を演じたヒョンビンとソン・イェジンがプライベートで結婚したことでも話題になったラブストーリー。

別冊 MAP P23C1

アクレッド

아크레도 / acredo

セリのブランドのお店

セリのブランド「Seri's Choice」の外観として使われたのは、狎鴎亭ロデオにあるジュエリーショップ。ドラマで使われた高級感あふれる雰囲気のまま。

DATA ㊋Ⓜ盆唐線狎鴎亭ロデオ駅3番出口からすぐ ㊓江南区狎鴎亭路410

駅前にあるので狎鴎亭ロデオ駅に行った際は立ち寄りたい

メニューを見たら、第五中隊のようにチキンが食べたくなるはず

別冊 MAP P17D4

BBQチキン 梨大

비비큐치킨 이대

第五中隊が見ていたチキン店

『愛の不時着』を見ながら何度もチキンを食べたくなった人も多いのでは？ 北朝鮮から来た第五中隊がうらやましそうにチキンを見ているシーンはここで撮影。

DATA ㊋Ⓜ2号線梨大駅1番出口から徒歩5分 ㊓西大門区梨花女大5キル 35

ファッションも定番グルメも朝食も夜カフェも!!

やっぱり楽しい王道エリア「明洞(ミョンドン)」のはずせない店

旅の楽しみがすべて揃う明洞。なかでもカジュアルファッション店が充実。ほかにも名店グルメ、お手軽エステもひしめき合うのでチェックは怠りなく!

ヌーン・スクエア
ファッションビル。韓国のデザイナーズブランドのショップが集まる4階は要チェック。

ミリオレ明洞店
明洞駅の6番出口に直結するファッションビル。

エムプラザ
明洞中央路に面したファッションビル。FOREVER21やZARAなどが入る。待ち合せにも便利。

ソウルビギナー明洞攻略のコツ
- 明洞駅6番出口からアプローチせよ
- まずは明洞中央路(8ギル)と明洞ギルから攻めるべし
- 流暢な日本語の客引きを気にするべからず

プチ情報 ソウルきってのショッピング街・明洞にはグローバルブランドもどんどん進出中。H&M、FOREVER21、ZARAなど日本でも人気のファストファッション店も多い。円高の時期はチェックしておきたい。

デイリーユース服探し♪

・カジュアルファッション

A 別冊MAP P13C3 エーランド
에이랜드 명동점 / A Land

センスが光るセレクトショップ

開店直後からおしゃれなソウルっ子が続々と集まってくる人気ショップ。韓国はもちろん各国デザイナーの新商品にいち早く出合える。

DATA 交M4号線明洞駅6番出口から徒歩5分 住中区明洞8キル40 ☎02-3210-5900 時11～22時（金～日曜は～22時30分） 休なし E

1. フォーマルにもカジュアルにも使えるバッグ 2. パッチワーク風のミニスカート 3. オリジナルのAロゴブルーバケットハット 4. 4つのフロアで古着からデザイナーズブランドまで幅広く扱う

B 別冊MAP P13C4 スパオ
스파오 / Spao

大手芸能プロダクションとコラボ

S.M.エンターテインメントと提携して生まれた韓国発のカジュアルブランド。1～3階のフロアを埋め尽くす幅広い品揃えとリーズナブルな価格帯が魅力。店内にはイメージモデルの写真や名前入りの商品が多数。

1. レディス、メンズともに品揃えは豊富 2. 色違いで揃えたくなるカラーパンツ 3. 秋冬ならニットをチェック

DATA 交M4号線明洞駅6番出口から徒歩2分 住中区明洞8ナキル15 1～3階 ☎02-319-3850 時10時30分～22時 休なし

C 別冊MAP P13C2 エイト・セカンズ
에잇세컨즈
8 seconds

トレンドを押さえたアイテムが豊富

韓国のファッションを代表する人気のSPAブランド。ほぼ毎日新作が入荷するスピードの速さで、流行に敏感な20～30代の女性から圧倒的な支持を集めている。

W10万～16万ほどでトータルコーディネートが叶う

DATA 交M4号線明洞駅6番出口から徒歩3分 住中区明洞キル32 ☎070-7090-2272 時10時30分～22時 休なし J E

明洞餃子

명동교자 / ミョンドンギョジャ

行列が目印！ 1976年創業の老舗

韓国式手打ちうどんカルグクスが有名な店。丸鶏、しょうが、ネギなどを4～6時間煮込んだコクのあるトロっとしたスープが、自家製麺によく絡む。連日大盛況。

DATA ㊋Ⓜ4号線明洞駅8番出口から徒歩4分 ㊟中区明洞10キル29 ☎02-776-5348 ㊍10時30分～21時(20時30分LO) ㊡なし
ⒿⒿⒺ

1. 人気のカルグクスW1万 2. 一口サイズのマンドゥ(蒸し餃子)は10個入り。こちらもオススメ 3. 並んでも食べたいと通うファン多数。いつも店内は大賑わい

イェジ粉食

예지분식 / イェジブンシク

路地裏にたたずむ昔ながらの人情食堂

路地裏の小さな食堂だが、懐かしい韓国家庭料理の味と庶民的な雰囲気に惹かれ、日本人も多く訪れる。キムチチゲや焼き魚、ビビンパプなど素朴なメニューが中心。

1. コクのあるスープがクセになるスンドゥブW9000。辛さの調整もしてくれる 2. キムチや玉子焼などおかずは6種

DATA ㊋Ⓜ2号線乙支路入口駅5番出口から徒歩5分 ㊟中区明洞9キル17-3 ☎02-777-1820 ㊍5時～20時30分(土曜は～16時、日曜は～14時) ㊡なし ⒿⒺⒿⒺ

F 別冊 MAP P12B2

ヌグナホルタッパナンチキン

누구나홀딱반한닭 명동점

地元OLにも好評の人気店

新鮮な野菜が並び、目でも楽しむことができるチキン専門店。お肉が食べたいけど、胃が食べ疲れしてしまっている…そんなときにぴったりの、あっさりチキンが女性に大人気！

1. 男性客も多い 2. チキンと野菜の相性が抜群のフレッシュサムタクW2万2900

DATA ㊋Ⓜ2号線乙支路入口駅6番出口から徒歩5分 ㊟中区南大門路78 ☎02-6361-8353 ㊍15時～翌3時 ㊡なし
ⒿⒿ

明洞にはコスメショップも多い。免税店よりもサンプルなどのおまけを融通してくれたりする。また、韓国で勢いのあるSPAブランドもほぼ明洞に店舗があるので要チェック。

便利でおいしい
・朝食

G 別冊MAP P13C2 神仙ソルロンタン
신선설농탕
シンソンソルロンタン

うまみが詰まったトロトロスープ

ソルロンタンの人気チェーン店。牛の骨を24時間じっくり煮込んだスープは、コクがあるのに臭みがなく淡白な味わい。キムチを入れてもよい。

DATA 交M4号線明洞駅6番出口から徒歩8分 住中区明洞キル56-1 ☎02-777-4531 時8時30分〜21時 休なし J J

1.清潔感のある店内 2.白濁色のスープに牛肉やネギがたっぷり。W1万

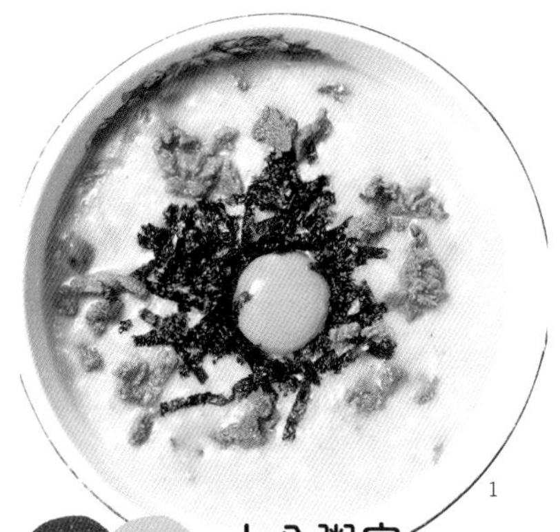

H 別冊MAP P10A1 小公粥家
소공죽집
ソゴンチュクチプ

やさしいだしに魚介がマッチ

看板メニューは高級海産物をたっぷり使った粥。アワビやウニ、カニなどをふんだんに入れて炊き上げており、滋味深い味わい。

DATA 交M1・2号線市庁駅12番出口からすぐ 住中区西小門路139 ☎02-752-6400 時8〜20時(土・日曜、祝日は〜15時)LOは各30分前 休なし J E

1.ソンゲアルジュク。ソウルでも珍しいウニ粥 2.日本人観光客にも長く愛され続けている店

遊び疲れたら
・カフェ

I 別冊MAP P13C2 モルト
몰또/MOLTO

ソウルの名所と楽しむ本格エスプレッソ

イタリアンエスプレッソバーがコンセプトのヨーロッパ風カフェ。イタリア在住経験をもつオーナーが、本場の味を再現したいという思いで手がけている。オープン直後が狙い目。

DATA 交M4号線明洞駅8番出口から徒歩6分 住中区明洞キル73 3階 ☎02-778-7779 時10時30分〜19時30分(19時LO) 休日曜 E

1.テラス席から明洞聖堂やNソウルタワーが一望できる 2.テラス席がメインだが、店内にはスタンディングバーもある 3.テラスにつながる右側の階段もしくはビルのエレベーターでカフェへ 4.カフェサレW4800とトマトマリネードW1万2800

ソウルの若者のパワーを感じる街！

昼も夜も楽しい「弘大(ホンデ)」ぶらり歩き

韓国の有名美大・弘益大学があり、街全体がアートな雰囲気でいっぱいの弘大。クラブやライブハウスも多く、エネルギッシュな若者たちが集まり、深夜まで賑わっている。

流行をチェック！

・ショップ

A 別冊MAP P17C2 スタイルナンダ

스타일난다 / Stylenanda

流行アイテムがいっぱい

オンラインショッピングから始まり、今は巨大な実店舗をもつ人気のセレクトショップ。驚くほど多彩なライナップは、トレンドに敏感なソウルっ子たちに評判が高い。オリジナルコスメもあり。

1.2階はアウトレットコーナー　2.クラッチバッグW3万～　3.ストライプスカートW2万8900　4.ニット帽W1万1900～

DATA 交M2号線弘大入口駅8番出口から徒歩8分 住麻浦区臥牛山路29ダキル23 ☎02-333-9215 時11～22時 休なし J E

1

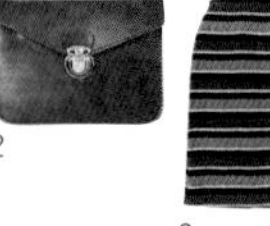

2

3

4

B 別冊MAP P17C1 ザ・ナインモール

더 나인몰 / THE Ninemall

キュートなスマホグッズを探すならココ！

スマホケースやステーショナリーなどを販売している韓国のライフデザインブランド。かわいらしいキャラクターのデザインや色とりどりのカラーが好評。ケースはなんと120種以上！

1.スリムで手ざわりのよいケース。iPhoneなら全バージョン対応　2.ラブリーなピンク色の「ppokku」AirPods Proハードケース　3.ポップでカラフルなアイテムが充実

1

2

DATA 交M2号線弘大入口駅7番出口から徒歩4分 住麻浦区臥牛山路29キル50 ☎070-8838-0501 時13～21時 休なし

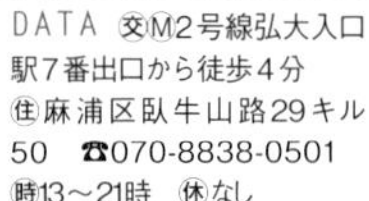

3

C 別冊MAP P17C2 アイ・アム・ジョイ

아이엠조이 / I am joy

アクセサリーの数なんと1万超え！

壁一面に並べられた商品に圧倒されるアクセサリーショップ。ジャンルはピアスをメインに、ネックレス、ブレスレット、ヘアアイテムと幅広い。毎週新商品が入荷し、トレンドを押さえている。

1

2

1.ほとんどのアクセサリーが試着可能　2.膨大な商品のなかからお気に入りを見つけよう

DATA 交M2号線弘大入口駅9番出口から徒歩6分 住麻浦区臥牛山路27キル40 ☎070-8808-6925 時12～23時（金～日曜11時～） 休なし J E

プチ情報　3～11月の毎週土曜に弘益公園（別冊MAP●P16B3）でフリーマーケットが開催される。手作りアクセサリーやファブリック小物など、こだわりのアイテムが集まる。作り手との会話を楽しみながら買い物ができるのも魅力。

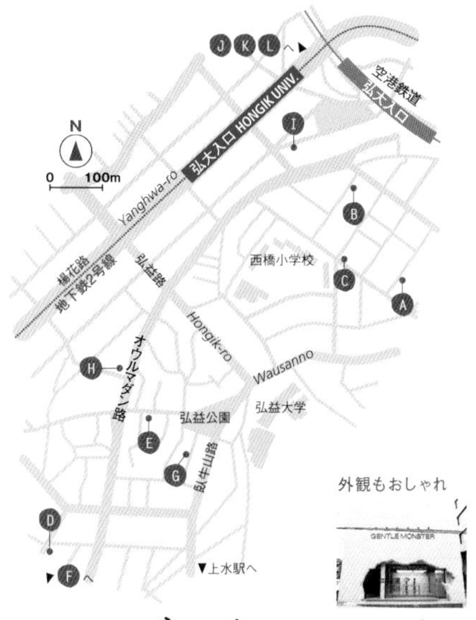

外観もおしゃれ

ジェントル・モンスター弘大店

D 別冊MAP P16B3

젠틀몬스터 홍대점 / Gentle Monster

芸能人御用達の超人気ブランド

EXOや少女時代ほか、韓国のスターたちが愛用するサングラス・ブランド。価格帯はW20万台〜で、シーズンごとに新作が登場。店舗入口には月替わりのアート作品も。

シリーズは50以上揃う

DATA ㊋M2・6号線合井駅3番出口から徒歩5分 ㊟麻浦区トンマク路7キル54 ☎02-3144-0864 ㊛12〜21時 ㊡なし Ⓔ

サンクス・ブックス

F 別冊MAP P16A4

1

땡스북스 / Thanks Books

気軽に立ち読みできるアート系中心の書店

ひと目で手に取りたくなるデザイン性の高い本を扱う書店。弘大エリアらしく芸術関連の書籍が充実しており、デザイン・出版業界の常連客が多い。

1.2.3. 本の価格はW1万台が中心

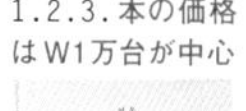

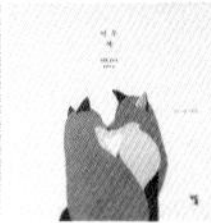
2

DATA ㊋M2・6号線合井駅5番出口から徒歩10分 ㊟麻浦区楊花路6キル57-6 1階 ☎02-325-0321 ㊛12〜21時 ㊡なし

3

部屋に飾りたくなる表紙の書籍が多数

アベル・スタジオ

E 別冊MAP P16B3

아베르스튜디오 / Aver Studio

お仕事仕様も日常使いもおまかせを

質の高い素材とデザイン、それでいて手頃な洋服やアクセサリーが集結している。ナチュラルなベーシックカラーが豊富で、陳列がカラー別になっているので見やすい。

全4フロアの大型店

サラッとした素材で、透け感のある涼しげなカットソー

耳元を華やかに、上品に演出するピアス

斜めがけにもできるバッグ。色違い購入も◎

DATA ㊋M6号線上水駅1番出口から徒歩9分 ㊟麻浦区オウルマダン路78 ☎070-7723-6925 ㊛12〜23時 ㊡なし ⒿⒺ

弘大迎賓楼

홍대영빈루 / ホンデヨンビンル

真っ赤なスープにやわらか麺がよく絡む

ネット上で話題となった「全国5大チャンポン」の一つに選定された店。1945年創業と歴史が古く、在韓華僑の一族が昔ながらの味を守っている。弘大店は本格中華のメニューも多彩。

DATA 交M6号線弘大入口駅9番出口から徒歩10分 住麻浦区臥牛山路21キル19-16 2階 ☎02-322-8884 時11時30分～15時、17～22時(21時LO) 休なし J E

1.京畿道平沢市にある有名店「迎賓楼」のソウル支店　2.有名ブロガーが5大チャンポンとして紹介して話題に　3.チャンポンW9000。麺は自家製。辛いスープに豚肉、イカ、野菜がたっぷり入って食べごたえ◎

トマ

도마

とろける実力派牛カルビ

学生街らしく客層が若く活気がある。カルビやロースの盛り合わせ1人前W2万2000をひとしきり楽しんだら、最後は具だくさん麻薬テンジャンチゲW6000でシメ。

DATA 交M2号線弘大入口駅9番出口から徒歩7分 住麻浦区楊花路16キル33 ☎02-338-5356 時17時～24時30分、金・土曜16時～翌2時30分 休月曜 J E

1. カルビ＆ロース盛り合わせW2万6000。牛焼肉をリーズナブルに味わえるとして連日超満員　2. 雰囲気のある三角屋根

ウォンハルモニポッサム

원할머니보쌈

野菜に包んで食べるしっとりゆで豚

ポッサムとはゆで豚をキムチや野菜などと一緒に食べるヘルシーな料理。1975年創業の人気チェーンのこの店では、製造工程にこだわり独特の臭みのないあっさりとしたポッサムが楽しめる。

DATA 交M2号線弘大入口駅8番出口から徒歩2分 住麻浦区楊花路18アンキル10 1階 ☎02-338-5356 時12～24時 休なし

1. ランチタイムも人気の店　2. 秘伝のオリジナルソースがたまらないポッサムW3万6000(中)

弘大がいちばん賑わうのは夕方から夜にかけて。特に金曜の夜はクラブやライブハウスに繰り出す若者たちで地下鉄の出口すら大混雑！ 路上ライブなども行われているので、歩くだけでも熱気があり楽しい。

別冊 MAP P4B2

清水堂 共鳴

청수당 공명
チョンスダン コンミョン

アニメ映画のようなおしゃれ空間

清水堂本店の姉妹店。「水・森・地の共鳴」という3フロア構成になっており、スペースごとに違う雰囲気を楽しめる。限定メニューのパヴロヴァがオススメ。

DATA ㊋M2号線弘大入口駅3番出口から徒歩11分 ㊟麻浦区ソンミサン路152 ☎070-7791-7972 ㊕11～22時(デザートは～21時LO、ドリンクは～21時30分LO) ㊡なし E

1.2.地下、1・2階の店内にはそれぞれ座敷やテーブル、テラス席も 3.済州島の名産品である天恵香ベースの天恵香エードW7500 4.メレンゲや生クリームにベリー類を添えたベリー パヴロヴァW1万3000

別冊 MAP P4B2

ヴォルス・ガーデン

벌스가든
VER'S GARDEN

花と緑に囲まれて幸せ時間を満喫

2015年にオープンし2018年に現在の場所に移転。住宅を改造しており、好みによってさまざまな空間の雰囲気を満喫できる。植物カフェとしてだけでなく手作りケーキも評判。

DATA ㊋M2号線弘大入口駅3番出口から徒歩14分 ㊟麻浦区ソンミサン路23キル44 ☎070-8716-1888 ㊕11～22時 ㊡なし E E

1.多様な植物に囲まれ、どの空間でもSNS映え間違いなし！
2.ほどよい甘さが口に広がるチョコバナナケーキW9000
3.アールグレイケーキW9000

別冊 MAP P4B2

メリツリー

메리트리
MERITREE

思わず微笑むキュートなスイーツ

オリジナルクマキャラクターの「メリ」や冬のシーズンメニューに出る雪だるまなど、デザイン専攻のオーナーのセンスが光るかわいいデザートに女性ファンが多い。

DATA ㊋M2号線弘大入口駅3番出口から徒歩13分 ㊟麻浦区ソンミサン路29アンキル17 2・3階 ☎02-6406-3152 ㊕13～21時 ㊡月曜

アイスの上にメリの顔がのっているメリブラウニーW7000

ヘーゼルナッツ風味アインシュペンナーのヘイ、メリ！W7000

お散歩したい街No.1

古くて新しい「三清洞(サムチョンドン)」でグルメ＆ショップめぐり

ノスタルジックな街並みが広がる三清洞には、メインストリート・三清洞ギルを中心に個性派ショップにグルメ、ギャラリーが点在。新旧が混在する話題のエリアを歩いてみよう！

高感度ショップ大集合

人気ショップ

A 別冊MAP P15B3

雪花秀 北村フラッグシップストア

설화수 북촌 플래그십스토어/Sulwhasoo

セレブ気分を味わえる＋αが盛りだくさん！

1930年代の韓屋と1960年代の洋館を合わせた素敵な空間に、韓方コスメブランド「雪花秀」と「オソロック・ティーハウス」の北村店が2021年11月にオープンした。

DATA 交M3号線安国駅2番出口から徒歩9分
住鍾路区北村路47 ☎02-762-5743
時10～19時 休月曜 E

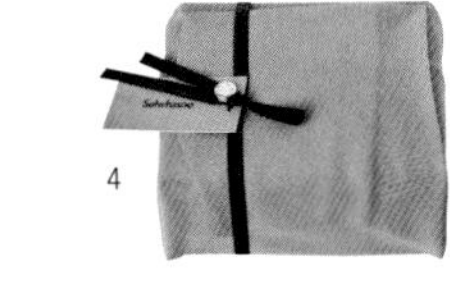

1.韓屋の美しさが存分に伝わり、観光の名所としても注目されている 2.昔ながらの高麗人参のカルメ焼きが楽しめるお迎え空間 3.陶磁器白磁をモチーフにした北村店限定品潤燥エッセンス白磁エディションW14万 4.購入した商品を無料で伝統ポジャギに丁寧にラッピングしてくれる

上品で落ち着いた店内には見やすく商品がディスプレイされている

and more…

併設のお茶専門店もチェック

済州島産プレミアムティーブランド。北村の昔ながらの地名を取り入れた「嘉会茶室」や独自のティーカクテルに出合える「バー・ソルロク」は北村店ならではの自慢の空間。

オソロック・ティーハウス

오설록 티 하우스/o'sulloc TEA HOUSE

別冊MAP ● P15B3

DATA ☎070-4121-2019
時11～20時(金～日曜は～21時、20時30分LO) 休なし
E

1.ノンアルコールティーカクテルが飲める3階のバー・ソルロク 2.入口に入ると右上に見えるカウンター。商品の会計はここで 3.韓屋の瓦をイメージしたワッフル。北村の瓦W1万5000 4.バー・ソルロクのボルカニック・ハンラニティーW1万6000

プチ情報 三清洞エリアの散策は北村韓屋村(→P51)とセットがオススメ。地下鉄3号線安国駅2番出口を出て、まずは北村韓屋村をのんびり散策。その後、三清洞エリアへ移動してカフェでひと休み、というのがソウルっ子のゴールデンルート。

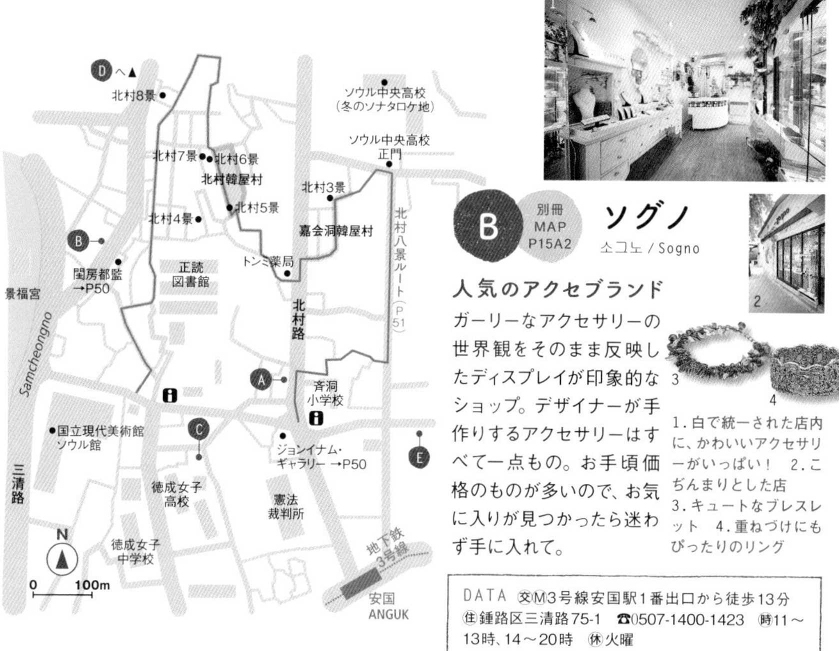

B 別冊MAP P15A2 ソグノ

소그노 / Sogno

人気のアクセブランド

ガーリーなアクセサリーの世界観をそのまま反映したディスプレイが印象的なショップ。デザイナーが手作りするアクセサリーはすべて一点もの。お手頃価格のものが多いので、お気に入りが見つかったら迷わず手に入れて。

1.白で統一された店内に、かわいいアクセサリーがいっぱい！ 2.こぢんまりとした店 3.キュートなブレスレット 4.重ねづけにもぴったりのリング

DATA 交M3号線安国駅1番出口から徒歩13分
住鍾路区三清路75-1 ☎0507-1400-1423 時11～13時、14～20時 休火曜

C 別冊MAP P15A4 ミーオリ

미오리 /Mee*ori

注目のマイクロファイバーバッグ

水や汚れに強く洗える新素材のマイクロファイバー製バッグがイチオシの店。トートからクラッチまでアイテムは幅広く、リーズナブルで実用性が高いことから、年齢を問わず人気。ヘビ革のような独特の質感は高級感もある。

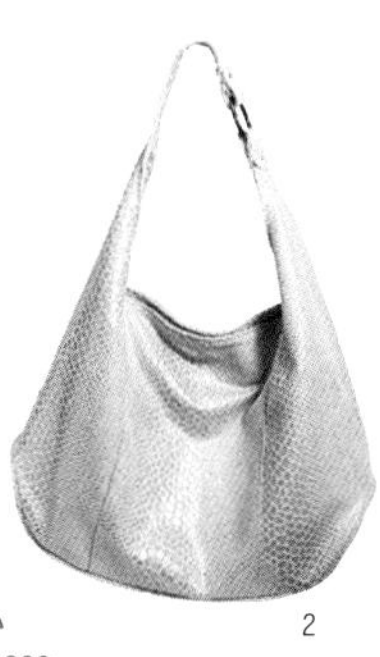

1.カラーバリエーションも豊富なのがうれしい
2.ナチュラルな形のショルダーバッグW11万9000～

DATA 交M3号線安国駅1番出口から徒歩5分
住鍾路区尹潽善キル65 ☎02-722-7660
時11～16時 休なし E

ほっこりできる♪

絶品グルメを堪能！

D 別冊MAP P15A1 オンマウル

온마을

豆腐もスープも上品な味わい

野菜だしにたっぷりのアサリを加え、炒めたキムチとごま油が効いたコンスンドゥブチゲと、おからを煮込んだコンビジチゲがおいしい。味付けが控えめなので素材の味が生きている。

1. 毎朝作る豆腐が魅力のコンスンドゥブチゲW1万。できたてふわふわの食感を楽しもう　2. 三清洞通りにある。ショッピングの合間に訪れたい

DATA ㊋Ⓜ3号線安国駅1番出口から徒歩25分　㊟鍾路区三清路127　☎02-738-4231　㊍11～21時(20時30分LO)　㊡なし　J E J E

E 別冊MAP P9C2 利パッ

이밥／イパッ

かわいらしい癒やしのおむすび定食

お昼どきになると女性客で満席になる、人気のおむすび専門店。ひとり客の利用も多いので、一人旅の女性でも安心して入ることができる。おむすびはテイクアウトも可能なので、ホテルに持ち帰って食べてもいい。

1. 蓮の葉のおむすびにサラダや野菜のおかずがついた、ヨンニプチュモクパプセットW1万2000　2. 気軽に利用できるうれしい店　3. もちもちおむすびが絶品

DATA ㊋Ⓜ3号線安国駅3番出口から徒歩5分　㊟鍾路区昌徳宮1キル29　☎02-744-2325　㊍11～21時(水・土曜は～19時)　㊡日曜　E

and more…

美しい伝統工芸品を

本物の伝統工芸品ならココ。韓屋を利用した雰囲気のいいショップで、ハンドメイドの籠や刺繍入りの雑貨などを扱う。韓国語ができればオーダーメイドをお願いすることもできる。

閨房都監

규방도감／キュバントガン

別冊MAP ● P15A3

DATA ㊋Ⓜ3号線安国駅1番出口から徒歩15分　㊟鍾路区北村路5ガキル44-5　☎02-732-6609　㊍10～19時(金曜は～16時、日曜11～16時)　㊡土曜

漆塗りの籠も美しい

すべて手作りによる竹製のバスケットもおすすめ

良質な楮(コウゾ)がとれる江原道の原州から素材を取り寄せ作られた、韓紙や木材を使ったインテリアショップ。すべて伝統工芸作家によるオリジナルの作品。

ジョンイナム・ギャラリー

종이나무갤러리

別冊MAP ● P15B4

DATA ㊋Ⓜ3号線安国駅2番出口から徒歩5分　㊟鍾路区北村路5キル3　☎02-766-3397　㊍10時～21時(日曜は12時～)　㊡なし　E

韓紙のランプなどが人気

白磁の透かしとビーズが施された照明

まめちしき　北村韓屋村は坂道が多く、急な階段もあるので歩きやすい靴で出かけよう。また、市民が暮らす住宅街でもあるので、大声や騒音は出さないように注意したい。

おさんぽガイド！ 北村韓屋村
プクチョンハノクマウル

ソウルの都市部で唯一、韓屋（オンドルと棟を備えた伝統家屋）が立ち並ぶ北村。このエリアはもともと朝鮮王朝時代のお屋敷街で、今も実際に人々が暮らす約900の韓屋が残る。鍾路区が選定した8つのフォトスポットを巡ってその魅力に迫ろう！

五景

ここから続く坂道沿いでタイムスリップ感を味わおう

八景

雰囲気抜群の一枚岩でできた階段

二景

韓屋の工房が集まる静かな路地

七景

美しい韓屋の壁が続くゆるやかな坂道

一景

昌徳宮の全景を眺められるスポット

六景

坂を上り振り返ってパシャリ。市内のビルとのコントラストがおもしろい一枚に

四景

瓦屋根が連なる様子を一望できる絶景スポット

三景

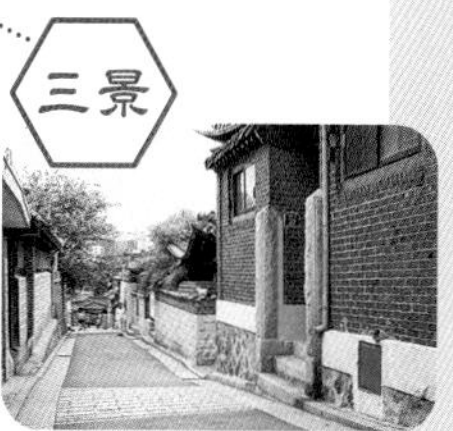

韓屋を利用した小さな博物館が多いエリア

リピーターの注目度ナンバーワン！

大人が遊べる街に変貌中！「梨泰院（イテウォン）～漢南洞（ハンナムドン）」

米軍基地があることからインターナショナルな雰囲気の梨泰院。
最近では洗練されたおしゃれショップやダイニングが続々と登場中。

続々増えてます

・個性派ショップ

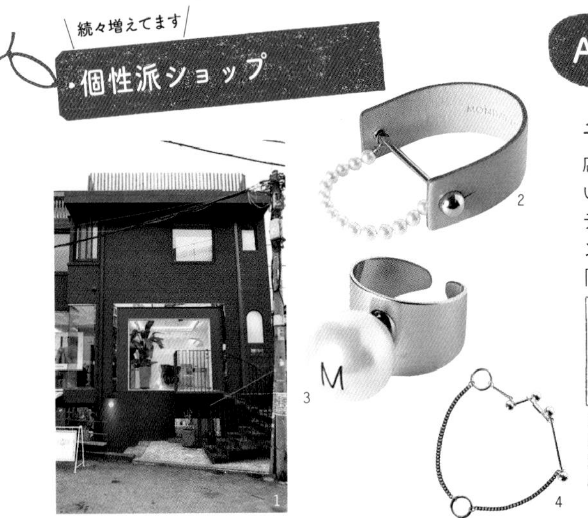

A 別冊MAP P19C4 マンデイ・エディション
먼데이 에디션
Monday Edition

エッジの効いたジュエリーブランド

店名は、素敵なジュエリーで気持ちよい月曜を始めようという意味。トレンディでフェミニンなメインラインの「マンデイライン」とヤングターゲットの「usual M.E.」がある。

DATA 交M6号線漢江鎮駅3番出口から徒歩10分 住龍山区大使館路11キル57 1階 ☎02-794-5922 時11～19時 休月曜 E

1. 人気アクセブランドのショールーム
2. パールと革が調和するブレスレット
3. ベストアイテムのパールリング
4. 人気のボール&スティックチョーカー

B 別冊MAP P19C4 マルディメクルディ1
마르디메크르디1/MARDI MERCREDI1

行列ができる超人気ショップ

フレンチムードの漂うラフなデイリーウェアを展開。ブランドの象徴である大胆なフラワープリントが若い女性たちに大人気を誇る。

DATA 交M6号線漢江鎮駅3番出口から徒歩9分 住龍山区梨泰院路54キル58 ☎なし 時11～19時 休月曜

1. 店内は清潔感のあるオールホワイトでとてもシンプル 2. 華やかな花のプリントが目を引くトレーナーW8万9000 3. 白くて長い平屋建ての店舗 4.5. キュートなプリントTシャツ各W4万2000

プチ情報 漢江鎮駅を中心に広がる漢南エリアは、コム・デ・ギャルソン（別冊MAP ● P19C3）のビルを中心にオシャレなショップやカフェが増えてきている。梨大やカロスキルなどに比べて大人が楽しめるエリア。

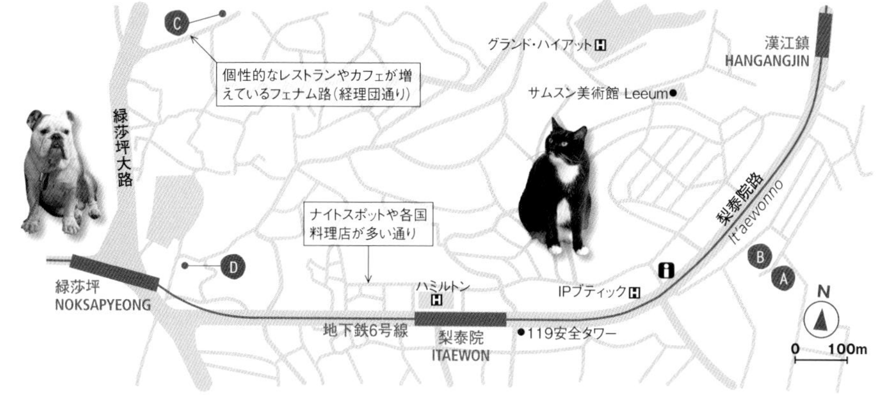

気になる!
・ルーフトップバー

C ザ・ファイネスト

別冊MAP P5C3

더 파이니스트/The Finest

梨泰院の夜景をオシャレバーで楽しむ

2018年にオープンしドラマ『梨泰院クラス』のロケ地で話題になった人気のバー。経理団キルに位置しており、Nソウルタワーが綺麗に見える場所。

DATA ㊋M6号線緑莎坪駅2番出口から徒歩12分 ㊟龍山区フェナム路41 3・4階 ☎02-794-5810 ㊎18時〜翌1時(24時LO)、金・土曜は〜翌3時(翌1時LO) ㊡月曜 E E

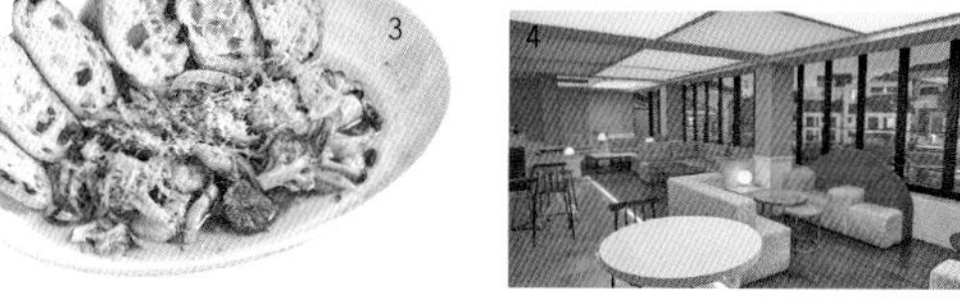

1.『梨泰院クラス』でセロイとイソが屋上で飲んでいた4階のバー 2.パイナップルグラスがかわいいカクテルのペインカラーW1万8000 3.ガーリック風味エビがたっぷりのガンバスW2万5000 4.金〜日曜と雨の日のみオープンする3階の店内。赤い照明が印象的

D オードステア

別冊MAP P18A4

오드스테어/O'de stair

高級なルーフトップラウンジで贅沢な時間を

2021年にオープンしたリゾートホテルのプールサイドのようなバー。おすすめの時間帯はピンク色の素敵な夕焼けが見られる夕暮れの時間。

DATA ㊋M6号線緑莎坪駅1番出口から徒歩7分 ㊟龍山区緑莎坪大路40タキル2・3階 ☎02-794-6001 ㊎17時30分〜24時(23時LO)、金・土曜は〜翌1時(24時LO) ㊡なし E

1.ルーフトップは解放感抜群でソウルの街並みを一望できる 2.さわやかな緑色の甘めのカクテル、ジューンバグW1万7000

おしゃれ女子も大満足♪

グルメも安カワアイテムも！名門女子大前「梨大(イデ)」へ

ソウル屈指の名門女子大・梨花大学のお膝元とあり、女子度が高いエリア。通りには梨大生たちが通う安カワショップがひしめいている。

and more…

梨大の博物館へ行ってみよう

国宝「白磁鉄書葡萄文壷」をはじめ、古代から現代までの美術・工芸品をコレクションした博物館。みどころは韓国の伝統衣装を展示した地下1階の服飾美術館。韓服など隣国の伝統美がダイレクトに感じられる展示品を見ることができる。

D 梨花女子大学博物館

이화여자대학교 박물관
Ewha Womans University Museum

別冊MAP ● P17D3

DATA ㊋Ⓜ2号線梨大駅2番出口から徒歩7分 ㊟西大門区梨花女大キル52 ☎02-3277-3152 ㊕9時30分～17時(最終水曜は～19時) ㊡土・日曜

貴重な工芸品が集まる博物館

梨花大学はキリスト教系の私立大学で、ソウルの女性たちが憧れる名門中の名門。キャンパスは学生以外も入ることができるので、立ち寄ってみよう。

キュート＆おいしいもの

梨大生も通う人気店

A 別冊MAP P17D4 アートボックス

아트박스 / Artbox

プチプラK雑貨が揃うファンシーショップ

1階と地下1階に所狭しとかわいいグッズが並ぶ。雑貨、文房具、パーティグッズなどユニークで、価格もお手頃。ハングルが書いてあるグッズは、おみやげにもおすすめ。

DATA 交M2号線梨大駅2番出口から徒歩1分 住西大門区梨花女大キル7 地下1階～1階 ☎02-393-3789 時10時30分～22時 休なし

1.インスタント麺でおなじみのキャラクターのスマホ落下防止アクセサリーW4900 2.ハングル入りのユニークなキャップW1万 3.ハングルとネコのキャラクターがついたアイマスクW4500 4.梨大駅前にあり、アクセス抜群 5.梨花女子大学が近いことから、店内は学生で賑わっている

B 別冊MAP P17D4 ミリネヘムルタン

밀리네 해물탕

海鮮と野菜がぎっしり詰まった鍋

創業40年以上の海鮮鍋専門店で、創業当時と変わらない仕入れ先を使い、変わらない味を提供している。ワタリガニやエビ、イカ、トコブシ、アサリ、ムール貝、白子などの豊富な海鮮が魅力。

DATA 交M2号線梨大駅5番出口から徒歩1分 住麻浦区大興路30キル18-5 ☎02-719-5113 時11～23時(22時LO) 休なし J E

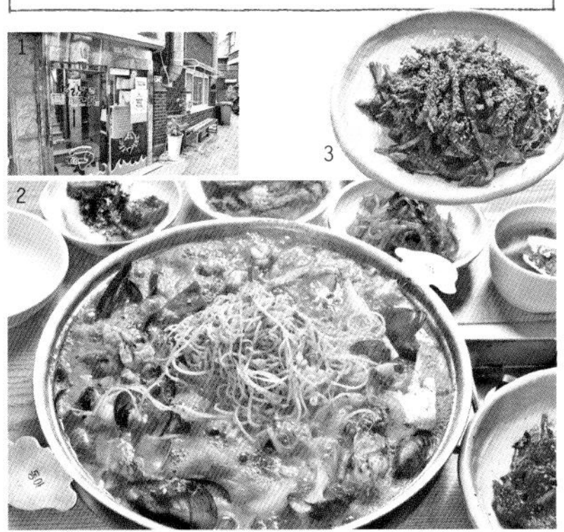

1.路地裏にあり、レンガ造りが目印 2.ヘムルタンW4万2000(小)。海鮮のほか、長ネギ、春菊、豆モヤシなどの野菜もたっぷり入っている 3.酒の肴におすすめのヤリイカの和え物もボリュームたっぷり

C 別冊MAP P17D4 マザー・イン・ロー・ベーグルズ

마더린러베이글
Mother In Law Bagels

おしゃれなベーグルサンド

自家製ベーグルを使用したサンドイッチが人気。野菜やお肉などの惣菜サンドのほか、14種のクリームチーズと10種類のベーグルから好きなものを挟んで作ってもらうサンドもおすすめ。売り切れてしまうこともあるので早めに行こう。

DATA 交M2号線梨大駅2番出口から徒歩3分 住西大門区梨花女大5キル5 ☎070-7758-3030 時8時30分～16時30分(土曜、祝日10時～) 休日曜 E E

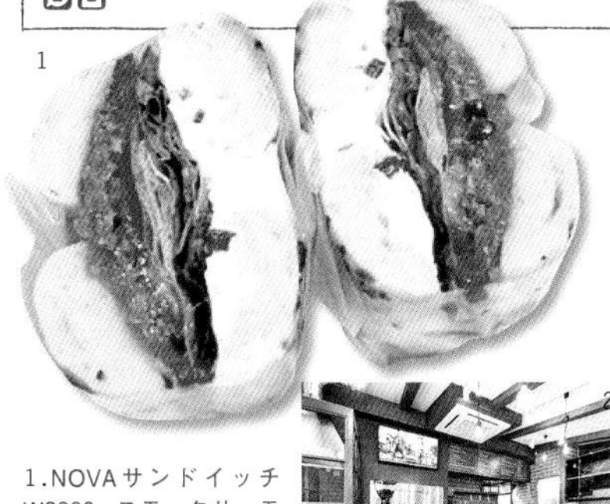

1.NOVAサンドイッチW8900。スモークサーモン＆クリームチーズの人気メニュー 2.自家焙煎コーヒーとパンの香りが漂う店内

ロープライスで全身コーデ

「東大門」で深夜のファッションビルめぐり

小さなショップがぎっしり詰まったファッションビルが集中する東大門は、衝動買いできるお得プライス揃い。しかも深夜も買い物が楽しめる魅惑のエリア。

ドゥータ・モール

두타몰/Doota Mall

東大門のランドマーク的存在

1階は韓国を代表するデザイナーズブランド、地下1階はリアルクローズ、またビル内には食堂やカフェ、ネイルサロン、両替所などもある。日本語OKでカードが使える店も多いので初心者はまずこちらへ。

DATA 交M1・4号線東大門駅8番出口から徒歩1分 住中区奨忠壇路275
☎02-3398-3333
時10時30分～24時
休なし(店舗により異なる)
J(店舗による)
E(店舗による)

1.3.1階は新進気鋭のデザイナーズブランドが集まるので要チェック! 2.斗山タワー内に位置 4.5.ソウルで今流行りのファッションがチェックできる。日本人好みのデザインも多い

ファッションビル 別冊MAP P19C2

ハローapM

헬로에이피엠/ Hello apM

お手頃価格でカップルやファミリーに人気

レディスファッションだけではなく、メンズやキッズ、スポーツウェア、婚礼衣装、コスメ、アクセサリーなどを扱う小売店が約500軒入り、地元のファミリーにも人気がある。

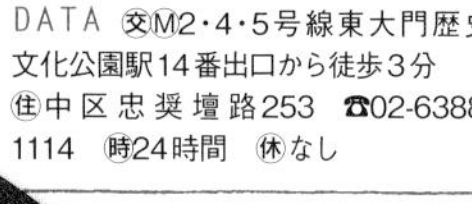

DATA 交M2・4・5号線東大門歴史文化公園駅14番出口から徒歩3分
住中区忠奨壇路253 ☎02-6388-1114 時24時間 休なし

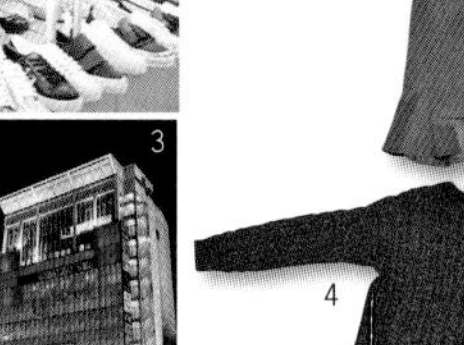

1.レディスファッションやシューズショップが並ぶ 2.気になるショップが目白押し 3.夜は色鮮やかなイルミネーションが目を引く 4.左右のジッパーがアクセント 5.デザインにこだわりが感じられるスカート

プチ情報 リーズナブルな価格で良質なレザーを手に入れるなら光熙ファッションモール(別冊MAP●P19D2)へ。革製品の卸売り専門店がズラリ。カードで支払うと手数料が加算されることが多い。逆に現金払いだと割引いてくれることも。

ファッションビル攻略POINT

1 動きやすい服装で
とにかく広大なので、歩きやすい靴や服装で移動しよう。

2 営業時間を事前チェック
週末は休業や営業時間が変則的なので注意しよう。

3 基本的に値引きはNG
まとめて購入した場合は値切ることが可能なこともあるが、基本は値札通りと思ってよい。

4 24時以降はタクシー争奪戦
最近はぼったくりタクシーも出没している。声をかけてくるタクシーは無視すること。

5 疲れたらフードコートへ
ビルと同じ営業時間でオープンしているのがうれしい。

ファッションビル 別冊MAP P19D2

ミリオレ

밀리오레/Migliore

お姉さん系ファッションが集まる

通勤にヘビロテしそうなジャケットや夜遊びに欠かせないボディコンシャスなワンピースなど、働く女子のオン&オフスタイルが両方手に入る。お隣のドゥータ・モールに比べて2～3割安いのもポイント。

1.「Migliore」のロゴを目指そう 2.東大門らしく市場のよう 3.ジャケットW6～7万程度、ワンピースW3万5000程度 4.トータルコーディネートしてもW10万以内！

DATA ㊜Ⓜ2・4・5号線東大門歴史文化公園駅14番出口から徒歩4分 ㊟中区奨忠壇路263 ☎02-3393-2211 ㊋10時30分～翌4時30分 ㊡月曜4時30分～火曜10時30分 Ⓙ(店舗による) Ⓔ(店舗による)

ファッションビル 別冊MAP P19D2

クイーンズスクエア

퀸즈스퀘어
Queen's Square

光熙ファッションモール内に登場！

レザー製品の市場として知られる光熙ファッションモールの3～5階にオープンしたファッションフロア。基本的には卸売り専門の問屋だが、観光客には小売りもしてくれる。

DATA ㊜Ⓜ1・4号線東大門駅7番出口から徒歩5分 ㊟中区馬場路1キル 21光熙ファッションモール3～5階 ☎02-6970-7000 ㊋20時～翌5時 ㊡土曜5時～日曜20時 Ⓙ(店舗による) Ⓔ(店舗による)

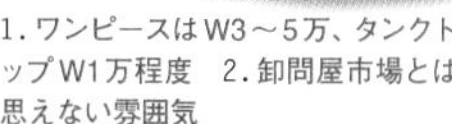

1.ワンピースはW3～5万、タンクトップW1万程度 2.卸問屋市場とは思えない雰囲気

さらに激安狙いなら

別冊MAP P19D2

第一平和市場

제일평화시장 / チョイルピョンファンシジャン

新店舗が増えレザー製品が充実

外観も内観もやや古いが、置いてあるモノは見た目を裏切るほど洗練された商品が多く、他ビルに比べると最も掘り出し物の発見率が高い。時間がなくても立ち寄って損はなし！

DATA ㊜Ⓜ1・4号線東大門駅7番出口から徒歩5分 ㊟中区馬場路13 ☎02-2252-6744 ㊋9時～17時30分、20時～翌5時 ㊡土曜9～17時 Ⓙ(店舗による) Ⓔ(店舗による)

クリスタルがついたゴージャスなヘアゴム各W1万程度

バッグの品揃えもバリエーション豊か

別冊MAP P19D2

チーム204

팀 204/Team204

問屋価格で靴&雑貨をゲット！

流行シューズが格安で手に入る専門店は東大門内でもここだけ。パンプスの平均価格はW1～3万台。基本的には問屋ビルだが、観光客には小売りもしてくれる良心的なビルだ。

DATA ㊜Ⓜ1・4号線東大門駅7番出口から徒歩5分 ㊟中区馬場路30 ☎02-2232-3604 ㊋21時～翌6時 ㊡土曜 Ⓙ(店舗による) Ⓔ(店舗による)

日本人に人気のフラットシューズW1～3万程度

ソウルでも秋の定番ブーティW3～4万

あのザハ・ハディッドが設計

DDPのハイライトはココ！巨大建築の遊び方教えます

あのザハ・ハディットによる設計の巨大デザインセンター。
敷地は広大で、建物自体も複雑なので、みどころを絞って見学しよう♪

東大門デザインプラザ

동대문디자인플라자/DDP

ソウルの新しいランドマーク

約6万3000㎡もの広大なスペースに、大型イベントを開催するアート・ホールをはじめ、韓国のデザインと世界のトレンドを発信するデザイン・ミュージアム、デザインビジネスの拠点であるデザイン・ラボ(韓国名サルリムト）やデザイン・マーケットなどが結集!!

DATA ㊋M2・4・5号線東大門歴史文化公園駅1番出口直結 ㊟中区乙支路281 ☎02-2153-0000 ㊕10～20時（施設により異なる）㊡美術館は月曜休

1.3．全て曲線で設計された近未来的建造物は、近くで見ると大迫力　2．夜はライトアップされ、美しい夜景が広がる

まわり方Advice

・広大なので、出入口番号（写真下）を目印に
・無料の韓国語案内ツアーがあり、5名以上で催行。曜日・時間などはD館のインフォメーションセンターで確認を。

建築時に発見・発掘された水門を見ることができる

チョン・ジヒョンとキム・スヒョン主演で2014年に大ヒットしたドラマ『星から来たあなた』のロケ地として、オープン前のDDPが使われている。DDPのオープニングイベントとして撮影セットを再現した展示イベントも開催された。

デザイン・ラボ

디자인 랩 / Design Lab

ミュージアム＋図書館＋百貨店がコンセプト

デザインビジネスの拠点として情報&トレンドを発信。デザイン関連書籍を自由に閲覧できるライブラリーや伝統工芸品などの販売・展示、カフェや高感度なデザインセレクトショップが揃う。(→P72)

DATA ㊟D館1・2階 ☎㊋店舗により異なる ㊡なし

ミュージアム+図書館+百貨店をコンセプトに、国内外から集めたグッズをブースごとに展示・販売する

洗練されたデザインのアイテムが並ぶショップで買い物を楽しめる

デザイン・マーケット

디자인 마켓 / Design Market

ひと休みカフェや定番ショップはココ

地下鉄に直結しているショッピングエリア。セレクトショップやドラッグストア、また外国人観光客向けの伝統雑貨ショップが集まりとっても便利！

DATA ㊟地下2階 ☎店舗により異なる ㊋店舗により異なる ㊡なし

DDPの広い敷地内を歩きまわった後の休憩に最適

バラエティに富んだ人気レストランが入店している

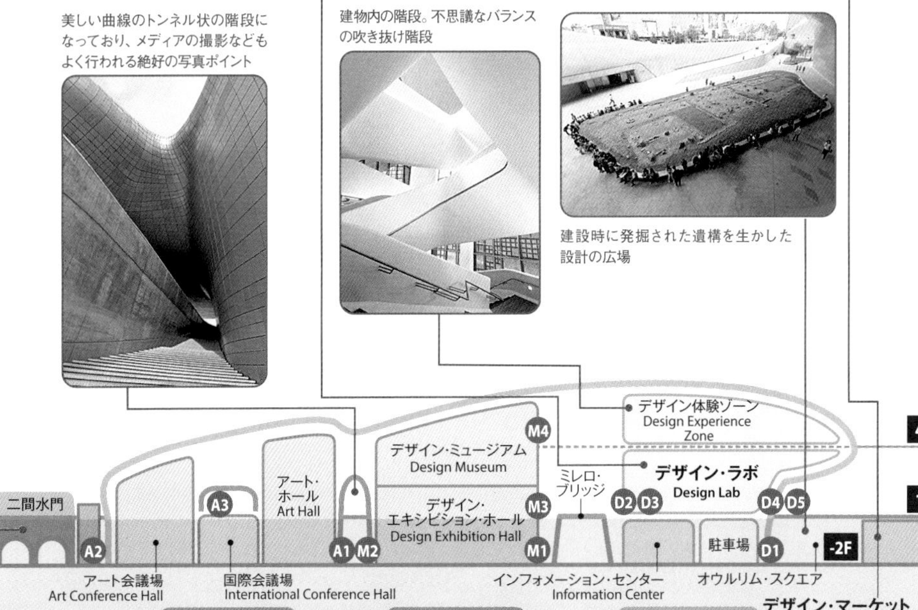

美しい曲線のトンネル状の階段になっており、メディアの撮影などもよく行われる絶好の写真ポイント

建物内の階段。不思議なバランスの吹き抜け階段

建設時に発掘された遺構を生かした設計の広場

ソウル女子の休日エリアへ

ソウルの中心からもほど近く、現地で最近話題になっているエリアをご紹介。ソウル最大規模のデパートや眺望抜群の癒やしスポットなど、ソウル女子に交じって散策してみよう。

ノドゥル島
노들섬 / Nodeul Island

都会にありながら漢江の四季の風景を楽しめ、緑豊かな自然を感じられる場所。音楽をはじめとするイベントを楽しめる複合施設を抱えることから「音楽島」の愛称がつけられた。

「マダン」とは日本語に訳すと"庭"という意味

ノドゥルマダン

노들마당 / Nodeul Madan

別冊MAP ● P4B3

約3000㎡にも及ぶ芝生が敷き詰められ、コンサートやイベント会場としても利用される。

DATA ㊋M9号線ノドゥル駅2番出口から徒歩10分 ㊟龍山区譲寧路445 ☎02-749-4500 ㊕24時間 ㊡なし

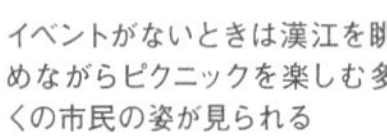

イベントがないときは漢江を眺めながらピクニックを楽しむ多くの市民の姿が見られる

汝矣島
여의도 / ヨイド

国会議事堂や、金融センターなどが集まるビジネス街。高層ビルが立ち並ぶ一方で、漢江に面し美しい景色を眺めながら散歩やピクニックができる汝矣島漢江公園もあり、地元の人の憩いの場となっている。

汝矣島漢江公園を1/70で再現したガーデンは若者に人気

ザ・現代ソウル

더 현대 서울 / The Hyundai Seoul

別冊MAP ● P4B3

韓国最大規模を誇るフードコートやガーデンスペースを設ける地元で人気のデパート。

DATA ㊋M5・9号線汝矣島駅 3番出口から徒歩10分 ㊟永登浦区汝矣大路108 ☎02-767-2233 ㊕月～木曜10時30分～20時(金～日曜、祝日は～20時30分。食堂街は～21時30分LO) ㊡なし

プチ情報 ノドゥル島内には「ノドゥルライブハウス」や書店と図書館を兼ね備える「ノドゥル書架」、店内から漢江の景色を楽しめるイタリア料理レストラン「ザ・ピザ サウンズ」など、漢江を満喫できるさまざまなスポットがある。

Lala Citta Seoul

Topic2

おかいもの
Shopping

お買い物天国とはまさにソウルのこと。
最旬コスメ、セレクトショップ、デパ地下！
マストバイなアイテム、ぴしっと揃えました。

ソウル旅行でみんなが買ってる＆体験してる

韓国コスメの2大トレンドに注目！

今では韓国コスメがない生活を考えられないぐらい、日本でもたくさんの人が韓国美容事情に注目している。今現地で行くべき場所を、旅の前にチェック！

Trend 1

ヴィーガンコスメ

ナチュラル志向のソウルガールが注目するヴィーガンコスメ。自然由来成分で作られた韓国コスメは肌にやさしくハイクオリティ！

アミューズ漢南ショールーム

어뮤즈 한남 쇼룸 / AMUSE Hannam Showroom

ヴィーガン＆ウェルネスのビューティーブランド

リップやクッションなどヴィーガンコスメがメインだが、環境にやさしいウェルネス商品も披露。ラブリーなインテリアも人気。

DATA ㊋Ⓜ6号線漢江鎮駅1番出口から徒歩8分 ㊟龍山区梨泰院路55ガキル49 3階 ☎02-796-2527 ㊕11～20時（11～2月は～19時） ㊡なし

1. ハンドウォッシュやクリームを自由に試すことができる洗面台 2. ヴィーガンソイビーンズハンドクリーム各2万3000 3. 優れたカバー力のデューパワーヴィーガンクッションW3万4000 4. 商品のパッケージやディスプレイもオシャレ♪

ディアダリア島山フラッグシップストア

디어달리아 도산 플래그십 스토어
DEAR DAHLIA

ブラシもコスメもすべてヴィーガンが◎

韓国発のヴィーガンコスメブランド。2019年にフランスのラファイエット百貨店で売り上げ1位になるなど、国内外で注目が高い。

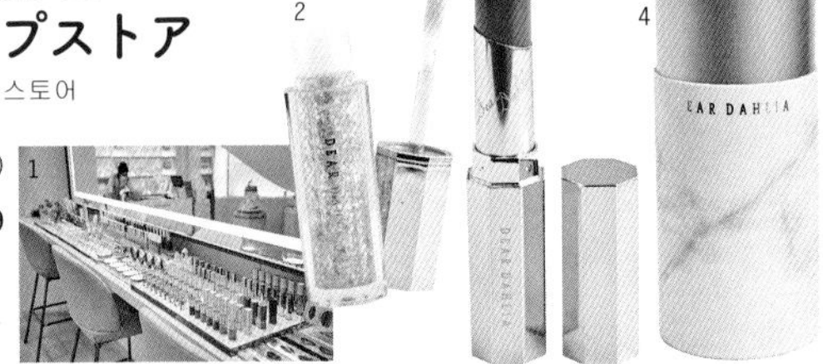

DATA ㊋Ⓜ盆唐線狎鴎亭ロデオ駅5番出口から徒歩11分 ㊟江南区島山大路45キル14 ☎02-547-0502 ㊕11～20時 ㊡なし

1. さまざまなアイテムを試すことができるスペース 2. パラダイスシャインアイシークイン W2万6000 3. ブルーミングエディション・リップパラダイスカラーナイト W2万6000 4. ブルーミングエディション・プロペタルブラシコレクション W6万8000

免税店では、高級コスメブランドだけではなく市内に店舗をもつお手頃価格のブランドも揃っている。免税価格で購入できるため、市内よりリーズナブルな場合があるので要チェック。

Trend 2 コスメ制作

自分にあったファンデーションやリップに変えるだけで、色ムラやくすみの問題を一気に解決！ オリジナルのコスメを使えば、毎日のメイクがより楽しくなるはず！

150カラーのなかから自分にぴったりな色を見つけることができる

明洞 別冊MAP P13C2 ラネージュ ショールーム

라네즈 쇼룸/LANEIGE SHOWROOM

似合うカラーを知ってオリジナルを作成

1:1診断により150色から肌に合う色のファンデーションを作ってくれる予約制の「ビスポクネオ」サービスが話題。

DATA 交M4号線明洞駅6番出口から徒歩4分 住中区明洞8キル8 ☎02-754-1970 時11～20時 休なし E
※ビスポクネオはNAVERを通じて予約が必要(毎月20日に1カ月単位で予約ができる)

体験の流れ

1.モニターで登録
モニターに出る手順に従い性別や年齢、肌の悩みなど自分の基本情報を入力(韓国語or英語対応)

2.カラーを選ぶ
専用機械を頬に当ててお肌を診断する(ノーメイク状態が正確。現場でメイクを落とすことも可)

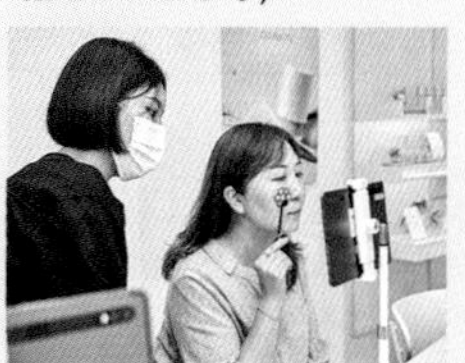

3.商品を受け取る
診断結果により作られた商品の裏面のラベルには、自分の名前もしくはニックネームを入れられる

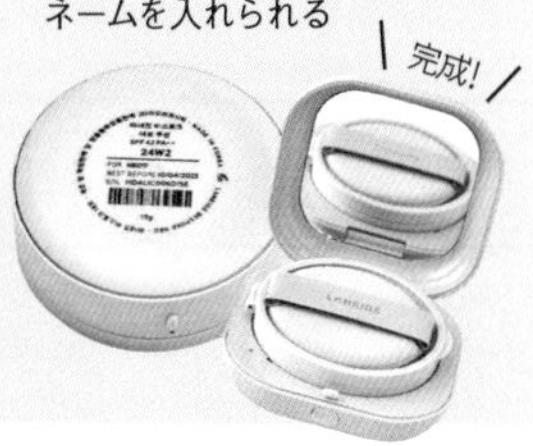

聖水洞 別冊MAP P5C3 アモーレソンス

아모레 성수/Amore Seongsu

初心者におすすめ！ アモーレのコスメ体験

アモーレパシフィックが2019年にオープンしたショールーム。30を超えるブランドのコスメを試すことができると話題になった。体験は要予約。

DATA 交M2号線聖水駅2番出口から徒歩3分 住城東区峨嵯山路11キル7 ☎02-469-8600 時10時30分～20時30分 休月曜 J E

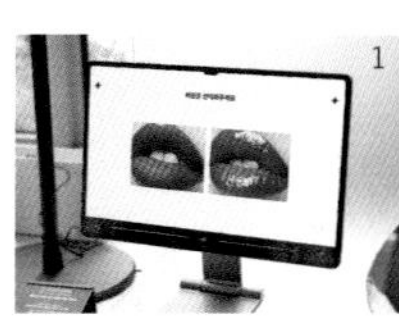

1

コスメを選んで、ドレッサーで思う存分アモーレ製品を試せる

2

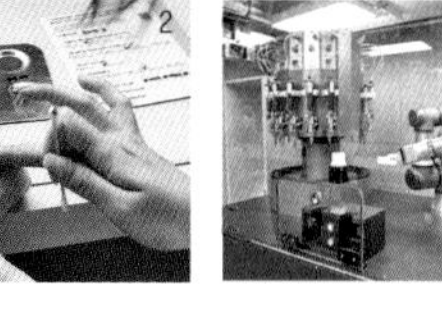

3

1.好みのテクスチャーや香り、色を選択 2.セレクトしたベースカラーを自分に合うように調整 3.リップケースに彫りたいメッセージを入力したら、機械を使ってその場で製造！

お得にいいものをおみやげに持ち帰り！

コスメパラダイス☆ソウルの LOVE! プチプラコスメ

ハイクオリティでリーズナブルな韓国コスメ。多彩なブランド＆ラインナップのなかから特にオススメの優秀コスメを一挙にご紹介しちゃいます！

明洞 別冊MAP P13C2

オリーブ・ヤング

올리브영/Olive Young

幅広いラインナップが魅力

美容と健康を総合的にサポートするドラッグストア。コスメはもちろん、食品や旅行者に便利なちょっとした雑貨も大量に扱う。

DATA 交Ⓜ4号線明洞駅6番出口から徒歩7分 住中区明洞キル53 1・2階 ☎02-736-5290 時10時～22時30分 休なし Ｊ Ｅ

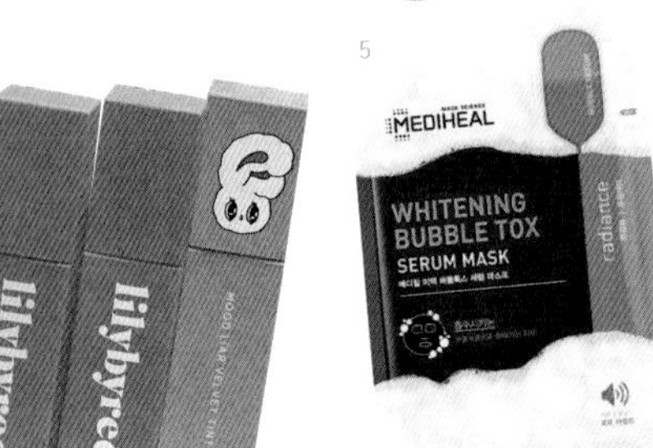

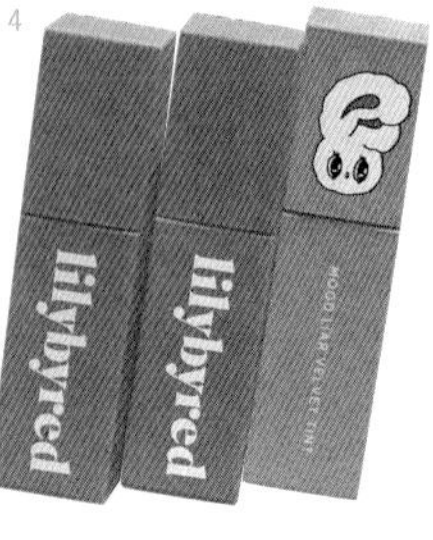

1. **CNPラボラトリー プロポリス エナジーアンプル** プロポリスのパワーでツヤめく明るい肌に！W2万6000
2. **ネオジェン ダーマロジー バイオピール ガーゼドーピング** ピーリング・角質除去・ビタミン補給が簡単に。W2万2900
3. **ウォータリーパフ** 大ヒットした水を含むとプルプルになるパフ。W5000
4. **リリーバイレッド ブラッディライアー コーティングティント** 発色だけでなく、持続性も抜群。各W1万3000
5. **メディヒール 美白バブルトックスセラムマスク** 泡が出てくる新感覚のパック。しっとりタイプで美白効果が高い。W4000

東大門 別冊MAP P19C2

トニー・モリー

토니모리/TONY MOLY

幅広い年齢から愛されるプチプラコスメ

高級ブランドに負けない自然由来の天然成分を配合した低刺激化粧品。スキンケアからメイク商品まで手頃な値段でゲットできる。

DATA 交Ⓜ2・4・5号線東大門歴史文化公園駅14番出口から徒歩3分 住中区奨忠壇路257 ☎02-2273-5273 時10～23時 休なし Ｅ

1. **ドクダミシカ・クイックカーミングミストセラム** 2500時間熟成発酵の智異山ドクダミ成分でクーリング効果抜群。W1万8000
2. **バックジェル・アイライナー** ティクストレフィックジェルで強力に固定されるヴィーガンアイテム。W1万2800

プチ情報 コスメ激戦区の明洞では店内に入るだけでおまけがもらえるショップもある。何も購入しなくても持って帰ってOKなので、気になるショップにはどんどん入ってみよう。おまけはシートマスクやコットンなどの場合が多い。

明洞 別冊MAP P13C3 ホリカ・ホリカ

홀리카홀리카/Holika Holika

魔法の呪文でキュートに変身

自然と科学の調和をテーマにしたコスメブランド。「ホリカホリカ」という魔法の呪文で「新しくキュートな自分になる」がコンセプト。

DATA 交M4号線明洞駅6番出口から徒歩1分 住中区明洞8キル1 ☎02-6365-3360 時11～23時 休なし J E

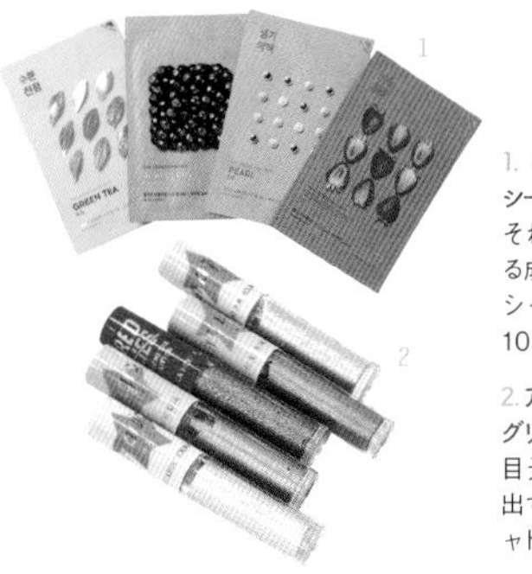

1. ピュアエッセンスシートマスク
それぞれ効果の異なる成分が入ったマスクシートシリーズ。全10種。各W1500

2. アイメタルグリッター
目元をキラキラに演出するリキッドアイシャドウ。W9900

弘大 別冊MAP P16B2 エチュード・ハウス

에뛰드하우스/Etude House

プチプラ優秀アイテム勢揃い

プチプラでキュートなアイテムを探すならまずはここから。店舗にはオリジナルリップなどが作れるカラーファクトリーもある。

DATA 交M2号線弘大入口駅9番出口から徒歩すぐ 住麻浦区弘益路6キル26 ☎02-338-5538 時10～23時 休なし J E

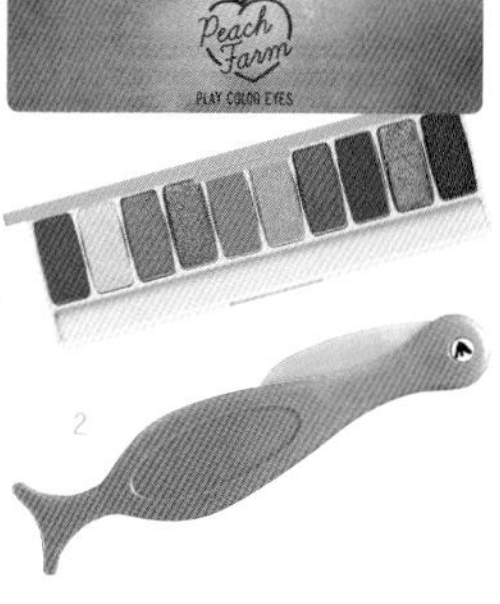

1. プレイカラー アイシャドウ ピーチファーム
10色のパレットでピーチみたいにかわいい色のアイメイクが叶う！ W2万2000

2. 眉用カミソリ
ツートンのパステルカラーがかわいい。W1500

弘大 別冊MAP P16B2 ミシャプラス

미샤플러스/MISSHA PLUS

リーズナブルなのにハイクオリティ

オンライン専門から出発し、単独店舗という独自スタイルを作った。今では海外にも広く展開するグローバルブランドへと成長。プチプラで高品質なコスパのよさから幅広い年齢層に人気がある。

DATA 交M2号線弘大入口駅9番出口から徒歩4分 住麻浦区オウルマダン路102 ☎070-4213-0690 時10～22時 休なし J E

1. モダンシャドウ
印象的な目元を作り出すパールシャドウ。発色もよく、複数色で揃えたい。各W5000

明洞 別冊MAP P13C4 ネイチャー・リパブリック

네이처리퍼블릭/Nature Republic

最先端を行く注目の自然派コスメ

自然がもつ神秘的な生命力をコンセプトに、新美容成分と最先端の技術から作られる韓方コスメやコラーゲンなどが多彩に揃う。10～20代でも購入しやすい価格。

DATA 交M4号線明洞駅6番出口から徒歩1分 住中区明洞8キル52 ☎02-753-0123 時9～22時 休なし J E

1. スージング＆モイスチャーアロエベラ92％スージングジェル
オーガニックアロエをふんだんに使用した保湿ジェル。日焼けした肌のアフターケアとしても◎。W4400

※コスメのパッケージは変更となる場合があります

ソウルリピーターが狙うマストBUYアイテム

女子力アップのアクセサリー＆シューズ

ソウルにはデザイナーのこだわりが光るセンスの高いアクセサリーやシューズの専門店がたくさん。種類が豊富で、価格もお手頃なので、お気に入りを見つけたら即買い！

A ムーンストーンの調和がおしゃれなピアスW5万

B パステルミントカラーが魅力的なマロレンピアスW4000

A ターコイズとサンゴカラーのストーンを使った16Kのピアス W3万

B ホワイトハートとパールが付いているネックレスW1万500

B レッドとゴールドの色違いがかわいいハートピアスW5000

B カラフルな組み合わせがラブリーなブレスレットW2万1000

A 淡水パールを並べた、繊細でフェミニンなネックレスはとても上品W3万

Accessory アクセサリー

キーワードはハンドメイドと天然石。2つのアイテムを組み合わせたガーリー・アクセを狙い撃ちして！

A ●カロスキル

ダミ

다미 / Dami

別冊MAP ● P24B2

シンプル×大人かわいいデザイン

ピアスやヘアアクセなど、幅広いジャンルのアクセサリーを扱うショップ。シンプル＆ナチュラルなデザインのものが多く、どれもお手頃価格。日本人にも人気が高い。

DATA

交M3号線新沙駅8番出口から徒歩5分 住江南区島山大路13キル26 ☎02-518-8620 時12～20時 休なし E

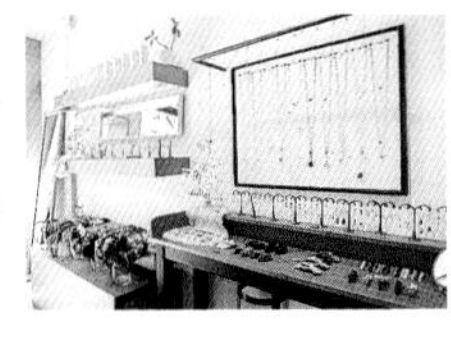

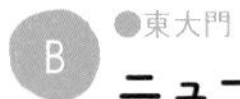

B ●東大門

ニューニュー

뉴뉴 / NYUNYU

別冊MAP ● P7C2

思いきりゲットしたい激安アクセの宝庫

ピアスやネックレス、ヘアアクセ、バッグなど、お得な値段のファッションや雑貨が勢揃い。3フロア構成で会計は3階にて。

DATA

交M6号線新堂駅10番出口から徒歩4分 住中区馬場路34 ☎02-2235-0921 時11時～翌5時 休なし

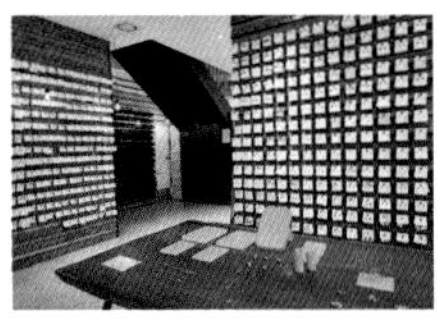

プチ情報 ソウルのアクセサリーや靴のショップがローコストを実現できる秘訣は、自社で商品を作ってコストを抑えていること。自社工場で作るから、オーダーにも素早く柔軟に対応してくれる店が多い。

これ一足でコーデの主役になれる、エレガントな女優シューズ C

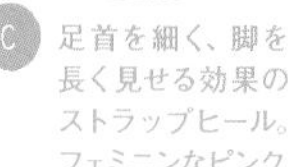

C 足首を細く、脚を長く見せる効果のストラップヒール。フェミニンなピンク

がっしりした太さで歩きやすい！ チャンキーヒールのパンプス C

C かかとはチェーンやパールなど、ビジューなアクセサリーが付いてかわいい

ストラップシューズもベルトが太ければひと味違ったコーディネートに C

大人な雰囲気のカラーが素敵。ウェッジはファブリックで汚れにくい W29万9000 D

Shoes

シューズ

素材やクオリティに比べ
ロープライスなのが魅力。しっかり試し履きをして、
コンフォートなシューズを見つけよう。

ソウルでも流行中のバブーシュ風スリッポン。色違いで揃えたい C

ブルーとイエローのアクセントカラーを入れて地味なパイソン柄から脱出W39万9000 D

C キルトタッセルのローファーヒールでスクールコーディネートもOK!

定番スエードのショートブーツは、足先のスタッズで個性を演出 C

C ネイビーとグレーのバイカラーが印象的なシープスキンのショートブーツ

C ●明洞

ショシュルラパン・メインストア

쇼쉬르라팡 한남본점/Chaussure Lapin Main store

別冊MAP ● P12A1

美脚シューズを探すならここ！

30年以上ハンドメイドシューズを作り続けてきた老舗による本格派シューズブランド。W15～30万ほどのシューズが揃う。オンラインストアもある。

DATA

㊫Ⓜ2号線乙支路入口駅7番出口直結 ㊟中区南大門路81 ロッテ百貨店 本店 地下1階 ☎02-772-3247 ㊕10時30分～20時 ㊡なし

D ●清潭洞

ナムハナ

나무하나청담점 / Namuhana

別冊MAP ● P23D2

ハンドメイドならではの履き心地

「木を育てるような真心で、一足の靴を作り上げる」がコンセプト。流行のスタイルからスタンダードなものまで幅広く揃い、芸能人にもファンが多い。

DATA

㊫Ⓜ盆唐線狎鴎亭ロデオ駅3・4番出口から徒歩3分 ㊟江南区島山大路55キル52 ☎02-3442-7567 ㊕11～18時 ㊡土・日曜 Ⓔ

ソウル女子の定番♪

最旬アイテムが充実★ Kファッションをチェック

ニューウエーブが次々と起こるファッション業界で、常に最先端を走り続けるKファッション。トレンドものをいち早くゲットするために事前のリサーチもお忘れなく。

明洞 別冊MAP P12B2

トップテン
탑텐/Topten

プチプラ定番アイテム

ベーシック、カジュアル、グラフィックの3コンセプトを掲げるブランド。デザインはシンプルでカラー展開が豊富なアイテムが多い。機能性や使い心地にこだわりがあるバックパックなど小物も扱う。

→地下1階～3階まであり、レディス・メンズともに揃う

DATA
交M2号線乙支路入口駅5·6番の間の出口から徒歩4分 住中区明洞キル19 ☎02-779-8042 時10時30分～22時 休なし E

デザインがシンプルで着回し力も高い!

スタッフ ムン・ギジュさん

↓セールコーナーではラスト1枚がお得!

←グラフィックを入れたスウェットTシャツ

→W2万9900のスカートがラストセールでW9000に!

↑ピンクのバラでラブリーな感じを演出したブラウス

↓TシャツW2万9000～とお手頃価格

←ドレスアップにオススメのスパングルワンピース

←フリルでフェミニンな感じをプラスしたシャツブラウス

↑Smileyとコラボしたブラウス。ベストでも活用できるデニムワンピース

明洞 別冊MAP P12A2

ラップ
랩/Lap

セレブのご愛用でも話題

ユニーク&トレンディがコンセプトで人気上昇中のショップ。スタジオやアーバンなどライン別でセレクトもしやすい。毎シーズン製作するSmileyやSnoopyなどのキャラクターとのコラボアイテムも大人気。

→新アイテムが続々登場する注目のショップ

DATA 交M2号線乙支路入口駅7番出口から徒歩5分 住ロッテ・ヤング・プラザ(→P71) 1階 ☎02-2118-5155 時11時30分～21時30分 休毎月1回月曜 E

プチ情報 SPAブランドクルーズするなら、ショップが集まる明洞へ。江南駅周辺や学生街の弘大、梨大にも支店が多い。

弘大 別冊MAP P16B3

アーダー・エラー

아더에러/Ader Error

話題のユニセックスブランド

若者の間で注目を集めている韓国のデザイナーズブランド。奇抜なアイデアのインテリアやディスプレイを見に訪れる人も多い。

→若者の間で、人気急上昇の店

↑年に2回ほど店内のレイアウトが変わる

DATA 交M2号線弘大入口駅9番出口から徒歩10分 住麻浦区西橋洞413-1 ☎02-3143-2221 時13～21時 休なし E

→収納部が2つに分かれたバッグパックW24万9000～

←女性にも人気があるロゴ入りキャップW8万9000～

↑重ね着コーデも楽しめるゆったりスウェットW22万9000～

望遠駅 別冊MAP P4B2

レトロムーン

레트로문/Retromoon

フリルでレトロなデザインが好評

すべて自社デザイン、縫製。店内に並ぶレトロかわいい洋服たちはまるで美術作品のよう。毎週水曜日には、新商品をSNSで紹介しているので、事前に最新情報をチェックしておこう。

←服のほか、バッグや靴、アクセサリーも揃う

→ヨーロッパの路地をイメージした花柄ワンピース

←ドナウ川の月の光ワンピースW6万9000

DATA 交M6号線望遠駅2番出口から徒歩15分 住麻浦区望遠路23 ☎0507-1304-3086 時13～20時 休月曜

カロスキル 別冊MAP P24B2

ロウ・クラシック554

로우클래식 554/Low Classic 554

大人かわいい2ブランドを展開

20～30代向けのフェミニンで上品な「LOW CLASSIC」と20代の女性をターゲットにしたカジュアルな「LOCLE」の2ブランドを扱っている。

↑じっくりコーディネートしたいものばかり

↑個性的な柄のフラットサンダルW39万8000

↑スキニーなフィット感のブーツW39万8000

←赤いショルダーバッグW43万8000

DATA 交M3号線新沙駅8番出口から徒歩10分 住江南区論峴路159キル57 ☎02-516-2004 時12～20時 休なし E

プチプラショッピングが楽しい！

安カワ♥ファッションならココに直行セヨ！

物価が上がり続けるソウルでも、格安でショッピングが楽しめるスポットは健在。なかでも、ソウルのオシャレ女子たちに支持されるプチプラファッションの聖地をご紹介。

別冊 MAP P20A3

ゴー・トゥー・モール

고투몰 / Go To Mall

ソウル女子も集まる超穴場スポット

全長約880m、店舗総数620以上。江南エリア最大級の人気の地下ショッピングモール。流行のファッションアイテムが他エリアより2～3割程度安く買え、ローカルの利用率が高いのも特徴。地下鉄駅ほか新世界百貨店にも直結しているのでとっても便利!!

DATA ㊜Ⓜ3・7・9号線高速ターミナル駅直結 ㊟瑞草区新盤浦路地下200 ☎02-535-8182 ㊕10～22時（店舗による） ㊡なし

夕方から夜は激混みなので注意

オススメ Pick up!

リン

린 / Lin

ピアスW1000の驚きプライス

ピアス、ネックレス、カチューシャ、シュシュなどヘア＆アクセサリーを扱う専門店。ハイクオリティで可愛いアクセが集まった、店頭のW1000コーナーが狙い目!!

1. パールがついたガーリーピアスW1000 2. カラー別に展開。ブレスレットW1000 3.4.W1000という驚きの価格のピアス

DATA ㊟B65 ☎02-536-6631 ㊕10～22時

はなび

하나비 / Hanabi

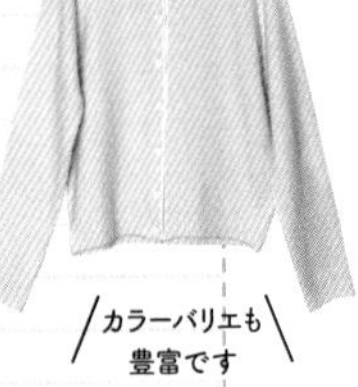

カラーバリエも豊富です

ソウル最安値が見つかる激安店

モール内でも指折りの激安店。トレンドを押さえ、質もそこそこ、なのにトップスW1万～、パンツW1万～と、目が飛び出るような安さで女性客のハートをわしづかみに！

1. 秋から春まで活躍できるセーター 2. ボタンがキュートなスカート 3. マシュマロカラーのカーディガン

DATA ㊟D55・56 ☎02-599-1657 ㊕10時～22時30分

そのほかの安カワファッションスポットなら、江南駅地下ショッピングセンターや、東大門（→ P56）のファッションビルや問屋ビルも要チェック！

一部店舗ではタックスリファンドもOK

別冊 MAP P12A2

ロッテ・ヤング・プラザ

롯데영플라자 / Lotte Young Plaza

ソウルのトレンドがひと目でわかる

韓国発カジュアル＆ストリートブランドを中心に約100店舗が結集したショッピングプラザ。旬のデザインで値段は抑えめのプチプラファッションが目白押し。

DATA ㊋M2号線乙支路入口駅7番出口から徒歩3分 ㊟中区南大門路67 ☎1577-0001 ㊎10時30分～20時（金～日曜は～20時30分） ㊡月1回不定休 J E（店舗による）

オススメ Pick up!

アミマーケット

아미마켓 / AmieMarket

1

2

3

＼個性が光る アイテムが充実！／

インフルエンサーが手がけるブランド

若者に人気のインフルエンサーが手がけたショップ。カラフルな色使いと個性的なデザインで人気。新製品も続々入荷している。

1. タンクトップとTシャツの重ね着風Tシャツ
2. 真ん中のプリントがインパクト大なポップなTシャツ
3. セットアップで着ても上下別で着ても◎！

DATA ㊟2階
☎02-772-3232

and more...

ココは穴場！

別冊 MAP P18A4

梨泰院市場

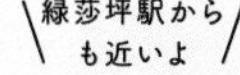

이태원시장 / イテウォンシジャン

ツウが通う 魅惑のマーケット

＼緑莎坪駅からも近いよ／

勝負系ワンピやコンサバニットなど大人の女性におすすめのアイテムが場内にぎっしり！

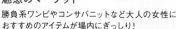

DATA ㊋M6号線梨泰院駅4番出口から徒歩5分 ㊟龍山区梨泰院路14キル6 ☎02-794-5682 ㊎9～20時（店舗による） ㊡火曜

ココは穴場！

別冊 MAP P19C2

現代シティアウトレット

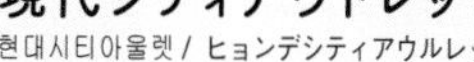

현대시티아울렛 / ヒョンデシティアウルレッ

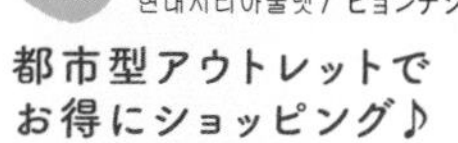

都市型アウトレットで お得にショッピング♪

＼コスメ充実の K-BEAUTY ゾーン／

地下2階～地上9階まで、ファッションのほか、大型書店やIT雑貨、CD、インテリア、アウトドア用品などのショップが入り、カフェやフードコートもある新感覚のファッションビル。

DATA ㊋M2・4・5号線東大門歴史文化公園駅14番出口から徒歩6分 ㊟中区奨忠壇路13キル20 ☎02-2283-2233 ㊎10時30分～21時 ㊡なし

使うだけで心が踊る女子アイテム

韓国クリエイターのデザイン雑貨探し

かわいくて機能的な韓国雑貨はおみやげにぴったり。
ソウルの旬が詰まったドメスティックデザインショップに出かけよう！

1

2

3

4

5

1.パンダのウーララ・ニット・ポンポンポーチW1万9000Ⓐ　2.アロマが香るフラワーボールペン&ライトW2万5000〜Ⓒ　3.自然由来成分配合のソープ各W1万8000Ⓐ　4.「Oチェックデザイン」のカード各W5000Ⓑ　5.クリップ式ホルダーW2万5000Ⓑ　6.ハングルが作れる積み木W15万9000Ⓑ　7.ポップなスマホケースW2500Ⓐ　8.ハングルが刻印されたノートW4000〜Ⓓ

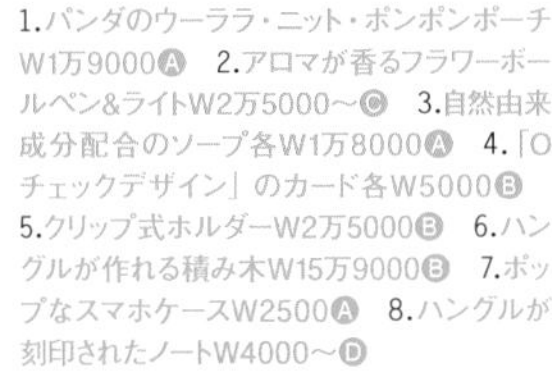

6

7

8

●弘大

サンサンマダン・デザインスクエア

상상마당 디자인스퀘어/ Sang Sang madang design square

別冊MAP●P16B3

国内のプロダクトデザイナーを集めたデザインショップの先駆け的存在。スタイリッシュなインテリアからユーモアあふれるステーショナリーまで、幅広いデザイン雑貨が手に入る。ハロウィンやクリスマスなどイベントシーズンに合わせたアイテムが揃うのもうれしい。

DATA

交M6号線上水駅1番出口から徒歩8分　住麻浦区オウルマダン路65　☎02-330-6221　時11〜21時　休なし　E

●東大門

DDP サルリムト

디디피 살림터/ ディディピ　サルリムト

別冊MAP●P19D3

ソウルのランドマークの一つ、DDP内にあるデザイン・ラボ。1階は国内外のデザインブランド、2階はリビング雑貨の販売が中心。注目は新進気鋭の韓国デザイナーを紹介する「デザイナー・ギャラリー・ショップ」で、韓国らしいアイデアが光るアイテムを購入できる。

DATA

交M2・4・5号線東大門歴史文化公園駅1番出口直結　住DDP（→P58）D館1・2階　☎02-2153-0000（代）　時10〜21時（土・日曜、祝日は〜22時）　休毎月第3月曜

プチ情報　サムジキル（→P73）には別館もある。本館1階の奥の通路から続いており、韓方オイル専門店やコスメショップなどがある。仁寺洞マル（→別冊MAP●P14A2、時10時30分〜20時※店舗による、休なし）も要チェック。

仁寺洞 サムジキル 쌈지길

別冊MAP ● P14A2

雑貨店やカフェが約70 軒集まるショッピングモール。デザイナー雑貨など、センスのよいアイテムが充実。屋上もある。

DATA 交M3号線安国駅6番出口から徒歩5分 住鍾路区仁寺洞キル44 ☎02-736-0088 時10時30分～20時30分（店舗による） 休なし

メインストリートの中ほどに位置する4階建ての建物

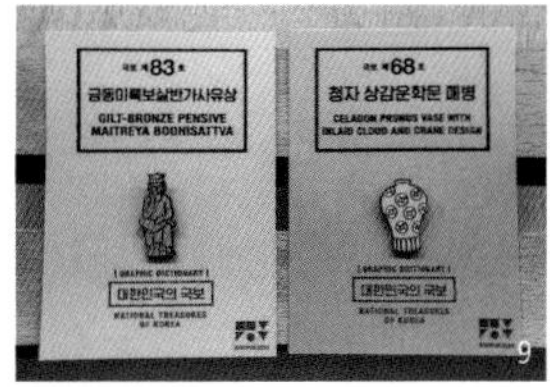

9.韓国の国宝モチーフのピンバッチW5500 D 10.オリジナルスマホケースW1万5000 D 11.チューリップやカラーのLED照明W3万2000～C 12.ガーリーなアロマストーンW1万9000～C 13.フラワーボールペンW2万9000～C 14.サンダルウッドのお香各W2万D 15.パール×レースのバングルC 16.韓国伝統柄セクトンのブローチD

C ヴィア・ケー・スタジオ

●カロスキル

비아케이스튜디오 / Via K Studio

別冊MAP ● P24B2

Luck&Loveをテーマに感性的なデザインプロダクトを展開するデザインスタジオ兼ショールーム。新作のアジサイやチューリップをモチーフにしたLEDフラワーポットをはじめ、フェミニンで繊細なアイテムを数多く制作、販売する。ソウル・デザインスポットにも指定されている。

DATA 交M3号線新沙駅8番出口から徒歩7分 住江南区島山大路17キル39地下1階 ☎02-6083-8399 時10～18時 休土・日曜 E

D オブジェクト

●三清洞

오브젝트 삼청점 / Object

別冊MAP ● P15B3

「賢明な消費の始まり」をキャッチコピーに、アップサイクルデザインやハンドメイドアイテムを扱いながら、大量消費社会に警鐘を鳴らす社会派デザインセレクトショップ。コンセプトは硬派でも、扱う商品はユニークでセンスが光るものばかり。韓国デザインが肌で感じられる。

DATA 交M3号線安国駅2番出口から徒歩3分 住鍾路区北村路5キル6 ☎070-4829-9008 時12～20時 休なし E

毎日の食卓をワンランクアップさせる！

シンプルで機能的 日常使いできる器探し

9～10世紀に遡る歴史をもつ韓国陶磁器。多少値が張るものもあるけれど、今回は日常使いできる手頃な器を多く揃える専門店をセレクト。

別冊 MAP P23D3

チョン・ソヨンの食器匠

정소영의 식기장 / チョンソヨンエ シッキジャン

陶磁器のバイヤーが選ぶ逸品

チョン・ソヨン氏がセレクトした食器の数々は、有名作家のものから新鋭作家のものまで、実にさまざま。共通するのは日常のなかでアートを感じさせてくれること。シンプルで使い心地のよい食器を気取らずに使おう。

DATA
交M7号線清潭駅8番出口から徒歩5分 住江南区三成路141 キル9 1階 ☎02-541-6480 時10～12時、13時～18時30分 休日・月曜

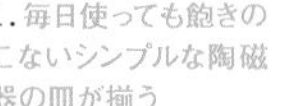

1.毎日使っても飽きのこないシンプルな陶磁器の皿が揃う
2.箸置きはW1万～で購入できる
3.銅とスズの合金でできたスプーンW3万～
4.2膳セットでおみやげにもぴったりの箸はW1万～

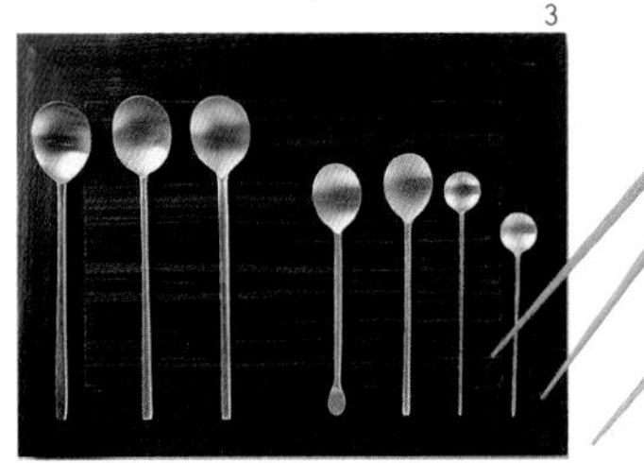

5.セット売りのアイテムもある 6.陶磁器だけでなく、金属製の食器類も充実 7.店の奥にもたくさんの陶磁器が並んでいる 8.ガラス製品や白磁にも目移りしてしまいそう 9.店舗は地下フロアにあるので注意を

陶磁器は壊れ物なので持ち運びが心配。購入のときはスタッフに「깨지지 않게 포장해 주세요.(ケジジ アンケ ポジャンへ ジュセヨ)」とひと声かけて。「壊れないようにしてください」という意味。

1. 実用性抜群のオンユ縞角皿小W6万、中W8万、大W29万5000
2. 直火で使用できる耐熱性土鍋W9万。チゲを作るときに
3. 磁器の小箱W25万
4. イ・ユンシン氏作の青磁皿W25万～

清潭洞 別冊MAP P23C2

イド

이도 / Yido

現代陶芸作家の作品が集まる

韓国の陶磁器芸術の先導者、イ・ユンシン氏がオープンした器のセレクトショップ。陶磁器の販売のみにとどまらず、有名作家の展示などを行うギャラリーやレストランも併設。洗練された空間を、ディスプレイごと楽しみたい。

DATA
交Ⓜ盆唐線狎鷗亭ロデオ駅3番出口から徒歩10分 住江南区道山大路445 Mビル2階 ☎02-1522-2143 時11～22時 休なし

and more...

別冊MAP P19C4

D&デパートメント

디앤디파트먼트 서울 / D&Department

日本発セレクトショップの韓国工芸品

デザイナーのナガオカ・ケンメイ氏がプロデュースしているデザインセレクトショップ。日本の店舗で扱っている商品はもちろんのこと、韓国の伝統工芸品や各地方のロングライフ商品を扱ったアイテムが揃う。

1. 忠清南洞にあるYimok Potteryのコーヒーカップ W3万3000 2. 穀物入れに使っていたワラ製のカゴW16万5000～ 3. ご飯がおいしく炊ける銑鉄製の土鍋5万5000～

DATA 交Ⓜ6号線漢江鎮駅3番出口から徒歩8分 住龍山区梨泰院路240 地下1階 ☎02-795-1520 時11時30分～20時 休最終週の月曜 J

三清洞 別冊MAP P9C2

キム・イギョン陶磁芸術

김익영도자예술
キムイギョン トジャイェスル

大統領も愛する白磁の専門店

韓国白磁の権威であるキム・イギョン氏の作品が並ぶ、韓国大統領御用達の白磁専門店。「生活のなかで使用されてこそ、その価値は発揮される」という思いから生まれた白磁は、使いやすいデザインで価格もお手頃。

DATA
交Ⓜ3号線安国駅3番出口から徒歩7分 住鍾路区昌徳宮キル30 ☎02-763-2562 時9～18時 休日曜 E

1. 縦に入ったラインが特徴の茶碗W3万5000
2. 白磁のサラダボールW4万

身近で使ってみたい韓国白磁が堪能できる

手頃なおみやげをたくさんゲット！

スーパー＆コンビニで気軽に韓国グルメ

おみやげ選びにぴったりな品物が充実したスーパーやコンビニで、韓国を身近に感じられるグルメみやげをリサーチ！ ホテルに持ち帰って食べ比べや飲み比べするのも楽しい♪

種類豊富で持ち帰りやすさ◎

カップ麺

ユッケジャン W840

牛肉ベースのピリ辛味で、発売から40年以上が経っても不動の人気を誇るラーメン

ティギムうどん W1160

四角い天ぷら入りの韓国風うどん。七味とうがらしの辛さが後からくる

チャパゲティ W1160

オリーブオイル使用の韓国式ジャージャー麺。脂っこさがクセになる

チャムチチゲラーメン W1700

人気の「オモリチゲ」のツナバージョン。キムチ・ツナ・プデチゲの3種類がある

セウタン W1160

日本のシーフードラーメンとは違いピリ辛だが、まろやかな味わいで人気

ロゼプルダックポックンミョン W1550

クリームとトマトベースで辛くないはずなのに、しっかり激辛

おすすめスーパー

● ソウル駅

ロッテマート

롯데마트 / Lotte Mart

別冊MAP ● P10A3

おみやげにぴったりな品が揃う

広大な売り場には、食料品、日用品などありとあらゆるものが揃う。観光客が多いため、人気のおみやげがひとまとめになっていたり、日本語表記のPOPがあったりと、使い勝手がよい。

DATA 交M1・4号線ソウル駅1番出口からすぐ 住中区青坡路426 ☎02-390-2500 時10～24時 休第2・4日曜

● 龍山

Eマート

이마트 / Emart

別冊MAP ● P4B3

学生街にある庶民派の大型スーパー

韓国各地に展開している代表的な大型スーパー。PBブランド「No Brand」の商品は安価で良質。食品を中心に日用品、衣類など多彩な売り場がある。

DATA 交M1号線龍山駅直結 住龍山区漢江大路23キル55 龍山駅地下1～2階 ☎02-6363-2200 時10時～22時30分 休第2・4日曜

ソウルの大型スーパーの多くは、大きなかばんの持込みを禁止している。店を訪れたらまずコインロッカーに荷物を預けよう。コインロッカーとカートは使用料W100で、返却時に戻ってくるシステムの店がほとんど。

手軽に韓国カルチャーを体験
お酒

セロ ZERO W1290
「チョウムチョロン」の新商品で、糖分ゼロ。韓国陶磁器風の瓶入り

チョコミント W1720
SNSで話題！ミントが強めで、チョコの香りはするが、甘くはない

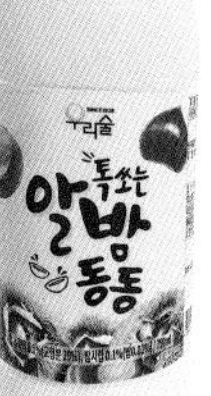

ほんのり甘くてまろやかなお味♥

ピーナッツマッコリ W3090
ピーナッツの香ばしさとすっきりとした味わいのマッコリが相性抜群!?

栗マッコリ W2400
微炭酸のさわやかなマッコリに、栗のエッセンスが入って飲みやすい

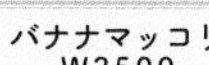

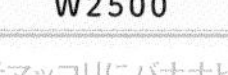

バナナマッコリ W2500
米マッコリにバナナピューレがそのまま入った乳酸菌飲料みたいな味わい

チャミスルといえばコレ！

チャミスル W1380
韓国大手酒造「眞露」の定番商品。お馴染みのすっきりした味

お腹も心も満たす甘いもの！
アイス

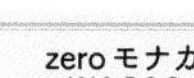

とうもろこしアイス W1200
トウモロコシの形そのままのモナカアイス。コーンの粒入り！

zeroモナカ W1500
砂糖不使用！糖分ZEROの人気シリーズのモナカアイス

エンチョ W800
外はパリパリのチョコとナッツ。中は、バニラアイスにチョコの塊が入っている！

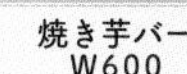

テジバー W600
棒アイスの定番！ 外は、チョコビスケット。中は、とろり苺シロップが入っている

焼き芋バー W600
ほんのり香ばしい焼き芋のアイス。スイートポテトのような味わい

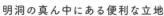

●明洞
ハーモニーマート
하모니마트 / Harmony Mart
別冊MAP● P13C4

明洞の真ん中にある便利な立地
ロッテ系列のスーパーマーケット。コンパクトな店内ながら日本人好みの商品を中心に揃えており、営業時間も長いので買い物がしやすい。

DATA 交M4号線明洞駅8番出口から徒歩4分
住中区明洞8キル21-7 ☎02-776-5696
時8～24時 休なし J

主なコンビニ

セブン-イレブン
세븐일레븐 / Seven Eleven
日本と同じロゴや外観なので見つけやすく、市内の随所にある。

ジーエス25
지에스25 / GS25
韓国のオリジナルブランドで、話題の商品も多い。

シーユー
씨유 / CU
韓国最大手のコンビニといわれ、海外進出もするなど事業を拡大中。

滞在中、一度は立ち寄りたい

得してうれしい 免税店

海外ブランドものはもちろん、化粧品からキムチ、海苔などの食品まで、豊富な品揃えの免税店。お得に利用できるポイントもあるので、事前にチェックしてから行ってみよう！

東大入口駅 別冊MAP P7C4

新羅免税店

신라면세점 / シルラミョンセジョム

ソウル最大級の売り場面積

地下1階から3階までの広々としたスペースに400以上のブランドが集結。ルイ・ヴィトンやプラダなどの海外ブランドのほかに韓国コスメも充実している。年に10回程度開催されるセールも要チェック！

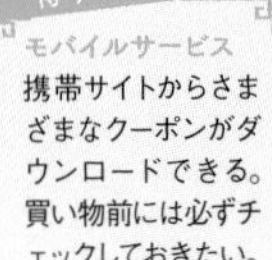

得するPOINT

モバイルサービス
携帯サイトからさまざまなクーポンがダウンロードできる。買い物前には必ずチェックしておきたい。

無料シャトルバス
明洞・南大門方面、東大門方面の2路線運行しているので、賢く利用しよう！

DATA 交M3号線東大入口駅から徒歩5分 住H新羅（→P137）内 ☎02-1688-1110 時9時30分～18時30分 休なし J E

1.建物に入ると正面には吹き抜けがあり、フロアに開放感がある 2.新羅ホテルの敷地内にある

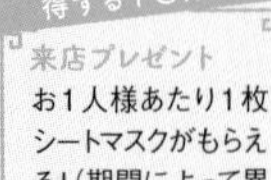

明洞 別冊MAP P12A1

ロッテ免税店

롯데면세점 / ロッテミョンセジョム

ロケーションのよさが抜群

韓国全土にチェーン店をもつ、ロッテ免税店の本店。コスメ売場は国内最大規模。有名ブランド系はもちろん、プチプラ系まで幅広く揃える。BBクリームゾーンも見逃せない。

得するPOINT

来店プレゼント
お1人様あたり1枚シートマスクがもらえる！（期間によって異なるため出発前にチェックしよう）

メルマガ会員登録
公式サイトでメルマガ会員に登録すると（無料）、お得なセール情報などが受け取れる。

DATA 交M2号線乙支路入口駅7番出口直結 住中区南大門路81 ロッテ百貨店 本店9～12階 ☎02-759-6600 時9時30分～18時30分 休なし J

1.10階には30店以上のブランドブティックがずらり 2.9～12階のフロアで500種以上のブランド商品を扱う

光化門駅 別冊MAP P8A4

東和免税店

동화면세점 / トンファミョンセジョム

1973年オープンの老舗免税店

韓国で最初にできた市内免税店。コンパクトなフロアには厳選されたブランドが集合。3階のコスメ＆5階の香水フロアが人気。

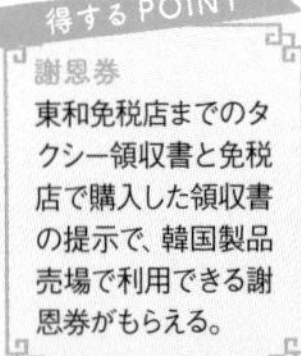

得するPOINT

謝恩券
東和免税店までのタクシー領収書と免税店で購入した領収書の提示で、韓国製品売場で利用できる謝恩券がもらえる。

DATA 交M5号線光化門駅6番出口から徒歩1分 住鍾路区世宗路211 光化門ビル地下1階～5階 ☎02-399-3000 時11～18時 休なし J

外国人観光客だけでなく、地元の人々にも人気が高い

明洞 別冊MAP P12A4

新世界免税店

신세계면세점 / シンセゲミョンセジョム

今ドキショップならココ！

韓国セレブ御用達の老舗デパート「新世界百貨店 本店」の新館に位置。本館6階の屋上庭園や10階のアイコニックゾーンには世界の芸術作品を展示。

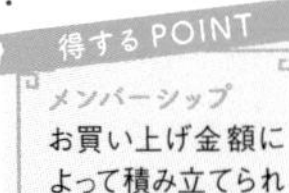

得するPOINT

メンバーシップ
お買い上げ金額によって積み立てられた点数に応じて買い物10％オフなどのレベル別の特典を受けられる。

DATA 交M4号線会賢駅7番出口方面直結 住中区退渓路77 新世界百貨店新館8～12階 ☎02-1661-8778 時10時30分～18時30分 休なし J E

明洞から徒歩圏内で南大門に隣接する

プチ情報 免税店での買い物にはパスポートの提示が必要。また、購入した商品は原則的に空港で受け取ることになるので、帰国日によって購入可能な商品が限られる場合も。免税店での買い物は、余裕のあるタイミングで（→P152）。

Lala Citta Seoul

Topic 3

おいしいもの Gourmet

おなじみのメニューも店によって味は大違い。
本場ならではのメニューとともに
確かな名店を選りすぐりました。

噂が噂を呼んで長蛇の列に！

並ばない韓国人が行列する"超"人気店

一般的に行列嫌いといわれる韓国人も並んでしまう、絶品メニューを誇る名店をご紹介。せっかくソウルを訪れたのなら、これを食べずには帰れません！

参鶏湯　別冊MAP P8A2

●景福宮駅

土俗村

토속촌/トソクチョン

ミシュランガイドにも登場した参鶏湯

韓国国内でも有名な参鶏湯の名店。白く濁ったスープには穀物の粉末が入っており、他店に比べ独特のとろみがある。塩、こしょう、コチュジャン、にんにくなどで好みの味に調整して食べる。韓屋を利用した趣のある店内も老舗らしい。

DATA　交Ⓜ3号線景福宮駅2番出口から徒歩5分
住鍾路区紫霞門路5キル5　☎02-737-7444
時10～22時（21時30分LO）　休なし
☑日本語スタッフ　☑日本語メニュー
☑英語スタッフ　☑英語メニュー　□要予約

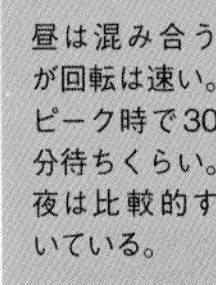

行列 info
昼は混み合うが回転は速い。ピーク時で30分待ちくらい。夜は比較的すいている。

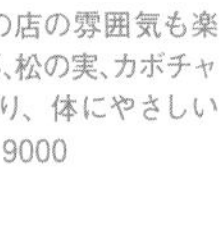

1．昔ながらの店の雰囲気も楽しもう　2．栗、松の実、カボチャの種などが入り、体にやさしい参鶏湯 W1万9000

3代目がのれんを守る活気あふれる店

行列 info
11時台には行列ができるので、10時台には行っておきたい。注文は席に置いてある注文票に記入するスタイル。

テナガダコのユッケ W3万2000。全羅南道の郷土料理で、ユッケもテナガダコも鮮度抜群

ユッケ　別冊MAP P18B1

●東大門

プチョンユッケ

부촌육회

熟成されたやわらかユッケの虜になる

1956年の創業で、広蔵市場の通称「ユッケ通り」に店を構え、『ミシュランガイド』にも掲載される名店。当日配送されたばかりの国産牛肉を秘伝のソースで味付けしたユッケはまさに絶品。

DATA　交Ⓜ1号線鍾路5街駅8番出口から徒歩3分
住鍾路区鍾路200-12 広蔵市場内　☎02-2267-1831
時10～16時、17時～21時40分(21時LO)　休第2・4日曜
□日本語スタッフ　☑日本語メニュー　□英語スタッフ
☑英語メニュー　□要予約

まめちしき　アツアツで供される参鶏湯だが、実は夏の滋養食とされている。韓国の夏には日本の土用の丑の日にあたる伏日（ポッナル）という日が年に3度あり、夏バテを防ぐためスタミナのある参鶏湯を食べる習慣がある。

タッカンマリ

別冊 MAP P19C1

●東大門

陳玉華ハルメ元祖タッカンマリ

진옥화할매원조닭한마리 / チンオックヮハルメウォンジョタッカンマリ

休日は終日満員の老舗店

鶏1羽をまるまる使った豪快な鍋、タッカンマリの元祖店。冷凍保存をせず、新鮮な鶏のみを使っているのでうま味が違う。メニューはタッカンマリW2万8000(2～3人前)のみ。

DATA 交Ⓜ1・4号線東大門駅9番出口から徒歩5分
住鍾路区鍾路40ガキル18 ☎02-2275-966
時10時30分～翌1時(23時30分LO) 休なし
☑日本語スタッフ □日本語メニュー
☑英語スタッフ □英語メニュー □要予約

行列 info
夜は1時間待ちのことも。同じ通り沿いにタッカンマリ店が並ぶが、この店が一番混雑。平日の昼が狙い目。

1. タッカンマリ。トック(餅)や野菜を追加注文できる。クッス(うどん)でシメるのがオススメ 2.1階はテーブル席、2階はテーブル席と座敷席、3階は座敷席となっている

チョッパル

別冊 MAP P10A2

●市庁駅

満足五香チョッパル

만족오향족발
マンジョクオヒャンチョッパル

絶品豚足求めてファンが集まる

幅広い客層に愛される店。八角などのスパイスに漬けて焼かれたチョッパル(豚足)は、プルプルのコラーゲンたっぷりでコクのある深い味わい。

DATA 交Ⓜ1・2号線市庁駅8番出口から徒歩3分
住中区西小門路134-7 ☎02-753-4755
時11時30分～22時
※平日のランチ時はチョッパルメニューなし 休なし
☑日本語スタッフ □日本語メニュー
☑英語スタッフ □英語メニュー □要予約

行列 info
15～18時が比較的狙い目。19時30分以降はおよそ1時間待ちで、週末はそれ以上になることも。

オヒャンチョッパル W3万8000(中)が看板メニュー。餃子と餅のスープ付き

肉食女子必食のデリシャスビーフ

高級食材“韓牛”を使ったスペシャル焼肉店！

韓国といえば焼肉。そしてその焼肉のなかでも最高級の素材が“韓牛”。食通もうならせる肉質にもこだわった専門店でその真髄を徹底的に味わい尽くしたい。

別冊MAP P5C4

韓牛マン

한우만／ハヌマン

精肉店が営む焼肉店！

「韓牛だけ」という店名どおり、韓牛のロース肉のみを炭火焼で贅沢に味わえる店。肉を焼く作業は店内スタッフがすべて行ってくれるので、食べ頃のタイミングで極上肉を堪能できる。

DATA
㊫Ⓜ2号線方背駅1番出口から車で5分
㊓瑞草区孝寧路208 ☎02-588-1727 ㊒11時30分～14時30分、19時30分～22時 ㊡なし
□日本語スタッフ □日本語メニュー
□英語スタッフ □英語メニュー
□要予約

1. ステーキ並みの厚さの肩ロース
2. 味噌ベースのシゴルテンジャンチゲ W6000はアサリ入りでやさしい辛味。焼肉を食べた後のみ注文可
3. 生肉の状態。サシがびっしり！
4. 駅から遠いので車で訪れて

韓牛とは韓国に在来した牛品種をベースに、改良を重ねた肉用種のこと。韓国では牛肉の品質や鮮度が日本同様に重視されており、やわらかい肉質とうま味たっぷりの味わいを楽しめる。和牛に勝るとも劣らないその味をご賞味あれ。

韓牛カルビサル
한우갈비살
130g W5万6000

1．濃厚な肉本来のうま味があふれる　2．店の名物、ユッケをご飯にのせた韓牛ユッケビビムパプ
3．有名人が多く訪れる店としても知られている

清潭洞　別冊MAP P23D2

ヨンチョンヨンファ

영천영화

スペシャルランクの韓牛を使用

韓牛のスペシャルランクと国産野菜を、化学調味料不使用でヘルシーに食べられる店。高級店なので韓流スターの来店が多く、壁には多くのサインが。肉の甘みが感じられるユッケも人気がある。

DATA
㊛Ⓜ7号線清潭駅9番出口から徒歩15分
㊟江南区島山大路90キル3　☎02-3442-0381　㊕24時間　㊡なし
□日本語スタッフ　□日本語メニュー
□英語スタッフ　□英語メニュー
□要予約

論峴駅　別冊MAP P20B3

ウォンガン

원강

全羅北道の1等級の韓牛

地元で人気を集める、全羅北道の1等級韓牛のみを扱う。ブロックから切り分けられる肉は新鮮そのもので、人気の部位は早々に売り切れてしまうこともある。

DATA
㊛Ⓜ7号線論峴駅1番出口から徒歩5分
㊟江南区鶴洞路6キル16　☎02-3445-1518
㊕11時30分～22時（21時LO）　㊡なし
□日本語スタッフ　☑日本語メニュー
□英語スタッフ　☑英語メニュー　□要予約

セントゥンシム
생등심
200g W6万2000

1．脂少なめであっさりしている
2．大根炊き込みご飯は好みで薬味醤油を加える。W1万1000（注文は2人前から）　3．"苑江"と書かれた看板が目印

コットゥンシム
꽃등심
150g W3万1500

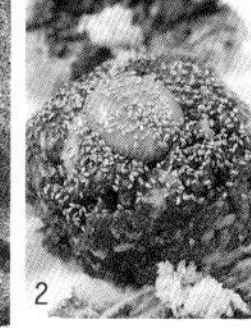

1．上質なステーキのような霜降りロース肉とリブロース、サルチサルW3万3000（1人前）
2．味付けはごま油と塩、こしょうのみのユッケW2万5000

宣陵駅　別冊MAP P21C4

トゥッコビ精肉店直営食堂

두꺼비 정육점 직영식당
トゥッコビ チョンユッチョム チギョンシクタン

1頭買いならではの霜降り牛

脂がしたたるジューシーな霜降り肉の焼肉が自慢。肉を知り尽くす社長が厳選した韓牛を1頭買いしているため、希少な部位も充実している。

DATA
㊛Ⓜ2号線、盆唐線宣陵駅2番出口から徒歩10分　㊟江南区駅三路421　☎02-445-8742　㊕11～22時（21時LO）　㊡なし
□日本語スタッフ　☑日本語メニュー
□英語スタッフ　□英語メニュー　□要予約

美容にも効く女性の味方！

蒸す。煮込む。焼く。包む。絶品！豚肉料理

韓国では焼肉といえば豚肉が一般的。ビタミンBがたっぷりの豚肉と大量の野菜を一緒に食べられることから、女性の支持も高い。なかでも絶品の豚肉料理をご紹介！

別冊 MAP P7D2

肉典食堂

육전식당
ユッチョンシクタン

8つの風味が楽しめる！

大きく分厚いサムギョプサルと脂身が少なく女性に人気があるモクサルが絶品と評判の豚肉料理専門店。230℃の鉄板で、外はカリッと中はジューシーに焼き上げている。

DATA　交M1・2号線新設洞駅10番出口から徒歩2分　住東大門区蘭渓路30キル16　☎02-2253-6373　時11～15時、16～22時（金・土曜は～23時）※LOは各1時間前　休なし
☑日本語スタッフ　☑日本語メニュー
☑英語スタッフ　☑英語メニュー
☑要予約（5人以上）

サムギョプサル
삼겹살
W1万7000

アンデスの塩、行者にんにく、わさびなどで味付けしていただく

厚さ約3cmの豚肉はボリューム感たっぷり！

開店前から並び始めるので、早めに行っておきたい

別冊 MAP P22A2

ポド食堂

포도식당
ポドシクタン

牛も豚も！欲張り派は要チェック

どの肉も大きさと分厚さがスゴイ。テジワンカルビ(豚カルビ）は1人前320g、牛カルビも300gあり、それでいて値段はリーズナブル。肉の種類や食事メニューも豊富なので大勢でワイワイ楽しめる。

思いっきり焼肉を食べ尽くしたい人にもってこいの店

DATA
交M3号線狎鷗亭駅4番出口から徒歩3分
住江南区論峴路167キル13　☎02-514-9252
時11時～22時30分　休なし
☐日本語スタッフ　☑日本語メニュー
☐英語スタッフ　☐英語メニュー　☐要予約

テジワンカルビ
돼지왕갈비
W2万1500(320g)

肉の分厚さに比べて食感はとってもやわらか！甘さ控えめのタレも絶妙にマッチしている

まめちしき 肉料理を食べるときに気をつけたいのが、脂やタレの跳ね。ソウル市内の多くの店では、衣類にタレが跳ねるのを防ぐためにエプロンを用意している。必要な場合はオーダーのときに聞いてみよう。

check!

野菜も一緒に

豚焼肉と野菜は一緒に食べるのがお約束。これらの付け合わせはおかわり自由なので、遠慮なくどんどん食べてOK！

サンチュ
クセがなく、どんどん食べられる焼肉の定番野菜といえばこれ

エゴマの葉
独特の香りと苦味をもつ。韓国料理には欠かせない葉野菜

大根
薄くスライスした大根の酢漬け。さっぱりした味が脂と調和

ネギサラダ
単体でもおいしく食べられる。肉と一緒に巻いてヘルシーに

キムチチム
김치찜
W9500(1人前)

煮込んだキムチと豚肉が絶妙の組み合わせ。海苔で巻いてもおいしい(写真は3人前)

家族連れ、カップル、宴会客など、客層もさまざま

西大門駅　別冊MAP P4B2

ハノクチプ

한옥집

絶品オリジナル豚肉料理

半年～1年熟成のキムチと豚の前足の肉をじっくり煮込んだキムチチムの元祖店として有名。ホロホロと崩れる食感の豚肉をキムチで巻いて食べれば、ほどよい酸味とうま味が広がる。メニューはほかにキムチチゲやトッカルビなどがある。

DATA
㊋Ⓜ5号線西大門駅2番出口から徒歩3分
㊟西大門区統一路9アンキル14　☎02-362-8653　㊐10時30分～21時30分　㊡なし
☑日本語スタッフ　☑日本語メニュー
☑英語スタッフ　☑英語メニュー　□要予約

有名画家の絵を飾るなど、ステキなインテリアも人気

ポッサム
보쌈
W5万9000(2人前)

蒸した厚めの豚肉を、ポッサムキムチ、白キムチ、赤キムチと食べる料理

狎鷗亭洞　別冊MAP P22B1

ケファオク

개화옥

蒸し豚×キムチ×蒸し野菜

北朝鮮の料理をベースにしたモダンな料理をワインやマッコリとともに味わえる、狎鷗亭らしい洗練された店。蒸した豚肉を3種類のキムチや蒸し野菜と合わせて食べるポッサムが人気で、ヘルシー志向の女性たちで賑わっている。

DATA
㊋Ⓜ盆唐線狎鷗亭ロデオ駅6番出口から徒歩3分　㊟江南区狎鷗亭50キル7 チョンドン商街107　☎02-549-1459　㊐10～22時(21時30分LO)　㊡なし
☑日本語スタッフ　□日本語メニュー
□英語スタッフ　☑英語メニュー　☑要予約

韓国人女性も大好き

ジューシー＆ヘルシーな 鶏肉料理に大満足！

一度食べ始めたら止まらない、おいしい鶏肉メニューがソウルには多い。
しかも低カロリー＆低脂肪だから、多少の食べ過ぎは気にしなくて大丈夫かも!?

●明洞

オッパダック

오빠닭

カロリー控えめのヘルシーチキン

すべてのチキンメニューを専用オーブンで焼き上げるヘルシーチキン専門店。カリッカリのジューシーチキンは脂分が少ないため冷めてもおいしいと評判。

DATA ㊋Ⓜ2号線乙支路入口駅6番出口から徒歩5分 ㊟中区明洞7キル21 ☎02-3789-5892
㊰14～24時（23時LO） ㊡なし
☑日本語スタッフ ☑日本語メニュー
☑英語スタッフ ☑英語メニュー
☐要予約

ハーフ＆ハーフチキン
전체반반
一度に2種類のチキンを味わうことができる人気メニュー。W2万2000

両手にフォークを1本ずつ持って割きながら食べるのが韓国流

1．広々とした落ち着いた雰囲気の店内はテラスも　2．明洞の飲食店街で深夜まで営業！覚えておいて損はナシ

チムタク
찜닭
クセになりそうな甘辛い味。W2万7000～（鶏1羽分。2～3人前）

チムタク　別冊MAP P17D1

●新村

鳳雛チムタク

봉추찜닭／ポンチュチムタク

ピリ辛醤油ベースの鶏肉料理

安東地方の名物・安東チムタクの専門店。大きめのジャガイモにニンジン、春雨がたっぷり入り、オーダー後に醤油ベースのオリジナルソースで煮込まれるチムタク。ピリッとした辛味で、一度食べたらハマる人が続出。

DATA
㊋Ⓜ2号線新村駅3番出口から徒歩8分
㊟西大門区名物キル27-23 ☎02-363-3623
㊰10時30分～21時30分LO ㊡なし
☐日本語スタッフ ☐日本語メニュー
☐英語スタッフ ☑英語メニュー ☐要予約

1．ブラウンを基調とした清潔感のある店内　2．漢字入りの看板なので、ハングルが読めなくてもわかりやすい

韓国の鶏肉料理は、骨を取り除かずに鶏をぶつ切りにして調理するメニューが多い。うま味がたっぷり出る方法で、おいしさの秘訣でもある。鶏肉好きなら1羽まるごと鍋に入れるタッカンマリ（→P81）もお忘れなく。

●東大門

ケリムウォン

계림원

鶏肉とご飯が香ばしく美味

東大門ショッピングの後にも立ち寄れる。ほかに支店もあるが、観光客には東大門店が便利。人気メニューのヌルンジトンダクはチーズとコーンの追加がおすすめ。

チーズコーントンダク
치즈콘닭
もち米を詰め込んだ鶏を薪でロースト。香ばしいおこげとともに味わう。W2万4000

1．アクセス便利&テイクアウトもOK！観光客にもやさしい店舗

DATA
㊋Ⓜ1・4号線東大門駅7番出口からすぐ
㊟鍾路区鍾路46キル22　☎02-744-9229
㊡16～24時（売り切れ次第終了）　㊡なし
☑日本語スタッフ　☐日本語メニュー
☑英語スタッフ　☐英語メニュー　☐要予約

●望遠洞

太白クンムルタッカルビ

태백국물닭갈비／テベックンムルタッカルビ

クンムルタッカルビ
국물닭갈비
直訳するとスープタッカルビ。新しい食べ方として話題。W2万5000

煮込んでおいしい鍋スタイル

通常鉄板で炒めるのがタッカルビだが、ここは煮込んでいただく鍋風タッカルビの専門店。下味をつけて熟成させた鶏肉は、まろやかで甘味のあるスープと相性抜群。

弘大か新村からバスかタクシーが便利

DATA
㊋Ⓜ6号線望遠駅2番出口から徒歩15分
㊟麻浦区喜雨亭路130　☎02-322-3177
㊡11時～21時30分LO　㊡なし
☐日本語スタッフ　☐日本語メニュー
☐英語スタッフ　☐英語メニュー　☐要予約

参鶏湯　別冊 MAP P16B2

●弘大

百年土種参鶏湯本店

백년토종삼계탕 본점
ペンニョントジョンサムゲタンポンジョム

エゴマ入りの美肌&健康系参鶏湯

エゴマをすりつぶしスープに混ぜた参鶏湯は、あまり見かけないレアメニュー。クリーミーで香ばしいスープは、最後の一滴まで飲み干してしまいそう。

トゥルケ参鶏湯
들깨삼계탕
国産食材を使用。オーダーで人参酒が無料サービス。W1万9000

テーブル席とオンドル席を用意

DATA
㊋Ⓜ2号線弘大入口駅9番出口から徒歩5分
㊟麻浦区楊花路118　☎02-325-3399
㊡9～22時（21時LO）　㊡なし
☐日本語スタッフ　☑日本語メニュー
☐英語スタッフ　☑英語メニュー　☐要予約

ヘルシーで女子ごはんのテッパン☆

大定番からNewタイプまで！ピビムパプ厳選4店

歴史ある伝統ピビムパプと韓国の無形文化財の石焼ピビムパプの2大王道ピビムパプに加え、最近では、バラエティに富んだものも登場。進化するピビムパプから目が離せない！

江南駅　別冊MAP P18A1

シゴルヤチェテンジャン

시골야채된장

韓国版の納豆汁とよばれる

江南で30年以上営業を続ける庶民的な食堂。大田の忠清道の郷土料理が中心で、白飯にナムルやキムチなど、何種類もの惣菜を混ぜ、自家製の味噌を使ったチゲを入れて食べるテンジャンピビムパプが看板料理。

DATA　交M9号線新論峴駅6番出口から徒歩5分　住瑞草区江南大路69キル11　☎02-3482-7626　時9～15時、17～22時（21時20分LO）　休なし
☑日本語スタッフ　☐日本語メニュー
☑英語スタッフ　☐英語メニュー
☐要予約

野菜がたっぷりで、ナムルを多めに使うのが特徴

テンジャンピビムパプ
된장비빔밥
W1万

開発が進む江南エリアにありながら、昔ながらの面影を残す。店内は2階と合わせて100席以上ある

ナムル一覧

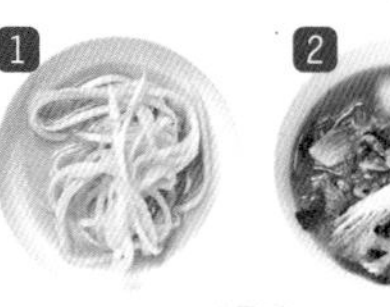

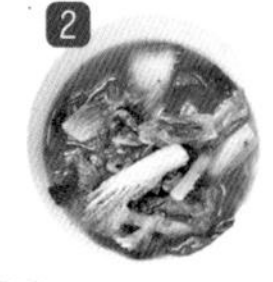

1千切り大根の和え物　2葉大根のキムチ　3豆腐の煮物　4オルガリの和え物　5エビとにんにくの茎の和え物　6青海苔の和え物　7ニラ　8もやしの和え物　9チコリ　10ケランチム

まめちしき　最も代表的な全州伝統ピビムパプのほかにも、ネギ・にんにく・コチュジャンを使わない安東ピビムパプ、ユッケがメインの晋州ピビムパプ、アサリの炒め物を入れる統営ピビムパプといったご当地ピビムパプがあり、人気を集めている。

市庁駅　別冊 MAP P10B2

全州会館

전주회관/チョンジュフェグァン

石焼きピビムパプの理想形

看板メニューの石焼きピビムパプは、ご飯が味付け済みで出てくる。スプーンではなく箸でさっくり混ぜるとご飯粒が潰れず美味。ユッケ入りW1万7000もぜひ。

DATA 交M1・2号線市庁駅7番出口から徒歩5分 住中区世宗大路14キル32-1 ☎02-778-6689 時8時30分～22時LO 休なし
☑日本語スタッフ ☑日本語メニュー
☑英語スタッフ ☑英語メニュー □要予約

コプトルピビムパプ
곱돌비빔밥
W1万1000

ピビムパプ以外のメニューも豊富に取り揃えている

カロスキル　別冊 MAP P24A1

サノ

산호

全国の名産品を仕入れる韓式酒店

地方食材や郷土料理を幅広く提供するダイニング。ランチに人気のユッケピビムパプは地方から仕入れた韓牛を使用する。光州名物のユクチョン(牛肉チヂミ)もおすすめ。

DATA 交M3号線新沙駅6番出口から徒歩15分
住江南区論峴路175キル111 ☎02-517-0035
時11時30分～23時(22時LO) 休日曜
☑日本語スタッフ □日本語メニュー
☑英語スタッフ □英語メニュー □要予約

韓牛ユッケピビムパプ
한우 육회비빔밥
W1万4000

ユッケはやわらかくきめ細かいランプの部位を使用。味付けのコチュジャンもまろやか

カフェのような、ゆとりのある落ち着いた店内

鍾閣駅　別冊 MAP P9C4

テンジャンイェスルクァスル

된장예술과 술

うまみたっぷりテンジャンピビムパプ

オリジナルのテンジャン(味噌)で味わうピビムパプの店。穀物入りのご飯に、一緒に提供される数種類の野菜をのせ、豆腐たっぷりのテンジャンチゲをかけて楽しむ。これにカンジャンケジャン(ワタリガニの醤油漬け)が付いたカンジャンケジャン定食もおすすめ。

DATA 交M1号線鍾閣駅4番出口から徒歩5分
住鍾路区三一大路15キル20-1 ☎02-733-4516
時11～23時(22時LO) 休なし
☑日本語スタッフ □日本語メニュー ☑英語スタッフ
☑英語メニュー □要予約

テンジャン定食
된장정식
W1万2000

落ち着いた雰囲気の店内

スープや麺、食べ方もいろいろ！

肉巻き・汁なし・秘伝ダシ etc. やみつき“冷麺”大集合

夏だけでなく一年通しての人気メニューだけに、種類が豊富な国民食・冷麺。
店ごとに具や麺の種類、スープが異なる。気分で選んで、お好みの冷麺を召し上がれ！

別冊 MAP P13C3

明洞咸興麺屋

명동함흥면옥
ミョンドンハムンミョノッ

故郷の味が再現された本格冷麺

明洞で50年以上続く冷麺専門店。北朝鮮出身の主人の冷麺は、さっぱりしつつコクのあるスープがコシのある麺にぴったりマッチ。

DATA 交M4号線明洞駅8番出口から徒歩5分
住中区明洞10キル35-19 ☎02-776-8430
時11～20時 休日曜 J E

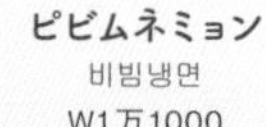

ピビムネミョン
비빔냉면
W1万1000

牛を1日煮込んだダシがさっぱり味の冷麺

激戦区・明洞の老舗の味を楽しもう

別冊 MAP P15A1

ヌンナムチプ

눈나무집

清涼感を満喫する素朴な麺料理

さっぱりとした水キムチの汁に麺を入れたキムチマリグクス。北部地域の郷土料理で、冷たい麺ながらも寒い冬に味わう。

DATA 交M3号線安国駅1番出口から徒歩20分
住鍾路区三清路136-1 ☎02-739-6742
時11～21時(20時LO) 休なし

キムチマリグクス
김치말이국수
W6500

キムチ素麺はほんのりとした酸味と甘みのスープ

麺以外のメニューも充実している

別冊 MAP P10A2

晋州会館

진주 회관／チンジュフェグァン

濃厚スープが決め手の豆乳麺

ランチタイムには行列必至の人気店。歴代大統領も青瓦台まで配達させたというコングクス(豆乳麺)は、3～11月中旬の限定メニュー。

DATA 交M1・2号線市庁駅9番出口から徒歩1分
住中区世宗大路11キル26 ☎02-753-5388
時11～21時 休日曜(10～3月) J E E

コングクス
콩국수
W1万5000

風味豊かな自家製の小麦粉麺が濃厚スープに絡む

コングクス以外のメニューも豊富な店

韓国の冷麺は、食べる前にハサミでカットするのが一般的。また、日本のように麺をすする習慣はない。ただし麺をすするのがマナー違反というわけでもないので、自由なスタイルで味わおう。

フェ（刺身）冷麺
회냉면
W1万4000

エイのコリコリした食感が独特な辛めの冷麺。調味料で好みの味に

乙支路4街駅　別冊MAP P6B3

五壮洞咸興冷麺

오장동함흥냉면
オジャンドンハムンネンミョン

エイの食感が楽しい冷麺

牛だけでとる北朝鮮スタイルのスープと自家製麺の「フェ（刺身）冷麺」が有名な冷麺専門店。北朝鮮ではカレイが主流だが、韓国人が好むエイを使うこだわりも。

行列も当たり前という超人気店。常に混み合う

DATA 交M2・5号線乙支路4街駅8番出口から徒歩10分 住中区マルンネ路108 ☎02-2267-9500 時11時～19時30分LO 休火曜

冷麺（豚カルビセット）
냉면
W9500

豚カルビを足してボリューム満点。肉×麺の新食感がたまらない

弘大　別冊MAP P16B3

ユクサムネンミョン

육쌈냉면

冷麺で肉を巻く、新スタイル

ハチミツや韓方の秘伝ダレで漬け込み、炭火焼きした豚カルビがセットの冷麺が人気。コシのある麺でカルビを巻いて味わうのが通の食べ方。

全国展開している、納得の人気チェーン店として知られる

DATA 交M2号線弘大入口駅9番出口から徒歩10分 住麻浦区オウルマダン路76 2階 ☎02-334-6392 時11時30分～21時30分LO 休月曜

水冷麺
물냉면
W1万5000

麺から自家製というこだわり。他店よりも太めなので噛みごたえ十分

大興駅　別冊MAP P4B3

乙密台

을밀대/ウルミルデ

濃い目のうま味たっぷりスープ

そば粉とサツマイモのでんぷんを混ぜたコシのある麺と、半分凍った牛骨スープが絶妙にマッチする冷麺の店。コクのあるスープは全部飲み干したくなるほどの味わい。

ランチタイムは地元の人がたくさん集まり、大賑わい

DATA 交M6号線大興駅2番出口から徒歩7分 住麻浦区崇文キル24 ☎02-717-1922 時11～22時（21時LO） 休なし

check!

冷麺は大きく2種類

スープあり & 辛くない

ダシの利いた冷たいスープに入った辛くない冷麺。平壌が発祥で、水冷麺（ムルレンミョン）、平壌冷麺（ピョンヤンネンミョン）などがよく知られている。

スープなし & 辛い

コチュジャンベースのタレと混ぜる、辛めの冷麺。咸興地方が発祥で、ピビン冷麺（ピビンネンミョン）、咸興冷麺（ハムンネンミョン）がそれにあたる。噛み切れないほどコシが強い麺も特徴。

大定番から変わりダネまで

赤or白 どっち？ 赤チゲvs白湯スープ

とうがらしが効いた辛～いチゲややさしい味わいのカルグクスなどの白湯系。どちらもダシの利いたうま味たっぷりのスープが決め手で、ひと口味わえば心も体もポカポカ幸せ気分に！

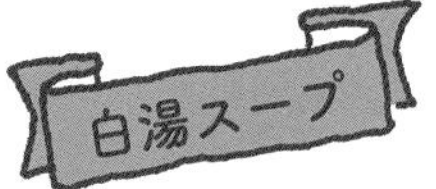

干しダラスープ　別冊MAP P8B4

●市庁駅

武橋洞プゴクッチッ

무교동북어국집／ムギョドンプゴクッチッ

行列覚悟！ 超人気の干しダラスープ

創業40年以上を誇るプゴクッ(干しダラスープ)の老舗。大きな干しスケトウダラの身が入ったスープは食欲不振に効果があるとも。白飯を入れ、おじや風にして食べる。卓上に置かれたキムチ類を入れ、好みの味付けにするとよい。

プゴクッ　북어국　W9500

1. 卓上のキムチ類は無料で食べられる。スープに入れて
2. 昼どきは近隣の会社員を中心に行列となることも

DATA 交M1・2号線市庁駅4番出口から徒歩5分 住中区乙支路1キル38 ☎02-777-3891 時7～19時LO(土・日曜は～14時LO) 休なし J E

カルグクス　칼국수　W1万1000

韓国うどん　別冊MAP P15A3

●三清洞

黄生家カルグクス

황생가칼국수／ファンセンガカルグクス

手打ちのカルグクスが味わえる！

三清洞ギルにある、韓国のうどん、カルグクスの店。メニューはどれも手作りで、しかも野菜たっぷり。味と素材にうるさいヘルシー志向の女性客も納得の味わいだ。野菜とキノコがたっぷり入った鍋W4万(2人前)も好評。

カジュアルな雰囲気の店内

DATA 交M3号線安国駅1番出口から徒歩10分 住鍾路区北村路5キル78 ☎02-739-6334 時11時～20時30分LO 休なし J J E

すいとん　別冊MAP P15A1

●三清洞

三清洞スジェビ

삼청동수제비／サムチョドンスジェビ

ツルツルした食感がクセになる

1985年創業、小麦粉を練ったスジェビ(韓国風のすいとん)の老舗。ツルッとしたのど越しが心地よい小さなワンタンのようなすいとんと、大根と煮干しでとったスープとの相性が抜群。ポカポカ体も温まる。

スジェビ　수제비　W9000

店内はいつも満員

DATA 交M3号線安国駅1番出口から徒歩18分 住鍾路区三清路101-1 ☎02-735-2965 時11～20時 休なし

まめちしき　カルグクスの「カル」は包丁、「グクス」は麺類を意味し、かつては生地を包丁で切って作ったことからついた名前。地方によって具材が異なるので、店ごとのバリエーションが豊か。鍋のシメの定番でもある。

ジャガイモチゲ　別冊MAP P22A1

●狎鷗亭洞

シンミ食堂

신미식당
シンミシクタン

カムジャタン
감자탕
W3万~

大迫力のチゲ

鍋からこぼれ落ちそうなほどの肉がインパクト大のカムジャタンが名物の店。じっくり煮込んだ骨付き豚肉のうま味が溶け込んだ濃厚スープもクセになる。

DATA 交M3号線狎鷗亭駅2番出口から徒歩3分 住江南区狎鷗亭路214 ☎02-516-4900 時10～15時、17～22時（21時30分LO） 休なし

夜の注文は２人前～

豆腐チゲ　別冊MAP P10A2

●市庁駅

チョンウォンスンドゥブ

정원순두부

おぼろ豆腐の絶品チゲ

1969年創業の老舗店。スンドゥブは韓国味噌のうま味を堪能できる辛さ控えめな味。ナムルと合わせてピビムパプ風にしてもおいしい。

牡蠣スンドゥブ
굴순두부
W1万500

スンドゥブ目当てにオープンと同時に多くの人で賑わう

DATA 交M1・2号線市庁駅9番出口から徒歩1分 住中区世宗大路11キル30 ☎02-755-7139 時10～15時、17～22時（土曜11～20時、日曜10～15時のみ） 休なし J E

エゴマチゲ　別冊MAP P15B4

●三清洞

クンキワチッ

큰기와집

エゴマの風味が絶品の隠れメニュー

自家製の醤油で漬け込み作るカンジャンケジャンで有名な店。こちらの隠れ人気メニューがエゴマのチゲ、ドゥルケタン。新鮮なエゴマやキノコ、牛スープから作られたスープは、最後まで飲み干せるおいしさ。

ドゥルケタン
들깨탕
W2万7000

1. 定番メニューは珍品カンジャンケジャン W5万3000　2. 店内はいくつかの部屋に分かれている

DATA 交M3号線安国駅1番出口から徒歩10分 住鍾路区北村路5キル62 ☎02-722-9024 時11時30分～15時、17時30分～21時 休月曜 J J E E

真っ黒ソースといえばコチラ

ジャージャー麺　別冊MAP P12B3

郷味

향미 / ヒャンミ

黒味噌を使った韓国式ジャージャー麺

韓国ドラマでもおなじみのジャージャー麺。韓国では大量のタマネギが入ったテンメンジャンのソースとなり、中国料理店の定番メニュー。麺とソースをあらかじめしっかり絡めてから食べるのが韓国式。

DATA 交M4号線明洞駅6番出口から徒歩6分 住中区南大門路52-5 ☎02-773-8835 時11時30分～21時30分 休日曜 J

チャジャンミョンW5000。コシのある麺とこってりソースは相性抜群

中国料理店が集まる一角にある

キブンと予算でチョイスしたい

目にもおいしい宮廷料理と家庭的な韓定食

伝統のメニューがフルコースで楽しめる豪華な宮廷料理と、その宮廷料理を家庭的にアレンジしたリーズナブルな韓定食。今日はどちらのキブン？

韓定食 別冊MAP P14B3

●仁寺洞

両班宅

양반댁 / ヤンバンテク

風情ある韓屋で味わう韓定食

仁寺洞で35年以上続く韓定食の老舗で、焼肉、焼魚、チャプチェ、三色チヂミなど7種類のおかずが付く両班定食がおすすめ。カンジャンケジャン定食など、手頃な値段で食べられるメニューも魅力。

DATA

交Ⓜ1・3・5号線鍾路駅5番出口から徒歩5分
住鍾路区仁寺洞キル19-18　☎02-730-1112
時11時30分～15時、17～21時（20時LO）
休なし
☑日本語スタッフ　☑日本語メニュー
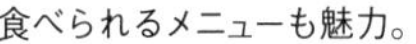
□英語スタッフ　☑英語メニュー
□要予約

1. テーブル席のほか、座敷タイプの広間や個室もある　2. 仁寺洞の路地裏にある穴場の韓定食の店　3. 両班定食W2万8000。チャプチェ、イシモチ、手長タコの炒め物など、韓国の味を満喫できる。注文は2人前から

宮廷料理 別冊MAP P4B2

●西村

チファジャ

지화자

無形文化財の味わいを伝承

重要無形文化財の故・黄慧性女史が開いた元祖宮廷料理の店。現在は伝統宮中料理伝承者、韓福麗氏がプロデュース。ドラマ『宮廷女官チャングムの誓い』に登場した料理が並ぶ「チャングム晩餐」コースW12万が人気。

DATA

交Ⓜ3号線景福宮駅2番出口から徒歩20分　住鍾路区チャハ門路125　☎02-2269-5834　時11時30分～15時、17時30分～21時30分（19時30分LO）　休火曜
☑日本語スタッフ　☑日本語メニュー
☑英語スタッフ　☑英語メニュー　☑要予約

1. 平壌会議で提供された宮廷晩餐コースW19万5000
2. 冷（温）麺なども楽しめる
3. 落ち着いた雰囲気

プチ情報　宮廷料理ディナーはちょっと高級。ランチタイムに利用すれば、もう少し気軽に楽しむことができる。コース料理の注文は2人前以上から受け付ける場合があるので注意。

韓定食 別冊MAP P22B3

●狎鴎亭洞

ハヌリ韓定食

한우리 한정식
ハヌリハンジョンシク

本格的な宮廷料理に酔いしれる

伝統的な韓定食を提供する高級老舗店。上質な韓国産厳選食材を使用し、上品な味付けで日本人の口にも合う。盛り付けにもこだわりが。接待や慶事にも利用される。

DATA
㊯Ⓜ3号線狎鴎亭駅3番出口から徒歩13分 ㊟江南区島山大路308 ☎02-541-4270(予約) ㊋11時30分～15時(14時LO)、17時30分～22時(21時LO) ㊡なし
☑日本語スタッフ ☑日本語メニュー
☑英語スタッフ ☑英語メニュー ☑要予約

1. 炭火焼プルコギ定食W5万2000 2.4・5階は完全個室、3階が団体用。奥ゆかしい内装

韓定食 別冊MAP P19C4

●梨泰院

シゴルパプサン

시골밥상

オモニ手作りの味を堪能しよう

食の宝庫として有名な全羅道エリア出身のオモニ(お母さん)が作る家庭の味が楽しめる。毎日20種類以上が並ぶおかずの内容は日替わり。オーナー自慢の骨董品コレクションが並ぶ店内もいい雰囲気。

DATA
㊯Ⓜ6号線梨泰院駅2番出口から徒歩10分 ㊟龍山区梨泰院路45キル4 ☎02-794-5072 ㊋10時～19時30分LO ㊡なし
☐日本語スタッフ ☐日本語メニュー
☐英語スタッフ ☐英語メニュー
☐要予約

1. 田舎御膳W1万(1人前。写真は2人前)。1人前で約10品、2人前で約20品楽しめる
2. 民家をイメージした店内
3. 家庭的な店

韓定食 別冊MAP P11D2

●南山

コリアハウス

한국의집 /Korea House

韓国の文化に浸り、伝統料理を味わえる

韓国伝統家屋で宮廷料理が食べられる。ここはキムチ作りや宮中料理、伝統婚礼など韓国の伝統文化を体験できる複合施設で、伝統芸能の公演も行われている。

DATA
㊯Ⓜ3・4号線忠武路駅3番出口から徒歩3分 ㊟中区退渓路36キル10 ☎02-2266-9101 ㊋11時30分～15時30分(14時30分LO)、17～22時(20時30分LO)※行事により異なる ㊡月曜
☐日本語スタッフ ☑日本語メニュー
☐英語スタッフ ☑英語メニュー ☑要予約

1. 神仙炉、マッシュルームとエビのグリル、シイタケと海鮮辛味揚げ、ヒレ肉の宮中焼きなどがセットになった聴雨W11万5000
2. 韓国の伝統文化にふれることができる

日本にはない食材や、独自の食べ方に注目

海の幸も必食！ 海鮮料理をお忘れなく

四季折々の海の幸もおいしいソウル。刺身はもちろん、鍋料理、煮物など料理のバリエーションが豊かなのも特徴。せっかくだからお腹いっぱいになるまで食べ尽くそう。

●新沙駅

元祖馬山ハルメアグチム

원조마산할매아구찜／ウォンジョマサンハルメアグチム

カンジャンケジャン通り随一

ワタリガニの醤油漬けの店が軒を連ねるカンジャンケジャン通りでも一番の人気を誇る名店。とろりとした濃厚なカニ味噌と、醤油ダレが染み込んだカニの身の味わいは、白いご飯とよく合うため「ご飯泥棒」の別名も。

DATA
㊍Ⓜ3号線新沙駅4番出口から徒歩2分
㊟瑞草区江南大路99キル10 ☎02-547-2774
㊓24時間 ㊡なし
□日本語スタッフ ☑日本語メニュー
☑英語スタッフ ☑英語メニュー □要予約

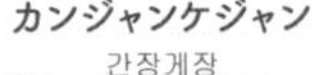

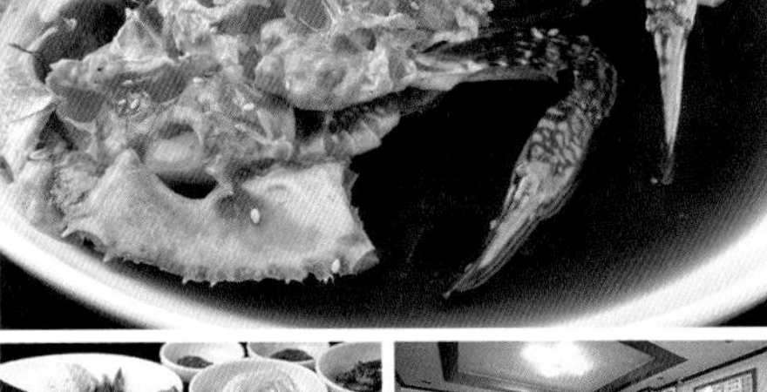

カンジャンケジャン
간장게장
ワタリガニを秘伝の醤油ダレに漬けた一品。W7万(2人前)

1．アンコウともやしを炒めたアグチムもはずせないサイドメニューW4万(中) 2．テーブルのほか、座敷席もある

●乙支路入口駅

チョルチョルポッチプ

철철복집

済州島の新鮮フグが楽しめる

済州島などでとれる天然のフグを、塩焼きや鍋で堪能できる名店。おすすめはにんにく風味のスープがたまらないフグチリ。ほかにフグのうま味を存分に楽しめる、炭火で炙ったフグの塩焼きW3万5000も人気。

DATA
㊍Ⓜ2号線乙支路入口駅1番出口から徒歩5分
㊟中区乙支路3キル29 ☎02-776-2418 ㊓11時40分～14時30分、16時30分～22時 ㊡日曜
☑日本語スタッフ ☑日本語メニュー
□英語スタッフ □英語メニュー □要予約

フグチリ
복지리
にんにくが効いた塩味のスープはセリたっぷり。W2万6000(1人前)

1．フグの塩焼きは、弾力ある身の歯ごたえを楽しめるシンプルな一品 2．天然のフグをリーズナブルに味わえる人気店

大陸とつながっている一方、半島という環境から海鮮料理のバリエーションが豊かな韓国。刺身は日本とは違いコチュジャンに酢を加えたチョコチュジャンなどで食べる。

Ⓜ麻浦駅

ソサンコッケ

서산꽃게

カンジャンケジャンの実力店

漁船から直接仕入れたメスのワタリガニを、毎日6時間漬け込んで新鮮な味わいで提供。3～4日前までに要予約(韓国語)と難関だが、その価値は十分にある。

DATA
交Ⓜ5号線麻浦駅3番出口から徒歩3分
住麻浦区桃花キル12-3 ☎02-719-9693
時11時50分～14時30分、17時30分～20時(19時LO) 休なし
☑日本語スタッフ □日本語メニュー
☑英語スタッフ □英語メニュー ☑要予約

ケジャン定食
게장정식
1人前1杯250gとやや小ぶりだが中身はぎっしり。焼き魚などの料理も付く。W4万

自分で予約が難しければ、ホテルのフロントに頼むのもあり

ヘムルタン
해물탕
海鮮のほか、長ネギ、春菊、豆モヤシなどの野菜もたっぷり入っている。W4万2000(小)

路地裏にあり、レンガ造りが目印

海鮮鍋 別冊 MAP P17D4

Ⓜ梨大

ミリネヘムルタン

밀리네 해물탕

海鮮と野菜がぎっしり詰まった鍋

創業40年以上の海鮮鍋専門店で、創業当時から変わらない味を提供している。ワタリガニやエビ、イカ、トコブシ、アサリ、ムール貝、白子などの豊富な海鮮が魅力。

DATA
交Ⓜ2号線梨大駅5番出口から徒歩1分
住浦区大興路30キル18-5 ☎02-719-5113
時11～23時(22時LO) 休なし
□日本語スタッフ ☑日本語メニュー
□英語スタッフ ☑英語メニュー □要予約

Ⓜ狎鴎亭洞

ペッコドン

뱃고동

生きたタコを煮込む鍋料理

生きたタコをまるまる1匹煮込んで作るチョンゴル。ほかにも生タコのプルコギなど、生きたテナガダコを使ったメニューがあり、プリプリの食感を楽しめる。

DATA
交Ⓜ盆唐線狎鴎亭ロデオ駅5番出口から徒歩3分
住江南区彦州路172キル54 地下1階 ☎02-514-8008 時11時30分～22時 休なし
□日本語スタッフ ☑日本語メニュー
□英語スタッフ ☑英語メニュー
☑要予約(5名以上)

タコのチョンゴル
산낙지전골
長ネギなどが入る激辛スープで、タコを煮込んだ鍋。W3万(1人前)

席は座敷とテーブル

バリエ豊富なパンにくぎづけ♪

ソウルのイチオシ ベーカリーで焼きたてゲット！

ソウルに来たなら、個性豊か＆話題のベーカリーに行ってみよう。オープン前から行列をつくるハイレベルなベーカリーが充実。ここだけの絶品焼きたてパンをチェックしよう。

益善洞 別冊MAP P9C3

ミルトースト

밀토스트／ミルトストゥ

せいろに入った食パンが新しい！

せいろで蒸し、湯気が上がったフワフワの食パンや、卵液をたっぷり含んだスフレトーストが話題で、開店前から行列をつくる日も少なくない。店内で作っている牛乳メニューは、レトロな牛乳瓶のような見た目がキュート。韓屋造りも粋だ。

DATA ㊋Ⓜ1・3・5号線鍾路3街駅4番出口から徒歩2分 ㊟鍾路区水標路28キル30-3 ☎02-766-0627 ㊛8～22時(21時30分LO。売り切れ次第終了) ㊡なし
☑日本語スタッフ ☑日本語メニュー
☑英語スタッフ ☑英語メニュー □要予約

店内は日光を遮る屋根がない。キッチンを囲むようにカウンター席がしつらえられている

⬆スフレトースト あんバター W1万3500。ブリオッシュを使用。あんことバターはもちろん、黒ゴマのクリームもよく合う

⬆スチーム食パンW1万3000。ブリオッシュを使用。栗、小豆、コーンのなかから1つと、プレーンのセット

梨泰院 別冊MAP P5C3

ザ・ベイカーズ・テーブル

더 베이커스 테이블／The Bakers Table

⬅オリーブブレッドW7000。オリーブの香りが香ばしいドイツパン。料理やビールとともに味わいたい

欧風のベーカリーダイニングに注目

高級ホテルでパティシエを務めていたドイツ人シェフが毎日30～40種類のパンを焼き、ドイツ料理を中心とした欧風料理やドイツビールも楽しめる。13時までの朝食メニューも人気。

ナチュラルな雰囲気の明るい店内でモーニングも◎

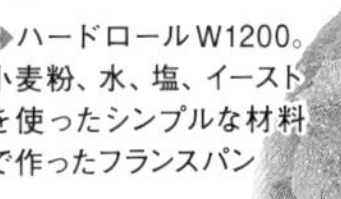

➡ハードロールW1200。小麦粉、水、塩、イーストを使ったシンプルな材料で作ったフランスパン

DATA ㊋Ⓜ6号線緑莎坪駅2番出口から徒歩10分 ㊟龍山区緑莎坪大路244-1 ☎070-7717-3501 ㊛8～21時(日曜は～20時) ㊡なし
☑日本語スタッフ □日本語メニュー
☑英語スタッフ ☑英語メニュー □要予約

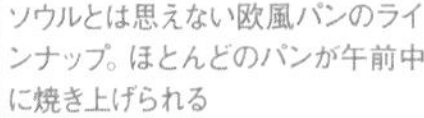

ソウルとは思えない欧風パンのラインナップ。ほとんどのパンが午前中に焼き上げられる

まめちしき バーガーキングのワッパー（プルコギ）、マクドナルドのダブルプルコギバーガー、ロッテリアの韓牛プルコギバーガーなど、各ハンバーガーチェーン店の韓国限定メニューに注目。韓国らしさ満点のハンバーガーをお試しあれ。

ミルド

밀도/ Meal°

韓国の食パンブームの先駆け店

食パンやキューブパンを求めて、行列が絶えない店。北海道産の小麦粉を使い、24時間発酵させて焼き上げたパンが小さな店内に約30種類並ぶ。イートインスペースがないので、近くのソウルの森でパンを食べる人も多い。

DATA ㊂Ⓜ盆唐線ソウルの森駅1番出口から徒歩5分 ㊟城東区往十里路 96 ☎02-497-5050 ㊋11時～21時30分(売り切れ次第終了) ㊡なし
☑日本語スタッフ □日本語メニュー
☑英語スタッフ ☑英語メニュー □要予約

1マロンミニ食パンW6200 2キューブシナモンW3600 3キューブそぼろW3600 4キューブチョコW3600 5キューブあんこW3600

⬅たんぱく食パンW7300。一番人気の食パンで、ずっしりと重く、もっちりした食感で、焼くと香ばしい

連日多くのお客さんで賑わう

お目当てのパンがあれば、毎朝売り場が充実してくる9～10時が狙い目

⬆バンドーロW5500。三角の形がかわいい。粉砂糖たっぷりでコーヒーによく合う

カフェ・オニオン

카페어니언/ cafe onion

どこを切り取っても絵になる韓屋カフェ

約200年前の韓屋を再利用したベーカリーカフェ。余裕のある空間を意識した店内で、中庭を眺めながらゆっくりくつろげる。

重厚で立派な門構えの入口。記念撮影をする人が多いのも納得

DATA ㊂Ⓜ3号線安国駅3番出口から徒歩1分 ㊟鍾路区桂洞キル5 ☎070-7543-2123 ㊋7～22時(21時30分LO、土・日曜9時～) ㊡なし
☑日本語スタッフ
□日本語メニュー
☑英語スタッフ
☑英語メニュー □要予約

太極堂

태극당/ テグッダン

ソウル最古最大級のパン屋さん

1946年創業で調理パンや菓子パンなど種類は150にも及ぶ。人気は月餅、サラダパン、アイス最中など。ゆったりとしたカフェスペースもある。

ホールケーキなども販売。1階と2階にカフェがある

DATA ㊂Ⓜ3号線東大入口駅2番出口すぐ ㊟中区東湖路24キル7 ☎02-2279-3152 ㊋8～21時 ㊡なし
□日本語スタッフ
□日本語メニュー
□英語スタッフ
□英語メニュー □要予約

⬆メロンパンW3000。日本のものと食べ比べてみたい

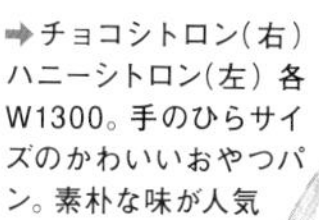

➡チョコシトロン(右)ハニーシトロン(左)各W1300。手のひらサイズのかわいいおやつパン。素朴な味が人気

「菓子のなかの菓子」を看板に掲げる。店内の広さとパンの種類の多さにびっくり

おいしくてかわいいカフェ、増えてます♪

こだわり空間で楽しむ とっておきスイーツ

居心地のよいカフェが増えてきたソウル。スイーツにもひと工夫凝らし、おいしくて見た目も楽しい、今話題のカフェスイーツをご紹介！

癒やしの空間

益善洞 別冊MAP P9C3

清水堂 本店

청수당 본점
チョンスダン ポンジョム

都心とは思えない癒やしの自然カフェ

日本風庭園と韓屋を合わせたフュージョンカフェ。都心のなかで自然を楽しみながらゆったりした時間を過ごせる。注文後焼いてくれるほかほかスフレケーキが看板メニュー。

DATA 交M1・3・5号線鍾路3街駅4番出口から徒歩3分 住鍾路区敦化門路11ナキル31-9 ☎0507-1318-8215 時10時30分～21時（デザート20時LO、ドリンク20時30分LO） 休なし E

1. モダンで広々とした店内では全面ガラスを通して庭を眺められる　2. 竹林に囲まれ岩の間に水が流れる幻想的なムードの庭園　3. 抹茶フロマージュケーキW1万4300とストーンドリップコーヒーW5800

益善洞 別冊MAP P9C3

楽園駅

낙원역
ナグォンニョッ

駅をモチーフにした話題のカフェ

緑のなかの線路や到着地と発車時刻が書いてある案内板など、穏やかでレトロな感性で昔ながらの駅を再現した韓屋カフェ。スイーツが回るカウンターの回転レーンもおもしろい。

DATA 交M1・3・5号線鍾路3街駅4番出口から徒歩2分 住鍾路区水標路28キル33-5 ☎02-763-1112 時11時30分～22時30分（22時LO） 休なし E E J

1. 線路がある中庭や駅のような案内板がフォトジェニック！　2. レモンラズベリークグロフW8000は酸味が効くしっとりケーキ　3. メープルクリームをのせた石炭コーヒーW7200　4. 韓屋の雰囲気とヴィンテージな木調インテリアが居心地よい

まめちしき　ソウルにはチェーン系カフェも多い。カフェ・ベネ Caffe Bene、エンジェリナス Angel in us、ホリーズコーヒー HOLLYS Coffee, トムアンドトムズ Tom N Toms などなど。スイーツメニューも充実しているので要チェック。

アルムダウン茶博物館

아름다운 차 박물관
アルムダウンチャパンムルグァン

装飾や茶器まで美しい センスあふれるお茶の博物館

韓国の伝統茶が味わえる韓屋カフェは、ピンスも評判が高い。添えられる小豆とナッツ、練乳を混ぜながら、甘さと香ばしさの調和を楽しもう。

DATA 交M1・3・5号線鍾路3街駅5番出口から徒歩4分 住鍾路区仁寺洞キル19-11 ☎02-735-6678 時カフェ11時30分～20時(19時30分LO)、ショップ11時30分～19時 休なし J J E E

1. 靴を脱いで座れる韓国式の小上がり席も 2. 仁寺洞の賑やかさとは無縁の静けさ 3. 伝統茶葉や茶器を販売するショップも併設 4. ランリヨモギ茶W9000とカボチャのお餅ケーキW5000 5. 紅茶のピンスW1万8000

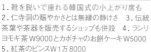

マダンフラワーカフェ

마당플라워카페

花と緑に囲まれ 癒やしのひとときを過ごす

益善洞韓屋村にある、花と緑に囲まれたモダンなカフェ。生花とカラフルなパラソルが飾られた店内は、定番の撮影スポットとして人気。

DATA 交M1・3・5号線鍾路3街駅6番出口から徒歩3分 住鍾路区水標路28キル33-12 ☎02-743-0724 時8時30分～23時(22時30分LO) 休なし E E

1. 韓屋の落ち着いた雰囲気とカラフルな花がマッチして、華やかな店内 2. グレープフルーツティーW8000とアイスなどがのるシングルワッフルW1万8500 3. 店内の一角で生花を販売している

眺望バツグン

別冊 MAP P5C3

アーバンクリフ

어반클리프
URBAN CLIFF

ヨーロッパ感性の カフェレストラン＆バー

1階のビストロと2階のバー、3階はルーフトップ構成。フロアごとにそれぞれの個性的な雰囲気を演出しており、利用可能時間も異なるので気をつけて。

DATA　㊋Ⓜ6号線緑莎坪駅2番出口からタクシーで5分　㊓龍山区新興路20キル43　☎02-6406-5252　㊐1・3階12～22時、2階17時～24時30分　㊡なし　Ⓔ Ⓔ

1. 解放村の風景が満喫できるルーフトップ。席も多めでゆったり　2. 1階のビストロはシックで大人の雰囲気が漂う　3.『梨泰院蔵クラス』のロケ地としても知られている

別冊 MAP P5C3

ザ・ロイヤル フード＆ドリンク

더로열푸드앤드링크
THE Royal Food&Drink

解放村を見下ろせる 眺望抜群の爽快カフェ

後ろに南山、眼下には解放村とよばれるエリアが広がる絶好のロケーション。この眺めを見に訪れる地元の人も多い。体にやさしく、できる限り手作りが信条のフードやドリンクも美味。

DATA　㊋Ⓜ4号線淑大入口駅3番出口から徒歩17分　㊓龍山区新興路20キル37　☎070-7774-4168　㊐10～20時　㊡木曜　Ⓔ Ⓔ

1. 絶景シートは写真撮影のための席。飲食はほかの席でするのがマナー　2. ボリューム満点、ロイヤルズブレックファストW1万8000と果肉感がみずみずしい、シナモンアップルティーW8500　3.「ROYAL」の文字と王冠が目印

別冊 MAP P7C1

ドーナツチョンス

도넛정수
DONUT JUNGSU

ソウルの街を一望できるドーナツカフェ

韓国各地の特産物で作り上げた韓国式プレミアムドーナツとともに、隠れ家的な場所でソウルの景色を満喫できる。イチゴやジャスミンなどのオリジナル牛乳もオススメ。

DATA　㊋Ⓜ6号線昌信駅1番出口から徒歩17分　㊓鍾路区昌信12キル40　☎02-744-5775　㊐11時30分～21時(20時30分LO)　㊡なし　Ⓔ

1. Nソウルタワーや DDP、ソウルの風景が遠くまで見られる　2.（左から）開城ドーナツ W3900、チョコバナナドーナツ W4700、墜落ドーナツ W4300

カフェ大国のソウルには、いたるところにカフェがある。韓国の飲食店はカフェに限らず全席禁煙。使い捨てカップはテイクアウトのみなど、韓国ならではのルールも。トイレに暗証番号が設定されている店もあるので店員さんに聞けばOK。

無機質系

別冊 MAP P4B2

ジャムジャム

잼잼
JAMJAM

絶品黒ゴマスイーツが人気の延南洞カフェ

テレビ局の有名生活情報番組の作家がすべてをプロデュースするカフェ。さまざまなグルメ取材から積み重ねた経験をもとに、独特でユニークなスイーツを提供している。

DATA　交M2号線弘大入口駅3番出口から徒歩12分　住麻浦区ソンミサン路29キル24 地下1階　☎010-3796-9176　時10～22時（ブランチメニューは～17時LO）　休なし　E

1. クールで落ち着いた雰囲気のコンクリート＆ステンレスインテリア　2. たっぷりの黒ゴマクリームが濃厚で香ばしく飲みごたえバツグンの黒胡麻ラテW6500　3. ブリオッシュに黒ゴマクリームとミルクアイスがのった黒胡麻クランブルW9500

別冊 MAP P5C3

カント

칸토/ KANTO

オールモノトーンの素敵な空間でカフェタイム

オーナーのセンスが光る白黒ベースのインテリアやメニューがスタイリッシュなカフェ。黒のテーブルに長いベンチの座席もあるので一人でも居心地よくひと休みできる。

1. 甘さ控えめで食べやすいブラックパウンドW5500
2. 照明は明るめで美術館のようにシンプルでシックな雰囲気
3. ブラッククリームW6500

DATA　交M2号線聖水駅4番出口から徒歩7分　住城東区練武場キル20 地下1階　☎010-8386-3657　時11～21時（20時30分LO）　休なし　E

別冊 MAP P22B2

ヌデイク

누데이크
Nudake

アイウェアブランドが展開するアートスイーツカフェ

複合ビル「ハウス・ドサン」地下1階にある。看板メニューは芸術作品のようなビジュアルが話題のピークケーキ。スイーツ目当てにテイクアウトで利用する人も多い。

1. さまざまなアートが点在するおしゃれな空間　2. ピークスモールW2万5000。サクッとした食感の黒いペストリー中央の濃厚な抹茶クリームにディップして食べる

DATA　交M水仁・盆唐線狎鷗亭ロデオ駅5番出口から徒歩8分　住江南区狎鷗亭路46キル50 地下1階　☎070-4128-2125　時11～21時（20時45分LO）　休不定期　J J E E

定番からブーム到来中の注目スイーツまで★

これが食べたい！ 癒やしのご指名スイーツ

見た目◎なかわいい韓国スイーツを食べずには帰れない！ 今注目を集める指名買いスイーツをピックアップ。カラフル＆レトロテイストなスイーツたちから目が離せない♪

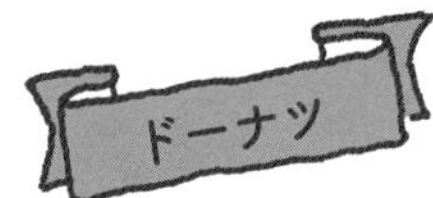

ドーナツはカップに入れて立てるのがイマドキ！ふんわり食感でやさしい甘さ。

定番は生クリームが入ったドーナツ！ ちょうどよい甘さであっさり

狎鴎亭洞 別冊MAP P22B2

ノティド

노티드/ Knotted

ニコちゃんマークがかわいい

口コミで話題になり、今ソウルで爆発的な人気を誇るドーナツカフェ。メニューが豊富でドーナツのほか、ケーキやドリンクも販売している。

DATA ㊋Ⓜ盆唐線狎鴎亭ロデオ駅5番出口から徒歩6分 ㊟江南区島山大路53キル15 1階 ☎070-8860-9377 ㊕9～21時 ㊡なし Ⓔ Ⓔ

1. ラズベリー W4500 2. オレオ W5000 3. レモン W4000

解放村 別冊MAP P5C3

バターブック

버터북/Butter Book

センスの光るハンドメイドドーナツ

カップに入っている香ばしいバター風味のかわいいオリジナルドーナツが人気。珍しいヨモギミルなど手作り牛乳にも注目。テイクアウトの人がほとんど。

DATA ㊋Ⓜ6号線緑莎坪駅2番出口から徒歩15分 ㊟龍山区新興路15キル20 ☎0507-1320-6645 ㊕13～20時(土・日曜12時～)、売り切れ次第終了 ㊡月曜 Ⓔ

昔ながらのレトロなドーナツが今風にアップデート。ネジネジの見た目がキュート！

クァペ

꽈페 /Quafe

ビジュアル満点！ ユニークなクァベギ

韓国の伝統的なおやつであるクァベギをさまざまなバリエーションで披露する専門店。なんと18種類の個性的でオシャレなクァベギが若い女性に人気。イートイン席は2階にある。

DATA ㊋Ⓜ2号線弘大入口駅3番出口から徒歩9分 ㊟麻浦区東橋路46キル20 ☎02-332-7567 ㊕10時30分～21時30分 ㊡なし Ⓔ

1. カラフルな見た目が印象的なユニコーン W3300 はクリームソーダ味で甘党にはたまらない 2. 甘酸っぱい風味が口の中に広がるブルーベリークリームチーズ W4500 3. 塩キャラメルで甘さとしょっぱさを同時に楽しめるソルティドキャラメル W3700

韓国にはかわいいおしゃれなカフェがたくさん。なかでも延南洞、聖水洞、狎鴎亭、安国、益善洞エリアにはソウル女子が注目するかわいいカフェが集中しており、カフェ巡りをするのにおすすめ。

薬菓

小麦粉、ごま油、ハチミツで作られた生地を低温の油で揚げた韓国の伝統菓子。

1. 薬菓シナモンシュペナー W8000 2. ピスタチオチェリークイニーアマン W9500 3. 地下1階～3階の4フロアで、会計とメニューピックアップは1階で

江南駅 別冊MAP P18A1

ベーカスト・ブラウン

베이커스트 브라운
Bakest Brown

ヨーロッパ風の新しいベーカリーカフェ

2023年1月オープン。オーナーがヨーロッパで見かけたカフェを再現したく、メニューからインテリアまで丁寧に手掛けている。約20種類のベーカリーメニューを提供。

DATA 交M9号線新論峴駅6番出口から徒歩5分 住江南区江南大路102キル21 ☎02-558-6991 時11～23時（22時LO） 休なし E

1. 薬菓マドレーヌ W4900（中）、図食化ダイアモンド W3900（左）、図食化醤油エゴマ W4300（右） 2. 広々とした店内は芸術作品を鑑賞しながらのんびりとくつろげる

上水駅 別冊MAP P16B3

図食化

도식화/Dosikhwa

アートな空間で上品スイーツを堪能

素敵な芸術作品を展示するギャラリーカフェ。シグネチャーメニューであるマドレーヌを中心とした数々のスイーツは、味はもちろんアート作品のようなビジュアルで評判が高い。

DATA 交M6号線上水駅1番出口から徒歩5分 住麻浦区臥牛山路17ギル19-9 ☎010-6542-7937 時12～21時（20時LO） 休なし E

ケーキ

見た目が最高にかわいいケーキがソウルっぽい！ SNS映え間違いなし、全方位から写真を撮ろう♪

1. ヘーゼルナッツチョコ W9000 2. 柚子クリームチーズのホール W4万9000（SNSで要予約）

梨泰院 別冊MAP P18A4

カフェ・テープ

카페 테이프/Cafe Tape

芸術作品のような未知なるスイーツ

アーティスト、デザイナー、ミュージシャンが一緒に企画したというアーティスティックなカフェ。銀河をモチーフとしたカラフルなケーキが話題に。

DATA 交M6号線緑莎坪駅3番出口/梨泰院駅4番出口から徒歩5分 住龍山区梨泰院路14キル21 2階 ☎010-7317-4201 時12～22時（金～日曜は～23時）※LOは各1時間前 休なし J E E

マンジャリ（左）とココナッツ（右）各W9500。甘さと酸味、食感などのバランスが絶妙なムースケーキ

解放村 別冊MAP P5C3

ル・モンブラン

르몽블랑/Le montblanc

見た目キュートな食べられる毛糸

元ニット工場を改装したカフェ。その名残を感じられるようにと、毛糸をモチーフにしたムースケーキがSNS上で注目の的になった。美しいドリンクと一緒にどうぞ。

DATA 交M6号線緑莎坪駅2番出口から徒歩17分 住龍山区新興路99-4 ☎0507-1328-3793 時12～20時 休月曜 E E

心もほっこり、体もキレイ！

昔ながらの菓子と伝統茶を味わう

韓国に古くから伝わる果物や穀物を用いて作る伝統茶は、美容や健康に効果的なものが多い。古き良き韓国の趣漂う伝統茶カフェで、のんびり旅の疲れを癒やしてみては。

伝統菓子 プチ図鑑

伝統茶のお供に、素朴な味わいの伝統菓子を

油菓 ユグァ

もち米を蒸したものを油で揚げ、ハチミツや水飴にくぐらせたふんわりやわらかいお菓子

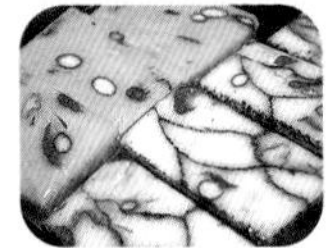

餅 トッ

カラフルな色合いが目にも楽しい餅菓子。韓国では季節の行事に欠かせないもの

サルカンジョン

揚げたもち米を、水飴と絡めたサクサクのお菓子。クルミや黒ゴマなどを使うことも

茶食 タシク

大豆やトウモロコシ、米粉などにハチミツを混ぜてこね、型で押し出したお菓子

2

1. 五味子茶 W8000。イチゴ、干し柿などから2種類選べる
2. イチゴフレーバーの入った五味茶。色鮮やかな赤が目を引く
3. ソウルの風光明媚な景色が一望
4. 中庭に続く通路右手に引き戸が

3

三清洞 別冊MAP P15A2

チャマシヌントゥル

차마시는뜰

韓国らしい景色を眺めながら伝統茶を

三清洞の高台に立つ伝統家屋をリノベーションした茶院。韓国伝統茶や中国茶など、約50種のお茶が味わえる。高麗や朝鮮王朝時代の陶磁器などが飾られた店内の大きな窓からは韓屋の屋根の連なりが見下ろせ、風情たっぷり。

DATA
㊋Ⓜ3号線安国駅1番出口から徒歩15分 ㊟鍾路区北村路11ナキル26 ☎02-722-7006 ㊕12〜21時（土・日曜11時〜） ㊡月曜 

4

プチ情報 伝統茶を味わいに出かけるなら仁寺洞、三清洞エリアへ。伝統家屋である韓屋を使ったカフェが点在している。朝鮮王朝時代の雰囲気が漂うアンティークなインテリアに囲まれ、優雅な時間を過ごしてみては。

1. 晴れた日はテラス席がおすすめ　2. 五味子茶 W7000 とサクもち食感の油菓 W6000

仁寺洞　別冊MAP P14B2

伝統茶院

전통다원 / ジョントンダウォン

美術館敷地内の伝統茶カフェ

耕仁美術館の庭園内にある、朝鮮王朝時代の家屋を移築したカフェ。約15種類揃える自家製の伝統茶はフルーツ系や韓方系までさまざま。

DATA
交M3号線安国駅5番出口から徒歩5分　住鍾路区仁寺洞10キル11-4　耕仁美術館内　☎02-730-6305　時10～18時(17時30分LO)　休なし　E

仁寺洞　別冊MAP P14A2

シンイェッチャチプ

신옛찻집

仁寺洞の隠れ家でのんびり

130年以上となる韓屋古宅の伝統茶店。代を継いで創業32年目。10種類を超えるさまざまな伝統茶を用意しており、韓国のレトロを存分に味わえる。

韓屋と自然が調和する居心地がいい店内

菊花茶 W7000

シコシコした食感のインジョルミ(きな粉餅)W6000

DATA
交M3号線安国駅6番出口から徒歩4分　住鍾路区仁寺洞キル47-8　☎02-732-5257　時10～21時(月曜は～20時、土・日曜は～22時)　休なし　J E

and more...

三清洞　別冊MAP P15A1

ソウルで二番目においしい店

서울서둘째로잘하는집
ソウルソトゥルチェロチャラヌンチプ

韓国版おしるこ・タンパッチュの店

1976年オープン以来、評判の伝統茶店。名物のタンパッチュは日本のおしるこより甘さ控えめで、シナモンが効いている。

タンパッチュ W8000 はテイクアウトも可

DATA
交M3号線安国駅1番出口から徒歩20分　住鍾路区三清路122-1　☎02-734-5302　時11～20時LO　休なし

伝統茶 プチ図鑑

伝統茶は健康や美容に効果あり。要チェック!

柚子茶 ユジャチャ
柚子の皮と果肉を砂糖で漬け込み、お湯に溶かして飲む。風邪予防や美肌づくりに

ナツメ茶 テチュチャ
甘くて香ばしい、ナツメのお茶。神経を安定させる働きがあるとも。寝る前に飲みたい

梅茶 メシルチャ
甘酸っぱい梅のお茶。疲労回復や、胃腸の働きを促進。便秘解消も期待できる

双和茶 サンファチャ
10種類以上の韓方生薬を煮出した韓方茶。独特の苦みが特徴。滋養強壮に効果あり

人参茶 インサムチャ
ハチミツに浸け込んだ高麗人参をお湯に溶かして飲む健康茶。ダイエットにも効くとも

五味子茶 オミジャチャ
甘み、辛み、苦み、酸味、しょっぱみがする五味子を使ったお茶。リラックス&美白に

ひんやり痺れる韓流スイーツのシアワセお届け

男子もはまる♪ 韓流かき氷 ピンス大図鑑

氷自体にも甘みを加えたかき氷(ピンス)は、韓国では四季を問わず人気のメニュー。トッピングをかき混ぜながら食べる韓国スタイルで楽しもう!

A 抹茶ピンス

オリジナルアイスが絶品

W1万5000
抹茶の濃厚な味わいとほどよい苦みがクセになる。小豆餅のトッピングも

B キャラメル

W9000
自家製キャラメルと、ミルクをかけ、香ばしい焼きアーモンドをのせたかき氷

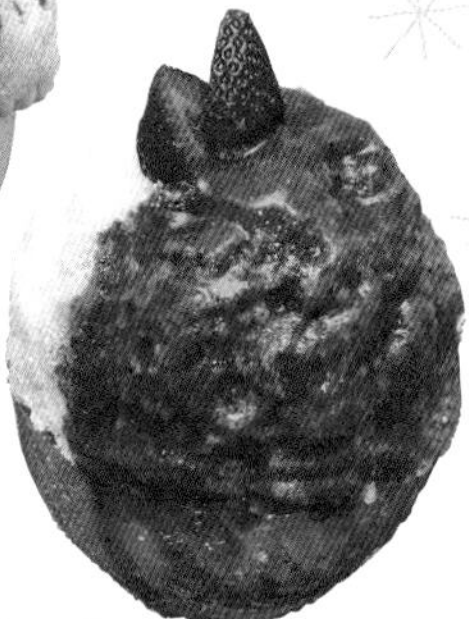

A ミルクティーピンス

W1万3000
アッサムの紅茶葉を牛乳で煮出した手作りミルクティー味が絶品

B イチゴ

W1万2000
生のイチゴと自家製ミルクのハーモニーが絶妙! シロップの濃厚な味わいが人気の理由

A カフェ・コイン

●明洞

카페 코인/Cafe Coin

別冊 MAP ● P13C3

明洞では珍しく落ち着いた雰囲気。ヨーロッパから仕入れた家具や小物でアンティーク感が漂う。韓国で大ヒットしたドラマ『応答せよ1994』のロケ地としても有名。

DATA
交M4号線明洞駅6番出口から徒歩6分 住中区明洞6キル10 2階 ☎02-753-1667 時10～22時LO(日曜、祝日は～21時30分LO) 休なし E E

B 付氷

●付岩洞

부빙/ブビン

別冊 MAP ● P5C2

留学中に日本で食べたかき氷が忘れられず、独自に研究を重ねて、旬のフルーツや小豆、抹茶、ヨモギなどを使ったオリジナルのかき氷を提供。シロップもすべて自家製だ。

DATA
交M3号線景福宮駅3番出口から車で7分 住鍾路区彰義門路136 ☎02-394-8288 時13時～19時30分(19時LO) 休月・火曜 J E E

ピンス빙수のオーダーに便利な単語→→パッ팥=アズキ、ウユ우유=ミルク、クァイル과일=フルーツ、ノクチャ녹차=抹茶・緑茶、インジョルミ인절미=きな粉

C トマト

W1万800
粗挽きのこしょうをかけて食べる新感覚のピンスはさっぱりとしていて夏にぴったり

D インジョルミソルビン

W8900
たっぷりのきな粉がふわふわの氷に絡み合う看板メニュー

D イチゴ・チーズ・メロンピンス

W1万5900～
メロンの中にイチゴやチーズケーキ、ミルク氷がたっぷり!(写真はイメージ)

D チジュソルビン

W9900
氷とチーズケーキのさわやかな甘さが広がる。アイスクリームとナッツも相性抜群

C ●望遠洞 東京ピンス

도쿄빙수

別冊MAP● P4B2

韓国人のオーナーが日本のかき氷をベースに、トマトやカボチャ、イチゴやメロンなど、見た目もかわいいカラフルなかき氷を考案。かき氷をイラストにしたスマホケースなども販売。

DATA
㊋M6号線望遠駅2番出口から徒歩7分 ㊟麻浦区圃隱路8キル9 ☎02-6409-5692 ㊇12～22時(21時30分LO) ㊡なし E

D ●明洞 ソルビン

설빙

別冊MAP● P12B1

韓国全土で大ブレイクした釜山発ピンス店。旬の果物を使った多彩なピンスが揃う。企業秘密のレシピで作られるかき氷は粉雪のようにやわらかい。きな粉餅トーストも人気。

DATA
㊋M4号線明洞駅8番出口から徒歩5分 ㊟中区明洞3キル27 2・3階 ☎02-774-7994 ㊇10時30分～23時、金～日曜は～23時20分※LOは各20分前 ㊡なし J E E

お手軽テイクアウトグルメ

好きなところでおいしいグルメを食べられるのが、テイクアウトのよいところ。
日本でもおなじみのメニューも、韓風テイストの味付けで食べればすっかり虜に！

ペク・ボーイ・ピザ

빽보이피자 / PAIK BOY PIZZA

ペク・ジョンウォン先生のピザブランド

配達・テイクアウトのみ可能なピザ専門店。2人で食べても十分なレギュラーサイズがW1万2900～というお手頃価格で本場アメリカに近い味わい。

1. ウルトラペクボーイピザ(R)W1万5900。プルコギやペパロニ、ベーコン、焼き野菜がトッピングされたピザ　2. キオスクで好きなメニューを注文・決済する。イートイン席はなし

DATA　交M2号線弘大入口駅3番出口から徒歩8分　住西大門区延禧路36　☎070-4012-0544　時11時30分～23時30分　休なし
□日本語スタッフ　□日本語メニュー
□英語スタッフ　☑英語メニュー
□要予約

ピザ・エクスプレス

피자익스프레스
Pizza Express

遊び心がいっぱいのNYスタイルピザ

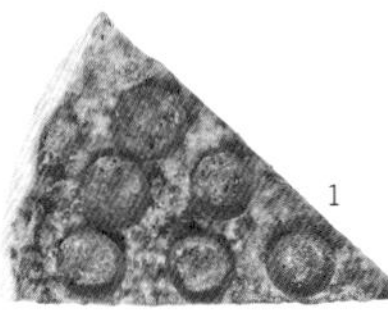

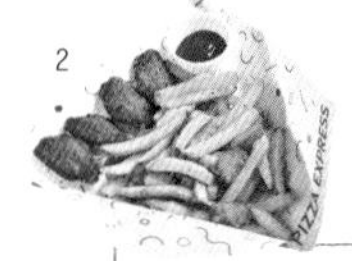

NYでデザインを学んだというオーナーが、2017年夏にオープン。地下にありながら明るい雰囲気で、店内にあるアートもオーナーが描いたという。

1. ダブル・ペペロニ W5500　2. フレンチフライとホットウイング W1万2000　3. ボクシングのグローブとサンドバッグでストレスを発散できる

DATA　交M3号線新沙駅6番出口から徒歩12分　住江南区狎鷗亭路10キル28、地下1階　☎070-7757-9200　時12時～22時30分(22時LO)　休なし
□日本語スタッフ　□日本語メニュー
☑英語スタッフ　☑英語メニュー　□要予約

ダウンタウナー

다운타우너
Down towner

フォトジェニックなスタンドバーガー

気軽においしいハンバーガーを楽しんでほしいと願いを込めオープン。ハンバーガーを立てて小箱に入れているので、どこでも手を汚さず食べられるのがうれしい。

1. アボカドバーガーW1万800　2. ガーリックバターフライ W6800　3. 駅近で三清洞散策のランチにもぴったり

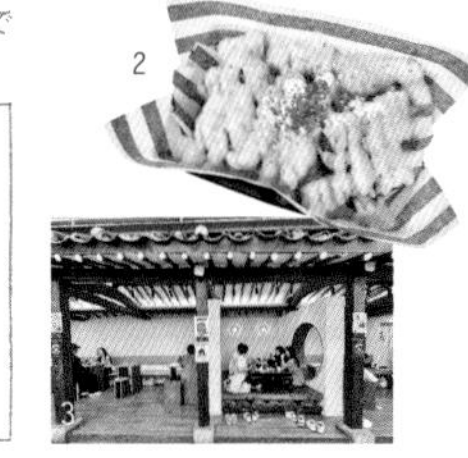

DATA　交M3号線安国駅2番出口からすぐ　住鍾路区北村路6-4　☎070-8870-3696　時11～21時(20時LO)　休なし
□日本語スタッフ　□日本語メニュー　☑英語スタッフ
☑英語メニュー　□要予約

焼肉や鍋など2人以上で楽しむ料理が多く、一人外食の習慣がなかった韓国には、1人前メニューが少なかった。しかし最近では若者が集まる街を中心にカフェが増え、一人でもしっかり食事ができるようになった。

Lala Citta Seoul

Topic4

きれい Beauty

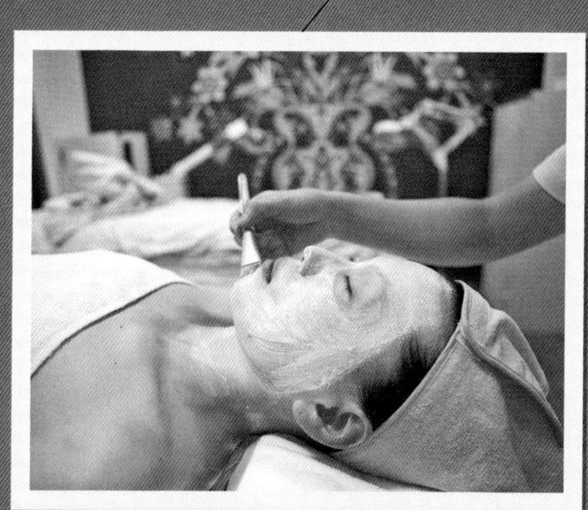

チムジルバンからご褒美スパまで。
内からも外からも輝くための
きれいになる特上プランをご用意しました。

健康と美容に効果テキメン

全身ツルツル＆ピカピカ 汗蒸幕でキレイになる

たっぷり汗をかき、デトックスする韓国の伝統美容法・汗蒸幕。入浴、アカスリ、マッサージなどをセットにしたさまざまなコースが揃うので、まずは一度体験してみよう。

check!

汗蒸幕とは？

約600年の歴史をもつ韓国伝統サウナ。麻布を頭からかぶり、石と黄土を積んで造られたドーム型サウナに入る。ドーム内は100℃以上。遠赤外線を発するので、全身の新陳代謝が促進され、体内の老廃物や毒素をスムーズに汗と一緒に排出することが可能。健康＆美容法として韓国の人々に親しまれている。

心も体もデトックスしてキレイになりまーす！

汗蒸幕を体験

基本コース

1 まずは着替え
ロッカールームで着替えを済ませ、メイクを落とす

2 紫水晶サウナに入る
デトックス効果が高い紫水晶で老廃物もすっきり

3 いよいよ汗蒸幕
美容効果もある黄土汗蒸幕で、汗を流しながら美肌に！

4 お風呂に入る
体内から出た毒素を、お風呂でさっぱり！

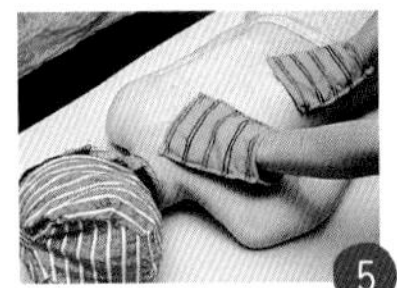

5 アカスリ体験
呼ばれたら、台の上へ。プロがアカをとってくれる

6 オイルマッサージ
アカのとれたお肌に保湿を与え、全身をマッサージ

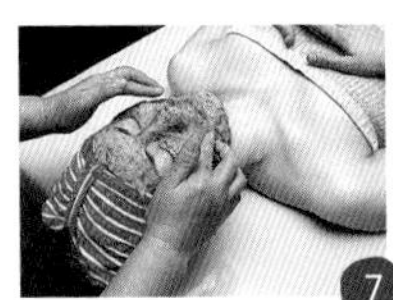

7 キュウリパック
パックで毛穴を引き締める。海草パックにも変更可能

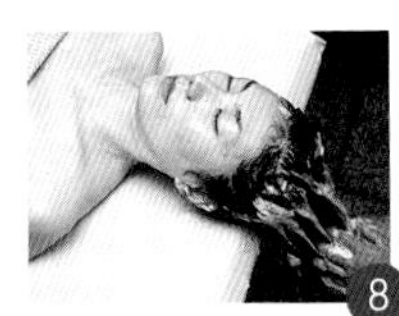

8 最後はシャンプー
頭皮マッサージを兼ねたシャンプーで仕上げる

プチ情報 ホテルの場所によっては、送迎ハイヤーのサービス（2名以上）をしてくれる施設が多い。日本語対応ができる施設も多いので、予約をするときに相談してみよう！

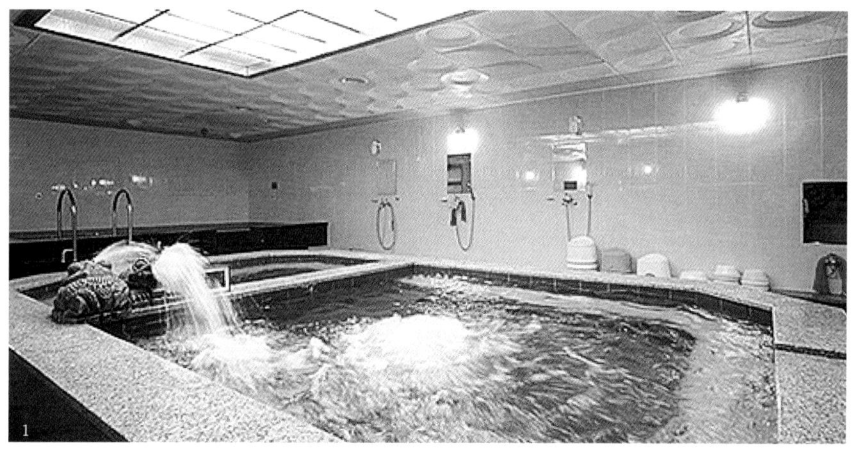

1.広々とした浴槽でリラックスできる 2.共有の休憩スペースがあり、オプションメニューでチマチョゴリ撮影も可

仁寺洞汗蒸幕

인사동한증막
インサドンハンジュンマク

男女OKがうれしい汗蒸幕施設

女性のみの施設が多いが、こちらは男性も利用可能。カップルで伝統火釜汗蒸幕を体験することができるのもうれしい。

DATA ㊋Ⓜ3号線安国駅4番出口から徒歩7分 ㊟鍾路区栗谷路6キル36 地下1階 ☎02-765-8025 ㊕9～21時 ㊡なし 要予約 Ⓙ Ⓙ

MENU
○基本コースW7万/90分（汗蒸幕、アカスリ、オイルマッサージ、キュウリパック、シャンプー）
○カッピング W2万5000/15分

美素汗蒸幕

비스 한증막/ビス ハンジュンマク

日本人大歓迎♪初心者も安心

日本好きのオーナーが営む汗蒸幕。2種のサウナとマッサージ室、浴室からなるシンプルな造りで、初めての観光客でも安心！

DATA ㊋Ⓜ2号線忠正路4街駅10番出口から徒歩5分 ㊟西大門区西小門路45 地下1階 ☎02-312-2521 ㊕7～20時 ㊡なし LINEから要予約（IDはbisu2521） Ⓙ Ⓔ

MENU
○入場料 W1万
○アカスリ W3万

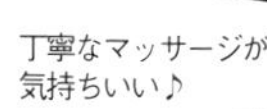

丁寧なマッサージが気持ちいい♪

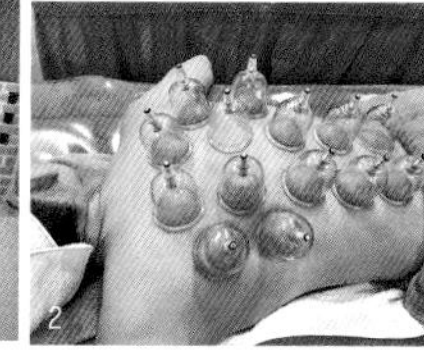

1.浴室以外は着衣で、男女一緒に楽しめる 2.カッピングやヨモギ蒸しなどオプションも

プラスαするならコレ！ 主なオプションメニュー

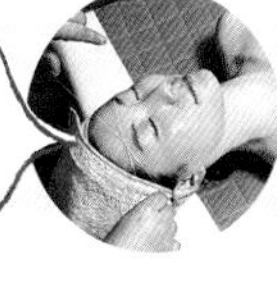

うぶ毛取り お肌すべすべで、化粧ののりがよくなる。

カッピング 血液循環を促しダイエット効果も！

ヨモギ蒸し 下半身から温め、生理痛や冷え性を緩和。

ゆる〜い雰囲気がたまらない！

地元の人たちに交じって チムジルバンでリラックス

地元の人の憩いの場として賑わうチムジルバンは、いわば韓国版スーパー銭湯。サウナや食堂、サロンなど、充実した施設が魅力だ。のんびり汗をかいて旅の疲れをリフレッシュしよう！

check!

チムジルバンとは？

石や炭などで温めた50〜90℃の低温サウナ。最近では、入浴やサウナが楽しめる健康ランドに近い複合施設のことを指す。室内着を借り、自由にお風呂やサウナを楽しめるシステム（アカスリなどのオプションや食事は別料金）。男女での利用が可能なので、カップルOKなのも魅力的。

MENU
○チムジルバン W2万3000

1. チムジルバンにいながらプラネタリウム気分
2. 高温のアロマ水蒸気で体を温めデトックス効果を期待

蚕室駅　別冊MAP P4A1

アクアフィールド河南

아쿠아필드 하남/ Aqua Field Hanam

魅力あるサウナ充実の駅近施設

高級ホテルのような優雅で広々とした空間。アロマミストが降り注ぎ、音響や映像を駆使するなど工夫を凝らした演出で、モダンなチムジルバンを満喫できる。インフィニティプールも完備。

DATA 交M2・8号線蚕室駅から車で30分 住河南市渼沙大路750スターフィールド河南 ☎031-8072-8800 時10〜22時 休なし

天気のいい日は、屋上の「空の公園」でリラックス。都会にいながら、森林浴ができる

MENU
○入場料
炭窯 W1万5000
銭湯のみ W9000

炭窯の熱さは、低温・中温・高温の3段階

西大門　別冊MAP P4B2

森の中の漢方ランド

숲속한방랜드 본점 /スプソッハンバンレンドゥボンジョム

都会のオアシス！炭窯で体の芯まで温まろう

長年、地元の人たちに愛されてきた老舗チムジルバン。屋外にある自家製の炭窯で、伝統的な汗蒸幕が体験できる。炭から出る遠赤外線により、老廃物を排出し、血行促進や皮膚疾患にも効果がある。

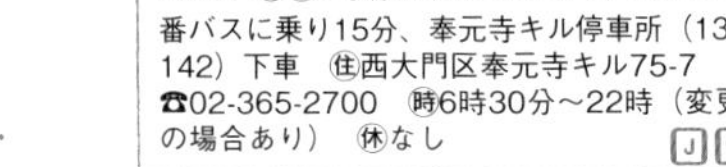

DATA 交M2号線新村駅3番出口から7024番バスに乗り15分、奉元寺キル停車所（13-142）下車 住西大門区奉元寺キル75-7 ☎02-365-2700 時6時30分〜22時（変更の場合あり） 休なし J E

プチ情報　チムジルバンには鍵付きのロッカーがあるのが一般的だが、貴重品や現金は持ち込まないほうがよい。スマートフォンの盗難も多いので注意。

清潭洞 別冊MAP P21C1

ホテル・プリマ・サウナ

호텔 프리마 사우나/Hotel Prima Sauna

ホテル併設の豪華スパ

ホテルプリマに併設の女性専用サウナ。5階建ての館内には、2種類のサウナと露天風呂や火山石風呂など数種類の湯が楽しめる大浴場を備える。マッサージやヨガルームもあり。

DATA 交M7号線清潭駅13番出口から徒歩15分 住江南区島山大路102キル10 Hプリマ内 ☎02-6006-9350 時男性24時間、女性6～22時 休なし

MENU
○入場料 W2万5000
○アロマボディマッサージ W10万/60分

1.女性専用サウナは2階にある 2.ロッカー室も広々としていて快適 3.マッサージを受ければさらにリラックス間違いなし

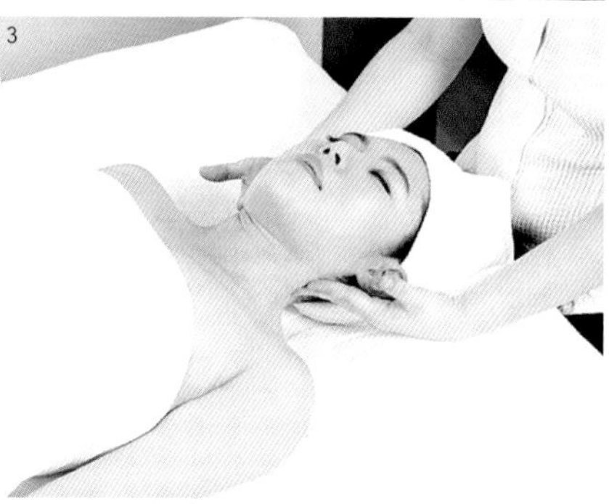

新沙駅 別冊MAP P24A3

スパ・レイ

스파 레이 / Spa Lei

江南マダム御用達

地元マダムや芸能人に人気の高級感あふれる女性専用スパ。汗蒸幕やヨモギ蒸しはもちろん、大浴場には緑茶風呂や海水を使った露天風呂などこだわりの湯を備える。

DATA 交M3号線新沙駅5番出口から徒歩5分 住瑞草区江南大路107キル5 クレッシェンビル・レイモンタウン ☎02-545-4002 時24時間 休なし J J

MENU
○入場料 W1万9000
○アカスリコース W12万

モダンな雰囲気の休憩室

龍山駅 別冊MAP P4B3

ドラゴン・ヒル・スパ

드래곤힐스파/Dragon Hill Spa

地下1階から7階までの巨大スパ施設

男女で利用できるチムジルバンをはじめ、多種揃うサウナや屋外プールなどが充実。オリエンタルなインテリアでまとめられ、リゾートのよう。

DATA 交M1号線龍山駅1番出口から徒歩3分 住龍山区漢江大路21ナキル40 ☎02-792-0001 時24時間 休なし J J

MENU
○入場料 W1万3000(毎日20時～翌5時、土・日曜、祝日の日中はW1万6000)
○デラックスパッケージ W11万9000～ (全身マッサージなど)

クリスタル光塩部屋はリラックス効果抜群

韓国女性の美肌の秘密はここにあり！

効果を即実感！韓方エステ

韓国で独自に発展した韓方を使ったエステや施術者の技術に驚くスゴ技エステまで、キレイに欠かせない施術が豊富。心も体も輝くコリアンビューティを手に入れよう！

MENU

○ワンデーダイエット
W30万/120分
(韓医者のカウンセリング＋ヨモギ蒸しかお灸＋韓方ハーブによる温熱治療)

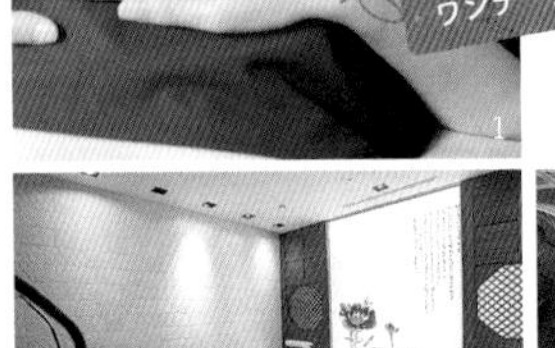

1．蒸した韓方ハーブをお腹にのせれば体中がポカポカに 2．広い部屋でリラックスして受けられる 3．厳密な審査をパスした素材だけを使用

別冊 MAP P21D2

廣東韓方病院五行センター

광동한방병원 오행센터
クァンドンハンバンビョンウォン　オヘンセント

体質改善でスリムボディになる

韓方製薬会社が運営している病院だけあり、韓方のスペシャリストが考案したメニューはどれも効果抜群。体質改善をしながら不調の原因を解消するよう、専門の韓医者がカウンセリングを行ってくれるので安心。

DATA ㊋M9号線奉恩寺駅5番出口から徒歩1分 ㊟江南区奉恩寺路612 ☎02-2222-4992 ㊛9～18時(水・土曜は～13時) ㊡日曜、祝日
☑日本語スタッフ ☑日本語メニュー
☑英語スタッフ ☑英語メニュー ☑要予約

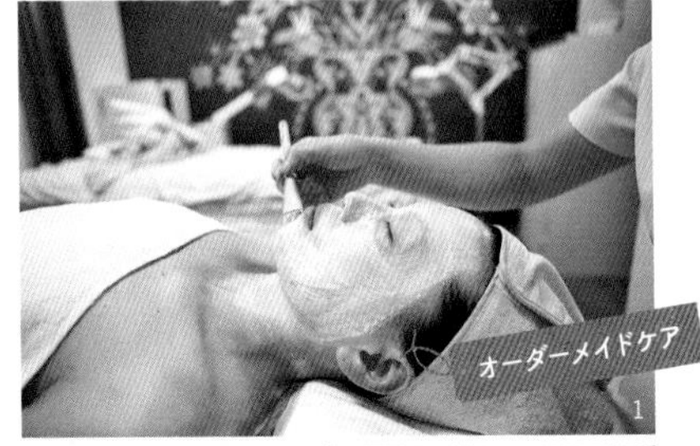

MENU

○美肌フェイシャルケア
W15万/60分
(乾燥肌、敏感肌の保湿、弾力、透明感UP、顔のマッサージ＋パック)

1．血液循環を促進して毒素を取り除き、筋肉をほぐす 2．美人すぎる医師として有名なキム先生。室内はセレブ御用達病院だけに上品な雰囲気

カロスキル

別冊 MAP P24B3

キムソヒョン韓方クリニック

김소형한의원 / キムソヒョンハニウォン

クリニックで受けられる韓方エステ

元ミス・コリアの韓方医キム・ソヒョン先生が院長を務める韓医院。インナーケア(体内) とアウターケア(皮膚) を並行して施術し、肌のトラブルとダイエット、女性疾患まで3つの悩みを個別症状によるオーダーメイドケアで解決。

DATA ㊋M3号線新沙駅8番出口から徒歩5分 ㊟江南区島山大路13キル14 3階 ☎02-544-6500 ㊛10～16時(月曜13時～) ㊡水・日曜
☑日本語スタッフ ☑日本語メニュー
☐英語スタッフ ☐英語メニュー ☑要予約

韓方を購入したいなら、京東市場（→ P125）の通りを挟んで向かいにある薬令市場（別冊 MAP ● P5C2）へ。ソウル随一の韓方商店街で、卸売店がずらり。日本語は通じないので、欲しい韓方名を韓国語でメモしておこう！

and more...

女容国

여용국 / ヨヨングッ

別冊MAP ● P5D3

韓方薬剤が入った十数種類の小瓶を使い、体質診断をするOリングテストを行っている。麗容プレミアムW18万(90分)。※要予約

DATA ㊋M2号線総合運動場駅1番出口から徒歩10分 ㊟松坡区石村湖水路12キル60 2階 ☎02-412-0100 ㊍10～22時(最終受付19時30分、土・日曜18時) ㊡なし J E

瓶をさわると体質がわかるOリングテスト

※写真はイメージです

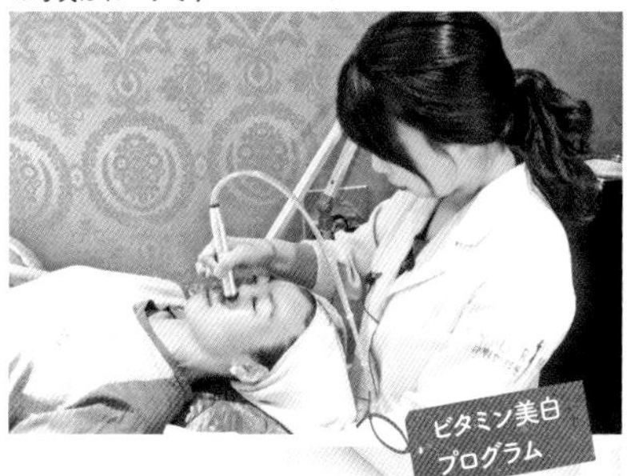

MENU

○ビタミン美白
W15万/60分
(ピーリング、韓方茶、美容鍼、アロマオイルマッサージ、酸素治療、パックなどが揃うメディカルエステ)

ゆったりとした空間で施術が受けられる。一山店、水原店、清州店にも韓医院がある

キュリム韓医院

규림한의원 / キュリム ハニウォン

基本ケアから集中ケアまで充実

多くの韓流スターを顧客にもつ韓医院。減肥湯やダイエット、にきび、リフティングに美白など、痩身と美肌のコースが充実。カウンセリングで処方する減肥湯は、遠隔処方も受け付けてくれ、帰国後も続けられるのがうれしい。

DATA ㊋M4号線明洞駅2番出口から徒歩1分 ㊟中区退渓路134 ケリムビル5階 ☎02-776-5575 ㊍11～21時(土曜11時～14時30分) ㊡木・日曜、祝日

☑日本語スタッフ ☑日本語メニュー
☑英語スタッフ □英語メニュー ☑要予約

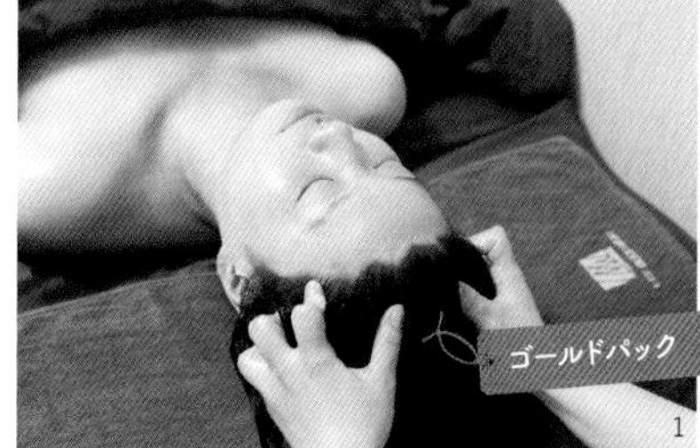

MENU

○ベーシックヘアコース
W21万/90分

1. ヘッドマッサージで血行促進 2. 仕上げに専属のヘアアーティストがブローまでしてくれる 3. 施術に使用される独自のブレンドの韓方

イ・ムンウォン韓方クリニック

이문원 한방클리닉 / イムンウォンハンバンクリニック

髪にまつわる悩みをすべて解決!

脱毛・頭皮疾患治療の権威として知られるイ・ムンウォン院長が考案した毛髪専門の韓方系ヘッドスパ。頭皮免疫力アップや髪のリペアなど、韓方の底力が感じられる施術は誰もが納得。

DATA ㊋M7号線、盆唐線江南区庁駅2番出口から徒歩3分 ㊟江南区宣陵路132キル33 ☎070-7492-5254 ㊍10～18時(金曜は～21時、土曜は9時～16時30分) ㊡日・木曜

☑日本語スタッフ ☑日本語メニュー
□英語スタッフ □英語メニュー ☑要予約

韓国の美メソッドが結集！

コスメブランド直営 ハイグレードなご褒美スパ

最先端のコリアン美容を体感するなら、美意識の高い韓国人女性から絶大な信頼を得ている国民的コスメブランドが直営するスパへ。キレイの秘訣を体感しよう！

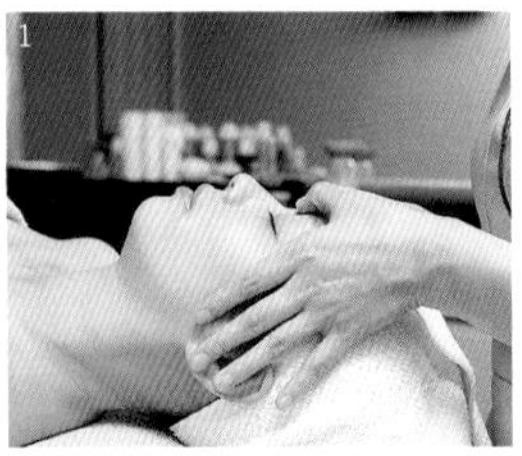

MENU
○Aコース　W25万/120分
（フットスパ、背中マッサージ、紅参フェイシャルトリートメント）

別冊 MAP P21D3

スパ1899

스파 1899/ Spa 1899

紅参を使ったメニューが人気

韓国を代表する高麗人参ブランド「正官庄」の直営スパ。紅参を使ったメニューが受けられるサロンとして常に予約でいっぱいだ。プロダクトはオリジナル紅参コスメの「トンインビ」を使用。フェイシャルとボディのパッケージがおすすめ。

DATA ㊫Ⓜ2号線三成駅2番出口から徒歩5分 ㊟江南区永東大路416 KT&Gタワー地下2階 ☎02-557-8030 ㊕9～23時（最終受付20時） ㊡なし 要予約 ⒿⒿ

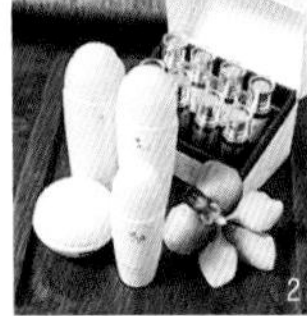

1.敏感肌でも安心のフェイシャル　2.オリジナル紅参コスメブランドのトンインビ　3.常に予約でいっぱいのサロン

別冊 MAP P5D3

ダリアスパ

달리아 스파/ Dalia Spa

自然派コスメの本格サロン

骨気マッサージで知られる薬手名家から誕生した新ブランド。コースではアイケア、ニキビケア、デトックス、リフティングなどオプションが選べる。

DATA ㊫Ⓜ7号線建大入口駅5番出口からすぐ ㊟広津区東一路20キル109 2階 ☎02-469-3633 ㊕10～22時（祝日は～18時、土曜9時～17時30分） ㊡日曜 要予約（3日前） ⒿⒿⒺⒺ

MENU
○基本コース　W9万/60分
○小顔コース　W15万/60分
○全身マッサージ　W20万/60分

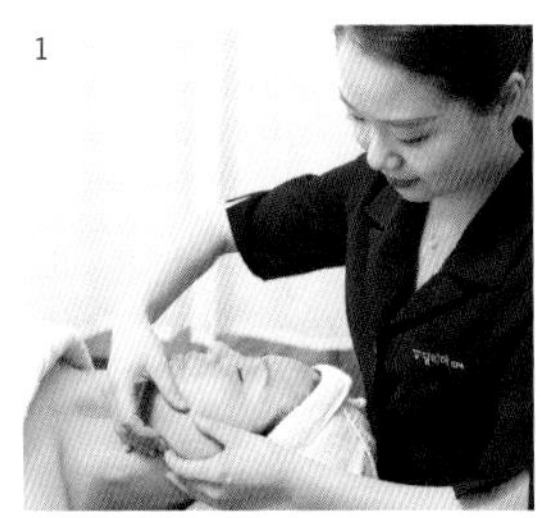

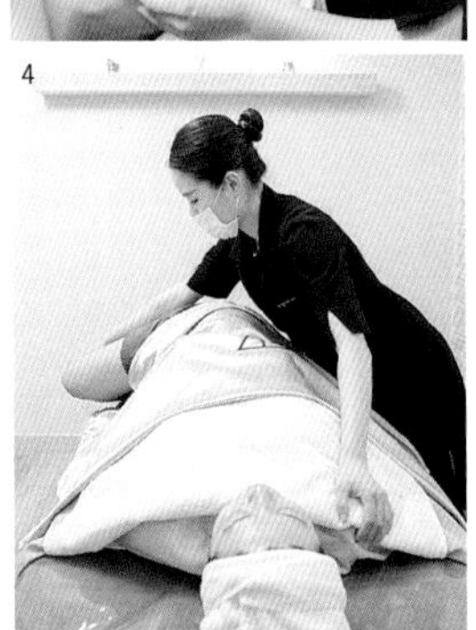

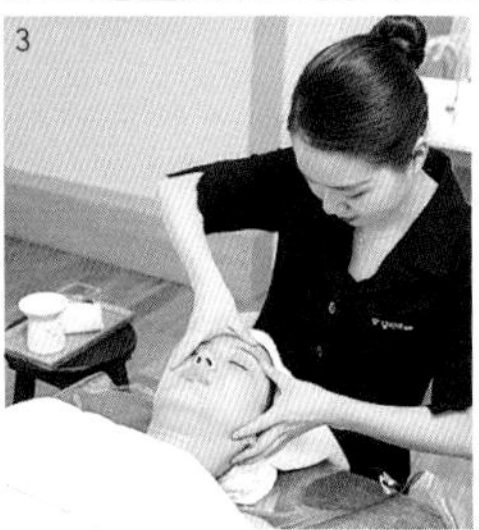

1.骨気ベースのハンドマッサージ　2.建大入口駅からすぐでアクセスしやすい　3.骨と皮膚の間にある筋肉層を刺激しながら、デトックスを促す　4.まずは全身をほぐしてリラックス。気持ちよいストレッチ

ホスピタリティあふれるコスメブランド直営のスパはどこも大人気。自分の好きな日時に施術を受けたいのなら、2週間前には予約しておきたい。旅のプランを練るときはまずスパの予約から！

1.サロンには雪花秀のフルラインを揃える　2.雪花秀製品を贅沢に使用したトリートメント。セラピストのハンドマッサージは極上の心地よさ　3.白檀、赤松、古樹、梅のアロマオイルを使用する　4.韓国の伝統美をモダンにアレンジしたインテリア

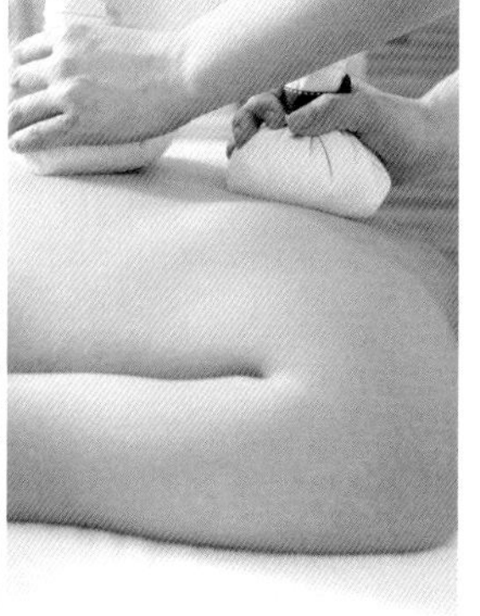

別冊 MAP P12A1

雪花秀スパ

설화수스파/ ソルファススパ

韓方コスメの最高峰が手がけるスパ

アモーレ・パシフィック社の韓方化粧品ブランド「雪花秀」のスパ。韓方をベースにしたコース内容が組み立てられ、翡翠や琥珀、韓方ボールなどのアイテムを取り入れた、女性の体と気のバランスを整えるメニューが揃う。

DATA ㊋2号線乙支路入口駅8番出口直結
㊟Ⓗロッテ・ホテル・ソウル（→P137）3・4階
☎02-318-6121 ㊰10時30分～21時
㊡第1月曜　要予約（1カ月前）
ⒿⒿ

MENU
○ジンセン・フル・ストーリー　W35万/100分
（クレンジングや韓方を使った背中マッサージ、クリームフェイシャルなど）

別冊 MAP P7C4

ゲランスパ

겔랑스파/ Guerlain Spa

パリ発のラグジュアリースパ

ゲラン・パリ本店に先駆けてオープンした高級スパ。施術には、ゲストの肌状態に合わせたゲランのコスメを使用。アロマやタラソテラピーなど、リラクゼーション系メニューを豊富に取り入れているため、旅の疲れをゆっくり癒やせる。

DATA ㊋Ⓜ3号線東大入口駅から徒歩5分
㊟Ⓗ新羅（→P137）3階
☎02-2230-1167 ㊰9～22時　要予約
ⒿⒺ

MENU
○インテンシブフェイシャル
W39万6000/120分
（濃縮したアクティブスキンケアにより、きめ細かく明るいトーンの肌を再生）

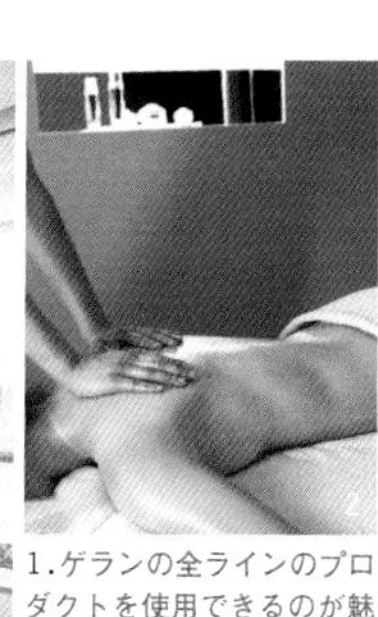

1.ゲランの全ラインのプロダクトを使用できるのが魅力　2.エステルームにはシャワー、トイレ、化粧台を完備　3.専用のフットスパラウンジもある

仕上げは地元サロンで即効美人計画！

LowコストHighリターンのカジュアルサロン

ソウルの街なかには、お手頃価格でも確かな技術力に脱帽するサロンがたくさん。美のためにも努力を怠らないソウル女子にならい、ソウル仕込みのキレイを手に入れたい。

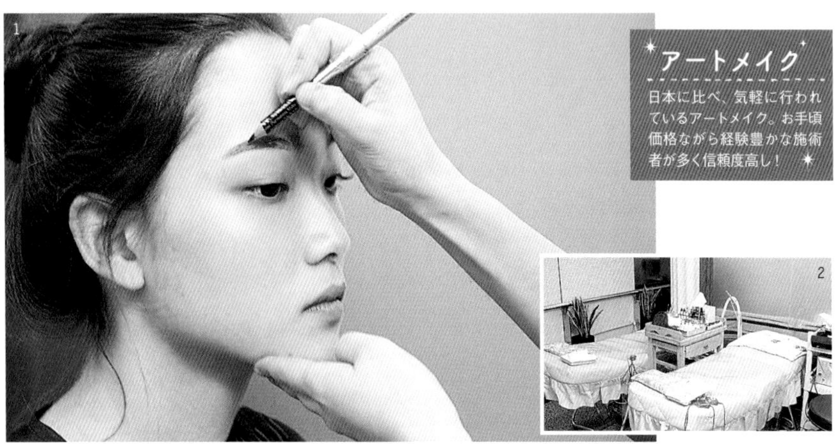

アートメイク

日本に比べ、気軽に行われているアートメイク。お手頃価格ながら経験豊かな施術者が多く信頼度高し！

MENU
○アイブロー アートメイク　W40万
○アイライン アートメイク　W40万
※料金は現金払いの場合

1.プロのメイクアーティストの手により施される自然なデザインが好評
2.清潔感あふれる店内
3.有名人も訪れる人気クリニックとして知られる

新沙駅　別冊MAP P24A4

チョ&パク・ビューティクリニック

조앤박 뷰티 클리닉

クリニックで安心アートメイク

美容整形専門医とプロのメイクアップアーティストが運営する半永久アートメイククリニック。自然な仕上がりと安心施術に評価が高く、アートメイク界では有名な店。眉、アイライン、リップのアートメイクができる。

DATA

㊝Ⓜ3号線新沙駅3番出口から徒歩2分　㊟江南区江南大路598 5階　☎02-517-8830　㊕10～21時（火・木曜は～18時、土曜は～15時）　㊡第2・4木曜,日曜,祝日
□日本語スタッフ　□日本語メニュー
☑英語スタッフ　□英語メニュー　☑要予約

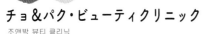

プチ情報　アートメイクやまつげエクステ、ネイルデザインなどは、サンプルだけではなかなかニュアンスが伝わりづらいことも。イメージする見本の写真や雑誌の切り抜きなどを用意していくと安心。

✦ネイル✦

仕上がりの美しさで評判が高いソウルのネイルサロン。ソウルで流行のスタイルの指先にチェンジしてみては。

MENU
○ジェルネイル
W7万～/90分

一流のネイリストによるポリッシュ技術を体験できる

ツヤネイル

쯔야 네일 / TSUYA NAIL

トップアイドル御用達サロン

BIGBANGや2NE1、SISTARなど、超人気アイドルが通うサロンとしてファンの間ではかなり有名。日本人スタッフが常に待機しているので、言葉に困らず安心して施術を受けられる。

DATA 交M3号線狎鴎亭駅4番出口から徒歩7分 住江南区論峴路161キル13 2階 ☎02-516-5438 時11～22時（最終受付20時） 休日曜
☑日本語スタッフ ☑1日本語メニュー
□英語スタッフ □英語メニュー ☑要予約(日曜のみ)

MENU
○眉カット
W2万5000～/20分

✦眉ケア✦

オルチャンメイクで特徴的な、少し童顔に見えるまっすぐ平行な眉。かわいい眉から韓国美人を目指そう。

1

2

1.弘大駅直結なのでアクセスも非常に便利 2.好みの形を伝えて眉毛をカットしてもらう

アイブロウ・バー

아이브로우바 / Eyebrow Bar

韓国女子流眉ケアを体感する

少女時代のメンバーが眉毛を変えたのをきっかけに、韓国では眉ケアが注目されるように! 所要時間は20分ほどで、W2万5000～。眉カット後は丁寧にメイクしてくれる。

DATA 交M2号線弘大入口駅9番出口からすぐ 住麻浦区楊花路156 LGパレス地下1階 ☎02-6351-1218 時11～20時（土曜、祝日は～18時） 休日曜
☑日本語スタッフ □日本語メニュー
☑英語スタッフ ☑英語メニュー ☑要予約

and more... 買い物途中にふらっと立ち寄れるお手軽マッサージ店はこちら。

ザ・フット・ショップ

더풋샵 / THE FOOT SHOP
別冊MAP●P12B1

旅の歩き疲れを一気に解消

中国伝統足マッサージの専門店。5年以上の経歴をもつ本場・中国からのスタッフがほとんどで、手だけで丁寧にマッサージを行ってくれる。

足の角質を食べてくれるドクターフィッシュも

DATA 交M2号線乙支路入口駅6番出口から徒歩1分 住中区明洞7キル21 4階 ☎02-3789-8866 時10～24時 休なし 要予約 特殊足マッサージW4万8000/60分、カップル全身スペシャルW14万/80分 J J

柔精手の香り

유정 손의 향기 / ユジョン ソネヒャンギ
別冊MAP●P19C2

結果が出る骨気がスゴイ

顔の歪みを丁寧に整える人気のコース骨相自然美人（顔）は、施術前と後で顔の大きさが驚くほど違うと評判。

買い物帰りに気軽に立ち寄れる

DATA 交M2・4・5号線東大門歴史文化公園駅14番出口から徒歩3分 住中区奨忠壇路253ハローapM 10階10号 ☎02-6388-2388 時10時30分～翌2時 休火曜 要予約 コースW15万～/120分 J J

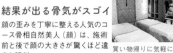

韓方茶で内から美しく！

「キレイになれる」「体によい」と評判の韓方茶。
手軽にテイクアウトできる、韓方茶専門のカフェのおみやげ用が狙い目。

本草堂（プレミアム韓国伝統茶カフェ）

본초당 프리미엄 수제 전통차카페

気軽に本格的な韓方伝統茶が飲める

30年以上前から韓方薬や韓方茶を製造販売し、韓方病院にも、販売している老舗伝統茶ブランド。メニューは、伝統茶の単品はもちろん、2人以上の場合は、セットがおすすめ。ダイエットや美容、デトックスなど、伝統茶はなんと40種類以上。迷った場合は、スタッフに聞いてみよう。

DATA　㊋Ⓜ2号線弘大駅9番出口から徒歩5分
㊟麻浦区弘益路2キル7 2階　☎0507-1342-2936
㊌12～21時（金・土曜は～22時）　㊡なし
□日本語スタッフ　□日本語メニュー
□英語スタッフ　□英語メニュー　□要予約

1. 伝統茶セットも販売する　2. 座席の種類もいろいろ。ゆったりくつろげるソファ席まであり、ひと休みにぴったり　3. 伝統茶セットは伝統茶の原液とお湯か水がセット

ザ・サンファ

더 쌍화/ The Sanghwa

伝統健康茶とお粥のカフェ

疲労回復や風邪の予防などに韓国で飲まれている雙和茶（サンファ茶）を独自に開発し、特許を取得。韓方を使ったお粥なども食べられる。

1. お粥や桂皮茶、龍眼肉が付く雙和茶セットW5000～
2. 鹿の角などの20種類の韓方が入っている鹿角粥W7000

DATA　㊋Ⓜ1・4号線東大門駅9番出口から徒歩5分
㊟鍾路区鍾路252-3　☎02-2263-5700　㊌10～22時
㊡なし
☑日本語スタッフ　☑日本語メニュー
☑英語スタッフ　□英語メニュー　□要予約

三成駅　別冊 MAP P21D3

カフェ・サプンサプン

카페 사푼사푼
Cafe Sapoon Sapoon

高麗人参ブランドがプロデュース

日本でも有名な高麗人参ブランド「正官庄」が経営するカフェ。「都心のなかのオアシス」をコンセプトとしており、紅参入りのヘルシーなメニューとともにくつろげる。

DATA　㊋Ⓜ2号線三成駅2番出口から徒歩4分
㊟江南区永東大路416 KT&Gタワー1階　☎02-3484-5408　㊌7～20時（土・日曜10時～）※LOは閉店の30分前　㊡なし
□日本語スタッフ
□日本語メニュー
☑英語スタッフ
☑英語メニュー
□要予約

オリジナルブレンドのコールドブリューW6000（左）、1杯で1日に必要な紅参エキスが入ったジンセンチーノ W6000（右）

韓方での生薬には高麗人参、ナツメ、クコ、甘草、菊花、陳皮などがある。それぞれアンチエイジング、ストレス軽減、不老長寿、抗炎症、整腸、疲労回復などの効能があるとされている。

Lala Citta Seoul

Topic5

もっと More Sightseeing

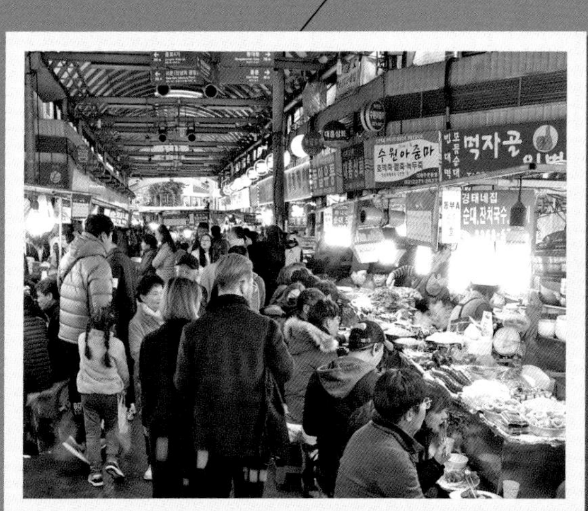

アートスポット、伝統・歴史にふれる…などなど、
ディープな欲求にお応えする
ちょっと変わったプラン、ありますよ。

地元の人と一緒に歩こう

在来市場をハシゴして指名買い＆食いだおれ

連日活気のある光景が繰り広げられているソウルの在来市場。市内各地に点在し、その市場ごとに特色があるので、お目当てを決めて出かけるのがおすすめ。

南大門市場

남대문시장
ナムデムンシジャン

韓国で最も古い巨大市場

雑貨、洋服、食材からおみやげまであらゆるものが集まる。市場内には、専門店が入るC～G棟の5つのビルがあり、その通り沿いにも露店がひしめき合う。

DATA
㊇Ⓜ4号線会賢駅5番出口から徒歩2分
㊋店によるが10時ごろ～夕方がおすすめ

国内外から多くの人が集まる

＼指名買いはコチラ／

いぐさ製の丸いボックスW10万（シンフン商会　㊟中区南大門市場キル31-9　☎02-771-9119　㊋9～18時ごろ、日曜・祝日11時～　㊡なし）

ステンレスのご飯茶碗W5000とスプーンと箸のセットW8000（C棟3階　㊟中区南大門市場4キル9　☎02-776-9311　㊋8時30分～18時30分　㊡日曜）

C棟3階は食器などが揃う。韓国の日常食器が安く手に入る

用途いろいろで使える籠が並ぶシンフン商会。日常使いのインテリア小物に

CHECK！

食べ歩き屋台MENU

屋台はイートイン系のポジャンマチャとテイクアウト系のノジョムの2種類がある。どちらも大賑わいなので、地元の人に混じってワイワイあれもこれも屋台料理を楽しもう！

トッポッキ
屋台の定番。ティギム（天ぷら）をトッピングすることも

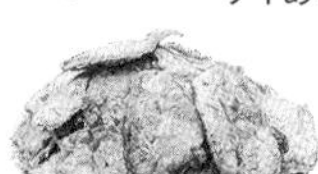
ティギム
二度揚げの天ぷら。コチュジャンソースで和えて食べる

トタッコチ
ジャンボサイズの焼鳥で、味はピリ辛。ボリューム満点

オデン
日本のおでんとは形状が異なる。短冊形の魚の練り物が具となる

チョッパル
醤油味でじっくり煮込んだ豚足。コラーゲンがたっぷり

在来市場の店の多くは日本語も英語も通じないので、目的のものがある場合は単語を調べておこう。また、大型の市場は道が入り組んでいるので、店に行く前にハングルの店名と電話番号を控え、看板と照らし合わせると便利。

広蔵市場

광장시장
クァンジャンシジャン

おいしそうな
香りが漂う

屋台ごはんが充実！

路地の中央に屋台がひしめきさまざまな屋台グルメを楽しめる。ここでしか食べられない屋台メニューも。衣料品やみやげもの店も並ぶ。

DATA
㊋Ⓜ1号線鍾路5街駅8番出口から徒歩1分 ㊟鍾路区昌慶宮路88 ☎02-2269-8855 ㊐9～18時（店により異なる） ㊡日曜（店により異なる）

＼ 必食はコチラ ／

→名物巨大チヂミ「ピンデトッ」。W4000～

←ナムルを盛り放題のスタイルが人気のビビムパプ。W4000～

→止まらないほどおいしいことから「麻薬キムパプ」とよばれる海苔巻き。W2500～

通仁市場

통인시장／トンインシジャン

小さな地元密着型市場

220mのアーケード街に形成されている、ソウル市内では比較的規模の小さい市場。それだけにサッと見てまわれるのが魅力。近所の商店街に来た感覚で、買い物を気軽に楽しもう。

DATA
㊋Ⓜ3号線景福宮駅2番出口から徒歩12分

＼ 指名買いはコチラ ／

岩海苔、朝鮮海苔各W2000
（ソムンナンキムクイチプ ㊟鍾路区紫霞門路15キル18 ☎02-736-7911 ㊐9～19時 ㊡第3日曜）

中部市場

중부시장／チュンブシジャン

海産物と干物が集まる

魚の匂いが鼻をくすぐる、海産物と干物を中心に扱う。持ち帰りやすく、使いやすいという利点から、干物を買いに来る観光客もちらほら。

煮干し、じゃこ、干しエビなど、日本でも使える乾物がお手頃価格

＼ 指名買いはコチラ ／

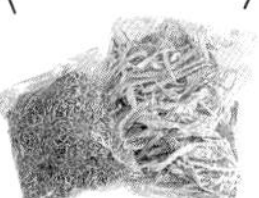

煮干し100gW3000～、干しスケトウダラ100gW3000～
（ウジョン商会 ㊟中区乙支路32キル15 ☎02-2263-3354 ㊐5時30分～19時 ㊡なし）

DATA ㊋Ⓜ2・5号線乙支路4街駅7番出口から徒歩4分

京東市場

경동시장／キョンドンシジャン

漢方と食品の宝庫

韓国最大の漢方市場の薬令市と在来市場がある。中心部から離れているがソウル市民の生活を垣間見られる。

＼ 指名買いはコチラ ／

老舗のコチュジャン500gと2年熟成韓国味噌500g
（スンファテンジャン ㊟東大門区祭基洞1036-7）

店同士の距離が狭く、市場内は活気であふれる

DATA ㊋Ⓜ1号線祭基洞駅2番出口から徒歩3分

間近で見られる熱演&パフォーマンスに感動！

人気のミュージカル&モムチャンパフォーマーライブ♪

最近話題のスターが出演するミュージカルと、モムチャン（鍛え上げられた体）パフォーマーのパワフルライブ。どちらも迫力ある公演に感動すること間違いなし！

毎年演出を少しずつ変えるので何度でも楽しめる

ダイナミックな乱打が魅力のステージ

ナンタ
Nanta

超ロングラン公演のダイナミックな打楽器パフォーマンスは必見

年齢も言語も超えてグイグイ魅了される、韓国を代表する打楽器パフォーマンス。1997年の初演以来、国内ダントツのロングランを誇り、世界48カ国以上で公演。実に約870万人が鑑賞している超有名作。

DATA　**明洞劇場公演** ㊋Ⓜ4号線明洞駅6番出口から徒歩7分 ㊟中区明洞キル26 ユネスコ会館3階 ☎02-739-8288 ㊕17・20時、11時（土曜のみ）、14時（金・土・日曜のみ） ㊡なし ㊎VIP席W6万6000、S席W5万5000、A席W4万4000/**忠正路劇場公演** ㊋Ⓜ2・5号線忠正路駅7番出口直結 ㊟西大門区忠正路7 救世軍アートホール1階 ☎02-739-8288（コールセンター） ㊕17・20時 ㊡なし ㊎明洞劇場と同じ Ⓙ

本物の食材を使ったパフォーマンスは迫力満点！

ミュージカルはビジットソウル（URL japanese.visitseoul.net/index）やインターパークチケット（URL ticket.interpark.com/）などで予約可能。ダブル・トリプルキャストなどの場合はお目当てのキャストの公演日の確認も忘れずに。

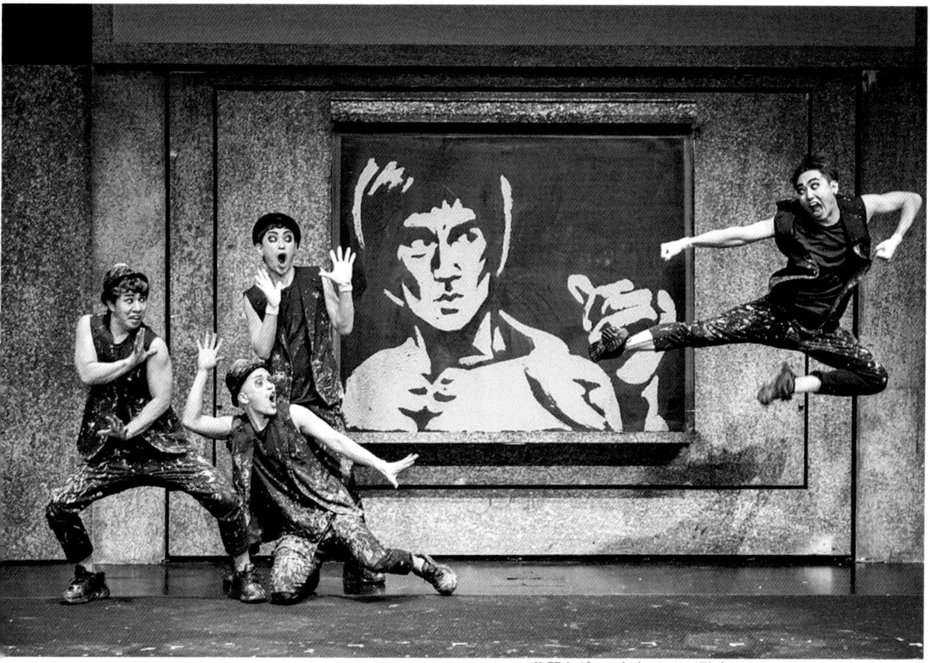

華麗なダンスとウィットが融合したアクションペインティング

西大門駅 別冊MAP P8A4

NEWペインターズ

뉴 페인터즈

一瞬で描かれるダストドローイング。俳優らのアクションに注目

マジックのようなアートパフォーマンス

幻想的なドローイングパフォーマンス。ダンスや音楽、映像が一つになり、さまざまなモチーフが描かれ、約70分間に約10の作品が完成。美術館では体験できない新たな感動に出合える。

DATA ㊇Ⓜ5号線西大門駅5番出口から徒歩5分 ㊟中区貞洞キル3 京郷アートヒル1階 ☎02-766-7848 ㊐17時～、20時～ ㊡なし ㊊公演スケジュール、座席により異なる

＼はいキムチ！／

公演後のお楽しみタイム♪

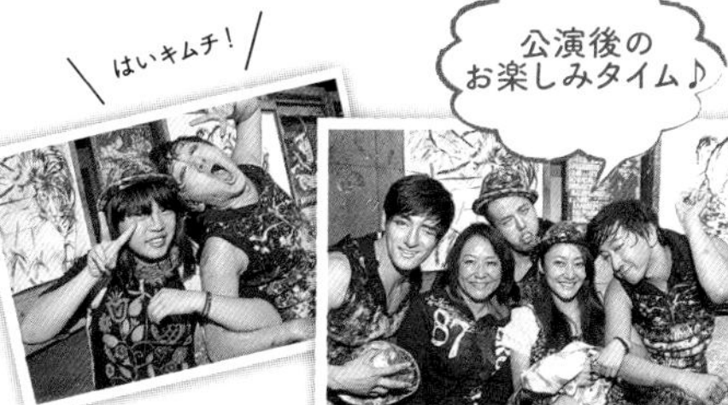

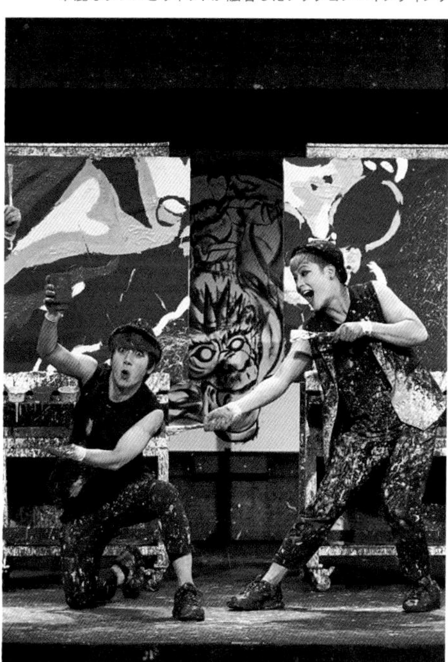

チマチョゴリで撮影からイケメン先生とレッスンまで♪

こんなことしてみたかった 韓国カルチャーをプチ体験

衣装やセットが本格的な変身写真スタジオをはじめ、韓国カルチャーを気軽に体験できるスポットをご紹介。体験すればもっと韓国が好きになる！

イッツ・ミー・フォト
잇츠미 포토
It's Me Photo

色とりどりの衣装が揃う

人気ドラマ『宮廷女官チャングムの誓い』の衣装や、宮中衣装を着て記念撮影ができるスタジオ。韓服だけでなくウエディングドレスや各国の民俗衣装など、バリエーション豊富な衣装が揃う。

DATA ㊇Ⓜ4号線明洞駅10番出口から徒歩2分 ㊟中区三一大路301 2階 ☎02-773-4247 ㊢9時30分～19時（最終受付は17時30分） ㊡水曜
☑日本語スタッフ ☑日本語メニュー
☑英語スタッフ ☑要予約

料金表
チマチョゴリコースW7万（衣装1着、メイク、写真1枚）

1. 背景は5～6タイプを用意。衣装選びから撮影までは1～2時間ほど 2. 親子で撮影も可能 3. ヘアアクセもたくさん 4.『宮廷女官チャングムの誓い』の衣装 5. きらびやかな韓服も用意

シンデレラ
신데렐라

リタッチ付きで抜群の変身度！

日本好きのオーナーが自ら撮影するフレンドリーな雰囲気のスタジオ。韓服やドレスも多数揃い、複数人でもOK。撮影した画像はリタッチしてくれる。

料金表
基本コースW14万4000～（6着セット、ヘア・メイク、CD-ROM。所要時間は約2時間。CD-ROMは撮影後約10日で届く）

1. 完成写真はこちら！ 2. ポーズなどを工夫しながら撮影 3. まずはあれこれ話し合ってからスタート

DATA
㊇Ⓜ3号線安国駅6番出口から徒歩8分
㊟鍾路区鍾路1キル55 ☎02-3446-4448
㊢9～19時 ㊡なし
☑日本語スタッフ ☑日本語メニュー
☑英語スタッフ ☑要予約

事前予約は必須。スタジオのスタッフは日本語が堪能なので、当日はどんな写真を撮ってほしいか綿密に打ち合わせをしよう。アルバムは別料金で、後日郵送となることが多い（別途郵送料）。

雲峴宮

운현궁/ウニョングン

韓服を着ながら古宮も楽しめる

19世紀後半に国を治めた朝鮮王朝第26代王・高宗の父、興宣大院君の私邸で、ドラマ『宮』の撮影も行われた。入口左手・遺物展示館内の受付では、名前を書いて料金を支払うと韓服のレンタルが可能。宮内であればどこでも撮影できる。

DATA ㊋M3号線安国駅4番出口からすぐ ㊟鍾路区三一大路464 ☎02-766-9090 ㊐9～19時（11～3月は～18時）入場は各30分前まで ㊡月曜
☑日本語スタッフ ☑英語スタッフ □要予約

雲峴宮の母屋として使われた「二老堂」(上)とその入口(下)

中国からきた新婚旅行中の夫婦。世界各国から観光客が集まる

料金表
韓服レンタル
W3300(衣装1着、10～20分程度自由撮影)

インドネシアから訪れた女性たちは韓流の大ファンだそう

もっと韓国カルチャー体験

and more…

ソウルで当たるとウワサの占いへ！

シャープ

샤프/Sharp

鋭いアドバイスで悩みを解決

占い店が集まる明洞界隈でも、バツグンの的中率と丁寧な解説で、占い好きの韓国女子に人気。常時3～4名の先生が待機。空いていれば予約なしで相談可能。所要20～30分。四柱とタロットが中心。

DATA ㊋M4号線明洞駅5番出口から徒歩3分 ㊟中区明洞2キル53 3階 ☎02-776-1378 ㊐12～21時 ㊡なし ㊕タロットW1万5000、四柱占い(基本)W7万 要予約 Ⓙ Ⓔ

人気のイ・ウンハン先生。占いはすべてドリンク1杯付き

文化の香りに心がときめく

国宝から現代アートまで ミュージアムでふれる韓国

街なかにアートスポットがあふれているソウルには、充実した展示に定評があるミュージアムもたくさん。少し時間を作って、じっくりアート鑑賞してみよう！

国立中央博物館

국립중앙박물관
クンニプチュンアンパンムルグァン

アジア屈指の規模を誇る

▶POINT
PDA&MP3を活用
PDA（音声と映像）W3000やMP3（音声のみ）W1000を借りれば、日本語で展示物の解説をしてくれる。借りる際は身分証明書が必要。

韓国の至宝が一堂に会する

数々の国宝を収蔵する巨大な博物館。先史・古代館、中世・近世館、書画館、彫刻・工芸館、アジア館、寄贈館の6つの常設展があり、その規模は1日ではまわり切れないほど。レストランやカフェもあるので、ゆっくり鑑賞したい。日本語で案内してくれる、無料の展示解説は予約がベター。

各フロアのみどころをチェック！

東館3F 彫刻・工芸館・・・仏教彫刻と工芸文化がテーマのフロア。5つの展示室に830余点の作品を展示。

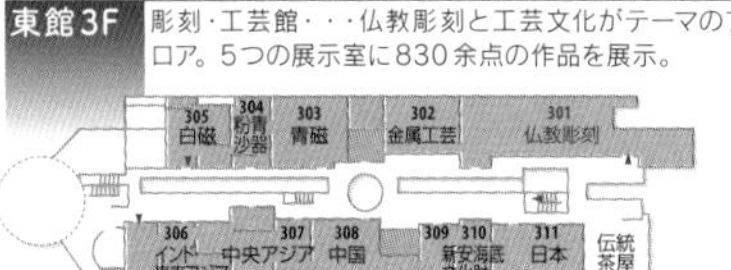

アジア館・・・日本、中国などアジア各地の文化遺産が並ぶ。日本室には縄文土器や蒔絵などがある。

東館2F 書画館・・・伝統芸術と宗教美術の作品が展示されている、8つの展示室に約300点の作品を収める。

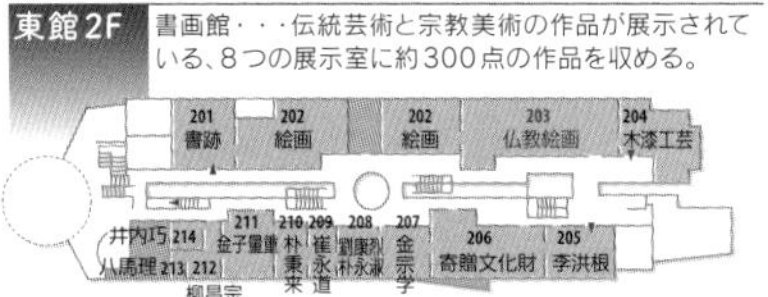

寄贈館・・・個人の寄贈品を中心に1400点余もの展示品が並ぶ。地域や年代もさまざま。

東館1F 中世・近世館・・・ハングルや金属活字に関する資料、地図などを展示。韓国の歴史を感じることができる。

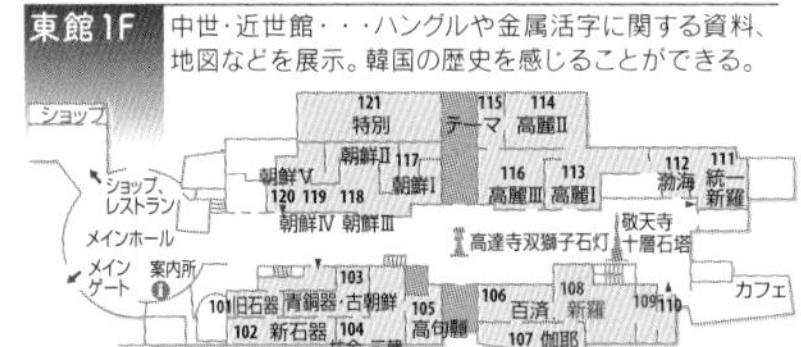

先史・古代館・・・朝鮮半島の先史から古代の出土品が、年代順に並ぶ。10の展示室に約1万点を収蔵。

※展示作品の配置は頻繁に変わるので、見学前に要確認

1．もっとも有名な国宝の半跏思惟像。高度な鋳造技術で作られた至宝（301室） 2．歴史的価値が高い北漢山新羅真興王巡狩碑（109室） 3．縦9mにも及ぶ、野外儀式用の掛け仏（203室） 4．歩き疲れたらカフェでひと休み 5．金冠、帯金具は新羅時代の出土品（108室）

DATA
交Ⓜ4号線、中央線二村駅2番出口から徒歩5分 住龍山区西氷庫路137 ☎02-2077-9000（展示解説予約は02-2077-9676） 時10～18時（水・土曜は～21時）入館は各30分前まで 休4・11月の第1月曜 料無料（特別企画展は有料）
☑日本語スタッフ ☑英語スタッフ

博物館・美術館だけでなく、通りにさまざまなアートが描かれた大学路エリアの梨花洞駱山プロジェクトを訪れてみてもおもしろい。アートに興味のある人は調べてみよう。

サムスン美術館 Leeum

삼성미술관 리움
サムソンミスルグァン リウム

建物自体も鑑賞したい美術館

国宝を含む収蔵品を展示する建物は全部で3棟。それぞれの施設の設計にヨーロッパの有名建築家を起用しており、建物自体も芸術的。先史～近代の韓国美術と、海外の現代アートなどを収蔵している。

DATA
㊋M6号線漢江鎮駅1番出口から徒歩6分
㊟龍山区梨泰院路55キル60-16　☎02-2014-6901　㊐10～18時（入館は～17時30分）　㊡月曜　㊕無料（企画展は有料）　要予約
☐日本語スタッフ　☑英語スタッフ

吹き抜けのロビーはアーティスティックな空間

▶POINT
PDAで日本語案内
受付でPDAを借りると、イヤホンで日本語の音声ガイドをしてくれる。レンタル料はW1000、要身分証明書。

六本木ヒルズにも作品がある、
ルイーズ・ブルジョワのオブジェ

＼建築にも注目！／

MUSEUM 1

テラコッタで韓国陶磁器の美しさを表現している。ミラノのスカラ座の改修などを手がけたマリオ・ボッタによる建築。

MUSEUM 2

電通本社ビルを手がけたことで知られるジャン・ヌーヴェルが設計。ガラスとステンレスで、現代アートの前衛性を表現。

サムスン児童教育文化センター

レム・コールハースによる、MUSEUM1・2を抱えるような形の施設。さまざまな企画展が行われるのはここ。

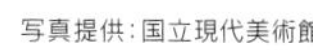
写真提供：国立現代美術館

三清洞　別冊 MAP P15A4

国立現代美術館ソウル館

국립현대미술관 서울관
クンニプヒョンデミスルグァン
ソウルグァン

国立現代美術館の新館がオープン

ソウル郊外にある国立現代美術館の新館として三清洞に開館。地上3階、地下3階の規模で、伝統と現代、日常と芸術が交差するさまざまなジャンルの韓国文化・芸術を発信する文化空間として期待されている。

DATA
㊋M3号線安国駅1番出口から徒歩8分
㊟鐘路区三清路30　☎02-3701-9500
㊐10～18時（水・土曜は～21時）　㊡なし
㊕W5000（水・土曜の18～21時、最終水曜は無料）
☐日本語スタッフ　☑英語スタッフ

1.展示は随時入れ替わる　2.ギャラリーショップやカフェ、フードコートも併設

▶POINT
3つの美術館巡り
国立現代美術館は果川館、徳寿宮館、ソウル館の3館からなる。それぞれの間は無料シャトルバスが運行している。

歴史の表舞台を歩く

朝鮮王朝の栄華にふれる 世界遺産・古宮めぐり

500余年にわたり繁栄した朝鮮王朝。その都が置かれていたソウルにはかつての王宮(古宮)が点在している。今なお色あせない王宮を訪れ、韓国の歴史を肌で感じてみては?

昌徳宮

창덕궁
チャンドックン

世界遺産 朝鮮王朝時代の風雅を極める宮殿

1405年に景福宮の離宮として、朝鮮王朝第3代国王太宗が建築。雅な趣が残る建築、自然と調和した美しい庭などがすばらしく、世界文化遺産に登録されている。

宙合楼と芙蓉池
池はドラマ『宮廷女官チャングムの誓い』にも登場

ガイドツアー

日本語(昌徳宮。無料):11時(所要時間約60分)
日本語(後苑。W5000):13時30分(所要時間約50分)

敦化門
ソウルに現存する最古の門

仁政殿
国家儀式などが行われた正殿

DATA 交M3号線安国駅3番出口から徒歩5分 住鍾路区栗谷路99 ☎02-3668-2300 時9〜18時(6〜8月は〜18時30分、11〜1月は〜17時30分)入場は各1時間前まで 休月曜 料W3000(毎月最終水曜は無料) J E

宗廟

종묘/チョンミョ

世界遺産 歴代国王と王妃の魂が眠る廟

朝鮮王朝の国王と王妃の位牌を祀り、代々王朝の祭祀が行われてきた。儒教の影響で質素が美徳とされたため、装飾は簡素だが、無駄のないたたずまい。

正殿
宗廟を象徴する建築で全長は101mにも及ぶ

20本の柱が並ぶ荘厳な正殿の回廊

永寧殿
王と王妃たちの位牌を祀る場所

ガイドツアー

日本語(無料):9時40分、11時40分、13時40分、15時40分(所要時間約60分)

DATA 交M1・3・5号線鍾路3街駅11番出口から徒歩5分 住鍾路区鍾路157 ☎02-765-0195 時9〜18時(6〜8月は〜18時30分、11〜1月は〜17時30分)入場は各1時間前まで 休火曜 料W1000
※見学は毎週土曜以外はガイドツアーでのみ可能 J E

古宮めぐりをするなら…

1日2宮がベスト

敷地が広いので、欲張らず1日2宮を訪れるくらいがちょうどよいペース。時間などの制限がある宗廟と昌徳宮・後苑の見学時間は要チェック。

総合鑑賞券

景福宮、昌徳宮(後苑含む)、昌慶宮、徳寿宮の4宮と宗廟の入場券がセットになった総合鑑賞券が便利。1枚W1万、3カ月間有効。上記5スポットの入場券売り場で購入可能。

北岳山、仁王山、駱山、南山と四方が山で囲まれ、清渓川の流れる平地に位置する景福宮は、風水学的に吉祥の地として知られる。よい機運を呼び込む地とあり、パワースポットとしても訪れる価値大!

景福宮

경복궁
キョンボックン

景福宮駅 別冊MAP P8A・B2

数奇な運命をたどる悲しき王宮

朝鮮王朝を創始した李成桂が1395年に正宮として創建。5大王宮のなかで最も面積が広く、建築も美しい。1592年の豊臣秀吉の朝鮮出兵(文禄の役)で焼失し、1868年に再建。その後、多くの建物が破損したが、現在は本来の姿に復元されている。

DATA 交M3号線景福宮駅5番出口から徒歩1分 住鍾路区社稷路161 ☎02-3700-3900 時9～18時(6～8月は～18時30分、11～2月は～17時)入場は各1時間前まで 休火曜 料W3000(毎月最終水曜は無料) J E

勤政門
勤政殿に入る正門

ガイドツアー

日本語(無料):10時、14時30分(所要時間約60分)

勤政殿
景福宮の正殿。背後の北岳山が借景になり壮観

慶会楼
コの字型の池に浮かぶように立つ楼閣

王宮守門将交代儀式を見る

朝鮮王朝時代の守門将の交代儀式が再現されている。鮮やかな衣装を身にまとった凛々しい軍士らや伝統楽器の太鼓や銅鑼の響きに感動する。

景福宮では
光化門・興礼門の広場にて毎日(火曜を除く)、10時～と14時～の2回開催

徳寿宮では
徳寿宮大漢門にて毎日(月曜休演)、11時、14時、15時30分に開催

徳寿宮

덕수궁
トクスグン

市庁駅 別冊MAP P10A1

東洋と西洋が融合した王宮

もとは王族が住んでいた邸宅だったが、文禄の役で景福宮が焼失した際に一時的に正宮となった。のちに第26代国王高宗が再び整備した。東西折衷の建築スタイルが興味深い。

ガイドツアー

日本語(無料):火～日曜の9時30分、16時

石造殿
1900年にイギリスの指導のもとに造られた。現在は宮中遺物展示室

DATA 交M1・2号線市庁駅2番出口から徒歩2分 住中区世宗大路99 ☎02-771-9951 時9～21時(入場は～20時) 休月曜 料W1000 J

昌慶宮

창경궁
チャンギョングン

恵化駅 別冊MAP P9D1

豊かな自然に包まれた静かな宮殿

第4代国王世宗が、父の太宗の住居「寿康宮」として建造。第9代国王成宗が現在の形に改修・改名した。生活用の宮殿なので、天文観測用の観天台や日時計が残っている。

ガイドツアー

日本語(無料):10時、14時(所要時間約60分)

明政殿
現在残っている王宮の法殿のなかでもっとも古いもの。東向きに建てられているのも珍しい

DATA 交M4号線恵化駅4番出口から徒歩13分 住鍾路区昌慶宮路185 ☎02-762-4868 時9～18時(6～8月は～18時30分、11～1月は～17時30分)入場は各1時間前まで 休月曜 料W1000 J

日帰りで郊外へプチトリップ

世界遺産がありカルビの発祥地である水原や、朝鮮半島分断の境界・板門店へはソウルから1時間半ほど。大都会ソウルとはひと味違う韓国を巡ってみない？

水原華城

수원화성
スウォンファソン

壮大な城郭は朝鮮王朝時代の英知の結晶

朝鮮王朝第22代国王の正祖が1794年に着工し、2年9カ月をかけて完成した。城郭は長安門(北)、八達門(南)、華西門(西)、蒼龍門(東) を中心に全長5.7kmにわたる。東洋と西洋の最新技術を集約し建てた美しい城。

華虹門
花崗岩を積み上げて造られた優美な姿の門。城郭を縦断する水原川にかかっている

八達門
東西南北に設けられた四大門のうち、南側の門。水原の繁華街にあり周辺も賑やか

長安門
北の正門で韓国最大級の城門。門の上部の巨大な二層楼は王の権威を表している

西将台
八達山の頂上にあり、域内一帯を見下ろしながら兵士を指揮した場所

DATA ㊅Ⓜ1号線水原駅から11・13・36・39番バスで10分、八達門下車 ㊟水原市八達区行宮路11 ☎031-290-3600（水原華城運営財団） ㊐9～18時（11～2月は～17時） ㊡なし ㊕W1000

韓国民俗村

한국민속촌
ハングクミンソクチョン

昔ながらの街並みを再現

朝鮮王朝時代の生活を見学できるテーマパーク。小川が流れる約100万㎡の敷地に、各地から移築された伝統家屋が270軒余り点在する。時代劇の定番ロケ地としても有名。

DATA ㊅Ⓜ1号線水原駅から無料シャトルバスで30分（水原駅前の水原観光案内所で入場券を購入する必要あり）※10時30分、12時30分、14時30分出発。韓国民俗村から水原駅までのバスは14時、15時30分、16時30分出発 ㊟龍仁市器興区民俗村路90 ☎031-288-0000 ㊐10～24時 ㊡なし ㊕W3万2000

1.ドラマ『宮廷女官チャングムの誓い』の撮影も行われた 2.軒先に野菜が干してあり、当時を再現

南漢山城

남한산성
ナムハンサンソン

韓国で11番目の世界遺産

ソウルから約24㎞、京畿道に位置する山城。朝鮮王朝時代以前の記録もあるが、朝鮮王朝第15代国王光海君が1621年ごろから本格的に整備築造したとされている。

DATA ㊅Ⓜ8号線山城駅からバスで20分、山城ロータリー停留所下車 ㊟京畿道広州市南漢山城里935-9 ☎031-743-6610（南漢山城行宮） ㊐10～18時（11～3月は～17時） ㊕W2000 ㊡月曜

1.復元された南漢山城行宮 2.城壁に沿ったハイキングコースが整備されており、ソウル市民に人気

ソウルから北へ60㎞、朝鮮半島を分断している軍事境界線上に位置する板門店を訪れるツアーもある。
ツアー会社 DATA ➡ P144

Lala Citta Seoul

Topic6

泊まる

Stay

駅や観光スポットの近くなど、ロケーションのよい宿が充実。一流ホテルやカジュアルなホテルまでランクもさまざま。予算に合わせて選ぼう。

自分にピッタリなホテルを見つけよう

スタイルもさまざま こだわりステイ

せっかくのソウルへの旅、どうせなら宿泊先にもこだわってみては？　友達やファミリー、カップルでの宿泊がもっと楽しくなる、ステイのスタイルをご紹介！

暮らすようにくつろげる レジデンスステイ

自分で料理や洗濯をしながらソウルステイを楽しむなら、レジデンススタイルのホテルに決まり！ 市場で食材を買い揃えよう。

室内からの絶景も楽しみたい

長期滞在に欠かせない洗濯機

冷蔵庫も大きく、使い勝手がよい

現代レジデンス

현대 레지던스
Hyundai Residence

自宅さながらのくつろぎを

一部客室からNソウルタワーを望めるうえに、地下鉄駅からも近く、観光に便利。洗濯機、冷蔵庫、キッチンを完備しているので、少し長めの滞在に適している。

DATA ㊋Ⓜ2・4・5号線東大門歴史文化公園駅6番出口から徒歩6分 ㊟中区マルンネ路12キル7-4 ☎02-3406-8000 ㊕ツインルームW7万～ 92室

Ⓔ

韓国の伝統文化にふれる 韓屋ステイ

韓国の文化にふれるなら、一度は体験したいのが韓屋ステイ。気の合う仲間と、趣のある韓屋で過ごすひとときを満喫！

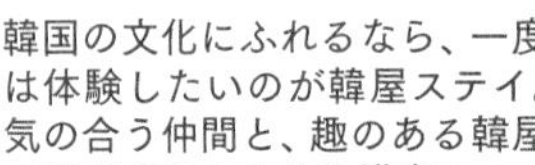

別館の2人部屋

部屋にはアンティークも

庭も風情たっぷり

趣のある母屋は、150年の重みが感じられる

昭玄堂

소현당 / So Hyeon Dang

情緒あふれる韓屋に泊まる

150年の歴史をもつ韓屋を改装したゲストハウスで、当時の建築様式を今に残す建物。洋式建築を韓屋に改装した別館もあり、こちらも韓国情緒を体験できると評判。

DATA ㊋Ⓜ3号線安国駅1番出口から徒歩10分 ㊟鍾路区栗谷路1キル74-11 ☎02-725-7979 ㊕2人部屋W18万～ 10室

Ⓙ

おもいっきりゴージャスに
ラグジュアリーステイ

贅沢気分のステイをしたい人におすすめなのは一流ホテル。
忘れられない思い出を演出してくれる。

A.優雅なステイに大満足　B.洗練されたインテリア　C.ゆったりとくつろげる　D.部屋の中にはプールも完備

別冊 MAP P7C4

新羅

서울신라호텔
The Shilla Seoul

海外VIPも泊まる名門ホテル

韓国の伝統様式とモダンスタイルが融合したインテリアや細やかなホスピタリティから、海外の国賓の宿泊先にも選ばれるほどの名門ホテル。ダイニングやスパなどの施設を完備し、大満足のステイを楽しめる。(写真A)

DATA　交M3号線東大入口駅から徒歩3分
住中区東湖路249　☎02-2233-3131　料W48万～
464室

J E R P F

別冊 MAP P12A1

ロッテ・ホテル・ソウル

롯데호텔서울/Lotte Hotel Seoul

駅直結、免税店隣接の便利さも魅力

乙支路入口駅に直結、ロッテ百貨店と免税店に隣接という便利さ。コリアンフレンチが楽しめるレストランや、本格フレンチの店のほか、ザ・ラウンジでのロンドンの本格的アフタヌーンティーも魅力的。(写真B)

DATA　交M2号線乙支路入口駅8番出口直結　住中区乙支路30　☎02-752-3758　料W28万5000～
1115室

J E R P F

別冊 MAP P12A1

ウェスティン・チョースン

웨스틴 조선 호텔
The Westin Chosun Seoul

格式高い朝鮮半島最古の洋式ホテル

1914年創業の歴史と風格を併せもった高級ホテル。館内の庭には朝鮮王朝時代に皇帝が祭祀を行っていた場所、円丘壇(ウォングダン)があり、夜になるとライトアップされる。(写真C)

DATA　交M2号線乙支路入口駅7番出口から徒歩6分住中区小公路106　☎02-771-0500　料シティービュービジネスデラックスルーム W28万～　462室

J E R P F

別冊 MAP P7C4

バンヤンツリークラブ&スパ

반얀트리 클럽&스파 서울
Banyan Tree Club & Spa Seoul

全客室にプールを備える豪華さ

世界各国に高級ホテルリゾートを展開するバンヤンツリーの、韓国初となるアーバンリゾート。高台にあり、ソウル市街と南山公園を一望できる。部屋は全室スイート並みの広さ。(写真D)

DATA　交M3号線東大入口駅6番出口から車で6分
住中区奨忠壇路60　☎02-2250-8000　料W82万～
50室

J E R P F

グランド・ハイアット

그랜드 하얏트 서울/Grand Hyatt Seoul

ソウル市街を一望できる

南山の中腹に立つソウルを代表するラグジュアリーホテル。おしゃれなレストランやバー、高級感あふれるスパなど、施設も充実している広大なシティリゾート。

DATA 交M6号線梨泰院駅から無料シャトルバスで10分 住龍山区素月路322 ☎02-797-1234 料HPで要確認 601室

J E R P F

JWマリオット・東大門スクエア

JW메리어트 동대문 스퀘어 서울/JW Marriott Dongdaemun Square Seoul

東大門初の高級ホテル

ソウルで2番目のJWマリオットのホテル。東大門で唯一の高級ホテルとして注目を集めている。スタイリッシュでモダンな客室からは美しい夜景も楽しめる。

DATA 交M1・4号線東大門駅8番出口から徒歩1分 住鐘路区清渓川路279 ☎02-2276-3000 料W47万〜 170室

J E R P F

グランド・インターコンチネンタル・ソウル・パルナス

그랜드인터컨티넨탈서울 파르나스/Grand InterContinental Seoul Parnas

伝統を感じるエグゼクティブな存在

朝鮮王朝時代の陶磁器や調度品などの家具が配された館内はシックな雰囲気。バスルームも広々。朝・昼・夕食ビュッフェが楽しめるレストランも。

DATA 交M2号線三成駅5番出口から徒歩3分 住江南区テヘラン路521 ☎02-555-5656 料デラックスルームW30万〜 516室

J E R P F

小雪ホテル

소설호텔/Hotel Sohsu

非日常感があふれる部屋

12タイプある部屋は、大理石・木材・ガラスなどの素材が見事に組み合わされ、独特の美しさを醸し出す。日常から遠く離れて特別な時間を満喫したい人におすすめ。

DATA 交M3号線南部ターミナル駅6番出口から徒歩5分 住瑞草区盤浦大路14キル53 ☎02-507-0505 料デラックスW16万5000〜 52室

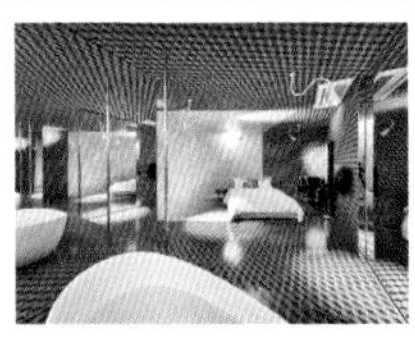

JWマリオット

JW메리어트호텔서울/JW Marriott Hotel Seoul

ラグジュアリーな最高級ブランド

マリオット系列の最高級ブランド「JW」を冠するだけあり、リッチ&ゴージャスなもてなしが自慢。客室は33㎡以上、韓国最大級のフィットネスクラブも。

DATA 交M3・7・9号線高速ターミナル駅7番出口からすぐ 住瑞草区新盤浦路176 ☎02-6282-6262 料HPで要確認 379室

J E R P F

ソウル駅 別冊 MAP P10A4

フォーポインツ・バイ・シェラトン・ソウル南山

포포인츠 바이 쉐라톤 서울 남산/Four Points by Sheraton Seoul Namsan

地下鉄ソウル駅直結の便利な立地

2015年にオープン。ソウルの交通の中心となるソウル駅に位置しており、観光に最適なホテル。客室はシンプルで清潔感あふれる造り。

DATA 交M1・4号線ソウル駅12番出口から徒歩2分 住龍山区漢江大路366 19〜30階 ☎02-6070-7000 料HPで要確認 342室

[マークの凡例] J 日本語OK E 英語OK R レストラン P プール F フィットネスジム

別冊 MAP P21D2

インターコンチネンタル・ソウル・コエックス

인터컨티넨탈서울 코엑스/InterContinental Seoul COEX

ショッピングモールと免税店を併設しているので買い物に便利。設備なども充実、ホテルステイを満喫できる。

DATA ㊋Ⓜ9号線奉恩寺駅7番出口から徒歩5分 ㊟江南区奉思寺路524 ☎02-3452-2500 ㊕スタンダードW30万5550～ 656室

J E R P F

別冊 MAP P21D3

パーク・ハイアット

파크 하얏트 서울/Park Hyatt Seoul

ガラス張りの洗練された外観が斬新な、ビジネス街に立つ優雅なホテル。天然素材を用いたインテリアデザインが好評。

DATA ㊋Ⓜ2号線三成駅1番出口から徒歩1分 ㊟江南区テヘラン路606 ☎02-2016-1234 ㊕パークキングルームW35万5000～ 185室

J E R P F

別冊 MAP P15B3

楽古斎

락고재/Rakkojae

築130年の歴史があり、韓屋ホテルではミシュランに唯一掲載。部屋は、母屋、離れ、あずま屋、別棟の4タイプ。

DATA ㊋Ⓜ3号線安国駅2番出口から徒歩7分 ㊟鍾路区嘉会洞218 ☎02-742-3410 ㊕W33万～(2人最安値) 5室

J E

別冊 MAP P13D4

世宗

세종호텔/Seoul Sejong Hotel

名前の由来はハングルの創始者・世宗大王から。客室内には韓国の伝統家具が配され、落ち着いた雰囲気。

DATA ㊋Ⓜ4号線明洞駅10番出口から徒歩1分 ㊟中区退渓路145 ☎02-773-6000 ㊕HPで要確認 333室

別冊 MAP P8A4

コリアナ

코리아나호텔/Koreana Hotel

創業30年以上の伝統あるホテル。客室はすべて10階以上にあるので眺望も良好。ゆとりのある造り。

DATA ㊋Ⓜ5号線光化門駅6番出口から徒歩5分 ㊟中区世宗大路135 ☎02-2171-7000 ㊕ツインW13万5000～ 337室

J E R F

別冊 MAP P12B2

イビス・アンバサダー明洞

이비스 앰배서더 명동
Ibis Ambassador Myeongdong

目の前がロッテ百貨店という好立地。スッキリとした清潔感が漂う客室のなかには、オンドル付きのタイプも。

DATA ㊋Ⓜ2号線乙支路入口駅6番出口から徒歩5分 ㊟中区南大門路78 ☎02-6361-8888 ㊕ツインW13万7500～ 280室

J E R F

別冊 MAP P5D2

グランデ・ウォーカーヒル・ソウル

그랜드 워커힐 서울/Grande Walkerhill Seoul

広い敷地内には本館、ヴィラ、別棟が点在し、それぞれ専用車で移動。地下1階にカジノが入る。

DATA ㊋Ⓜ5号線クァンナル駅2番出口から無料シャトルで10分 ㊟広津区ウォーカーヒル路177 ☎02-455-5000 ㊕デラックスルームW21万～ 426室

J E R P F

別冊 MAP P10B1

ザ・プラザ

더 플라자 호텔/The Plaza Hotel

モダンで多様なスタイルにリニューアルし、ますます便利に。観光名所や話題のエリアへもアクセスしやすい好立地。

DATA ㊋Ⓜ1・2号線市庁駅6番出口から徒歩2分 ㊟中区小公路119 ☎02-771-2200 ㊕ツインW24万～ 410室

J E R P F

別冊 MAP P5D3

ロッテ・ホテル・ワールド

롯데호텔 월드/Lotte Hotel World

テーマパークに隣接し、レジャー施設へのアクセス抜群。レストランなども充実しており、リゾート気分で楽しめる。

DATA ㊋Ⓜ2・8号線蚕室駅3番出口から徒歩1分 ㊟松坡区オリンピック路240 ☎02-419-7000 ㊕W22万1000～ 477室

J E R P F

別冊 MAP P4B3

コンラッド

콘래드 서울/Conrad Seoul

ビジネス街に位置する世界的なブランドホテル。客室はモダンなデザイン。3つのレストランとスパ、屋内プールを併設。

DATA ㊋Ⓜ5・9号線汝矣島駅から徒歩5分 ㊟永登浦区国際金融路10 ☎02-6137-7000 ㊕ツインルームW35万～ 434室

J E R P F

別冊 MAP P7C3

グランド・アンバサダー

그랜드앰배서더서울/Grand Ambassador Seoul

便利な立地とリノベーションした設備で人気上昇。明洞への無料シャトルバスや大きめのベッドなど真心のサービスが随所に。

DATA ㊋Ⓜ3号線東大入口駅1番出口から徒歩5分 ㊟中区東湖路287 ☎02-2275-1101 ㊕スーペリアW16万5000～ 413室

J E R P F

別冊 MAP P18B4

ハミルトン

해밀턴호텔/Hamilton Hotel

駅にも近く、梨泰院のランドマーク的存在。ショッピングセンターも隣接しており、梨泰院ならではの買い物も楽しめる。

DATA ㊋Ⓜ6号線梨泰院駅1番出口から徒歩2分 ㊟龍山区梨泰院路179 ☎02-3786-6000 ㊕ツインW11万8000～ 166室

J E R F P

ソウルの多くのホテルでは、環境への配慮から使い捨ての歯ブラシは置いていない。持参するか、コンビニで購入しよう。

トラベルインフォメーション

韓国出入国の流れ

韓国入国

1 到着 Arrival

ソウルの空の玄関は仁川(インチョン)国際空港か、金浦(キンポ)国際空港。飛行機を降りたら、「ARRIVAL」の表示に沿って入国審査へ。

2 入国審査 Immigration

外国人(Foreigner)専用のカウンターに並び、順番が来たらパスポートと記入済みの入国カードを審査官に提出。17歳以上の外国人は指紋のスキャンと顔写真の撮影があり、審査が終わると、パスポートに入国スタンプが押され、返却される。旅行の目的や滞在日数、宿泊先など簡単な質問を英語で受ける場合がある。

3 荷物受取所 Baggage Claim

自分が乗ってきた便の荷物が出てくるターンテーブルの番号を電光掲示板で確認し、該当する荷物受取り台へ。日本を出国する際に預けたスーツケースなどの荷物を受け取る。万一荷物が見つからない場合は、日本で荷物を預けたときに受け取った荷物引換証クレーム・タグ(Claim Tag)を持って、荷物紛失窓口(Lost & Found Center)でその旨を伝える。

4 税関検査 Customs Declaration

申告するものがなければ、そのまま通過。免税範囲を超えるものを持ち込む場合は、課税カウンターで申告する。

5 到着ロビー Arrival Lobby

到着ロビーには観光案内所や両替所がある。

●入国カード記入例

韓国は入国カードのみで出国カードはない。機内で配られるのであらかじめ書いておくこと。

ARRIVAL CARD ※ Please fill out in Korean or English.
入国申告書(外国人用) ※ 韓国語又は英語で記入して下さい。

Family Name / 氏 ①	Given Name / 名 ②	□ Male / 男 □ Female / 女 ③
Nationality / 国名 ④	Date of Birth / 生年月日 ⑤ YYYYMMDD	Occupation / 職業 ⑥

Address in Korea / 韓国の連絡先 ⑦ (☎:)
※ 'Address in Korea' should be filled out in detail. (See the back side)
※ '韓国の連絡先'は必ず詳しく作成して下さい. (裏面参照)

Purpose of visit / 入国目的 ⑧	Signature / 署名 ⑨
□ Tour 観光 □ Visit 訪問 □ Business 常用 □ Employment 就業 □ Others その他( )	

①氏 ②名 ③性別(男性はMale、女性はFemale) ④国名(JAPANなど) ⑤生年月日 ⑥職業(会社員office worker、学生student、主婦housewifeなど) ⑦韓国へ滞留する予定の住所、または宿所 ⑧入国目的(観光の場合Tourをチェック) ⑨署名

●旅行者携帯品申告書

○申告対象品目

US$1万相当額を超える通貨を携帯して入国する場合は要申告。持出しは、入国時申請額まで。

○主な免税範囲

2ℓ以下でUS$400以下の酒類2本、タバコ200本(19歳未満は除く)。香水60mℓ以下1本。海外で購入した物品購入額US$800以内。農林畜水産物(要検疫)および漢方薬などは、価格や数量(重量)などの制限あり。

○主な持込禁止・制限物品

銃砲、刀剣、火薬類、麻薬類、向精神剤、国際条約保護対象の動植物、公安または公序良俗を害する物品、政府の機密漏洩・諜報に供する物品、偽造貨幣など。

日本出国時の注意点

出発の1カ月～10日前までにチェック

●韓国の入国条件

○パスポートの残存有効期間

入国時3カ月以上あるのが望ましい(変更されることもある)。

○ビザ

90日以内の観光の場合ビザは不要。※予約済み往復航空券(eチケット確認書)の所持が望ましい。

自宅～空港でチェック

○空港の出発ターミナル

成田空港は航空会社によって出発ターミナルが分かれる。大韓航空(KE)、アシアナ航空(OZ)、ユナイテッド航空(UA)、全日本空輸(NH)は第1、日本航空(JL)は第2、チェジュ航空(7C)は第3に発着する。

○液体物の機内持込み制限

機内持込み手荷物に100mℓ以上の液体物が入っていると、日本出国時の荷物検査で没収となるので注意。100mℓ以下であれば、ジッパーのついた透明プラスチック製袋に入れれば持ち込める。詳細は国土交通省のウェブサイト URL www.mlit.go.jp/koku/03_information/index.htmlを参照。

パスポートの申請についてはパスポート AtoZ(外務省) URL www.mofa.go.jp/mofaj/toko/passport/index.html を参照。

大事な出入国情報は旅行が決まったら
すぐにチェック！　万全の準備で空港へ。

韓国出国

1 チェックイン Check-in

利用航空会社のカウンターで航空券(eチケット控え)とパスポートを提示。スーツケースなどの荷物を預け、荷物引換証(Claim Tag)と搭乗券を受け取る。付加価値税の払戻し対象購入品を機内に預けるスーツケースの中に入れる場合は、チェックインカウンターでタグを付けてもらい、税関へ進む。

2 税関 Customs Declaration

申告するものがあれば、韓国入国時に作成した持込み証明書を提示する。付加価値税の払戻しを申請する場合は、免税書類に確認印を押してもらう(詳しくは→P152)。

3 手荷物検査 Security Check

機内に持ち込むすべての手荷物をX線に通す。日本同様、液体物の機内持込み制限があるので注意。

4 出国審査 Immigration

パスポートと搭乗券を提示。出国スタンプを押してもらい、パスポートと搭乗券を受け取り出発フロアへ。

> ソウル市内の免税店で購入した商品は空港で受け取りとなる。出国審査後、出発フロアの引渡しカウンターで忘れずにピックアップしよう。

5 搭乗 Boarding

搭乗予定時刻に余裕をもって搭乗ゲートへ向かおう。パスポートの提示を求められることもある。

仁川国際空港

別冊 MAP P4A1

Incheon International Airport

旅客ターミナルは第1・第2の2つあり、アジア最大級の規模を誇る国際空港。1階が到着フロア、3階が出発フロア。

○空港総合案内所
地下1階～3階にあり、日本語スタッフもいる。

○免税店
出発フロアにロッテ免税店や新羅免税店、新世界免税店など多くの免税店が入る。バッグやコスメのほか、おみやげも充実。

○インターネットセンター
4階にインターネットコーナーがある。

○手荷物一時預かり所
荷物を預けたいときは3階へ。韓進宅配のカウンターで預かりサービスを行っている。

金浦国際空港

Gimpo International Airport

東京・羽田空港からの便が発着するほか、韓国国内線の主要空港でもある。建物は4階建てで、1階は到着フロア、3階は出発フロア。

○空港総合案内所
1・2階にあり、日本語スタッフもいる。

○免税店
3階出発フロアにはロッテ免税店が入る。時間があれば、最後の買物を楽しみたい。

○レストラン
4階にはフードコートが入るので、食べ忘れていて気になる韓国料理があればここで。

日本帰国時の制限

日本帰国時の税関で、機内や税関前にある「携帯品・別送品申告書」を提出する(家族は代表者のみ)。

●主な免税範囲

酒類	3本(1本760mℓ程度)
タバコ	紙巻200本または葉巻50本まで。その他の場合は250gまで。加熱式は「アイコス」「グロー」は200本、「プルームテック」は50個まで。
香水	2オンス(約56mℓ、オードトワレ・コロンは除外)
その他	1品目ごとの海外市価合計額が1万円以下のもの全量。海外市価合計額20万円まで。

※酒類・タバコは未成年者への免税はない。

●主な輸入禁止と輸入制限品

○輸入禁止品
麻薬、大麻、覚せい剤、鉄砲類、わいせつ物、偽ブランド品など。

○輸入制限品
ワシントン条約に該当するもの(ワニ、ヘビ、トカゲ、象牙などの加工品など)、土付きの植物、果実、切り花、野菜、ハムやソーセージなどの肉類。また、医薬品や化粧品にも数量制限あり(化粧品は1品目24個以内)。

日本帰国の際、別送品がある場合や免税範囲を超えた税率などの詳細は税関 URL www.customs.go.jp を参照。

空港～ソウル中心部の交通

交通早見表

交通機関	特徴
オススメ KAL リムジンバス	市内の各主要ホテルを結ぶ。運営は大韓航空だが、他航空会社の利用者も乗車OK。宿泊ホテルがルート上にある場合は一番簡単な方法。
高級 リムジンバス	3列シートでゆったり座ることができる。停車地周辺に宿泊ホテルがある場合は便利。
一般 リムジンバス	4列シートのリムジンバス。最近は高級リムジンバスが主流。停車地が多いので、高級リムジンバスよりも時間がかかる。
タクシー	一般タクシーや模範タクシー、ジャンボタクシー、インターナショナルタクシーがある。高速道路を使う際には、通行料も別途必要になる。
早い 空港鉄道 A'REX	仁川国際空港駅～ソウル駅を結ぶ鉄道。直通列車（EXPRESS）と各駅停車の一般列車がある。一般列車は弘大入口駅などにも停車する。

空港からの主なバス路線

●仁川国際空港から

行き先	路線名・番号	バスの種類	主な経由地
明洞方面	6015	高級リムジン	明洞駅、南大門市場、Ⓗイビス・アンバサダー明洞など
ソウル市庁方面	6005	高級リムジン	Ⓗスイスグランドホテル・ソウル、Ⓗフレイザープレイスセントラルソウル、ソウル市庁など
明洞・東大門方面	6001	高級リムジン	ソウル駅、明洞駅、Ⓗベイトンソウル、東大門歴史文化公園駅など
ソウル市庁周辺ホテル	6701	KALリムジン	Ⓗコリアナ、Ⓗプラザ、Ⓗロッテなど
南山周辺ホテル	6702	KALリムジン	Ⓗサミット、ⒽJWマリオット・東大門など
江南周辺ホテル	6703	KALリムジン	Ⓗノボテル・アンバサダー江南、Ⓗグランド・インターコンチネンタルなど
ロッテワールド方面	6705	KALリムジン	Ⓗロッテワールド、江南駅、Ⓗウォーカーヒルなど

●金浦国際空港から

※2023年8月現在、6021便は運休中

行き先	路線名・番号	バスの種類	主な経由地
明洞駅、東大門駅方面	6021※	高級リムジン	ソウル駅、Ⓗイビス・アンバサダー明洞、東大門歴史文化公園駅、明洞駅など
ロッテワールド	6706	KALリムジン	Ⓗロッテワールド
蚕室方面	6000	高級リムジン	高速バスターミナル駅、新論峴駅、江南駅、三成駅、蚕室セネ駅など

ソウル中心部の道路は渋滞することもしばしば。時間を優先するなら空港鉄道A'REXの利用がオススメ。
バスのチケットは空港ターミナル1階にあるカウンター（仁川国際空港のみ）か、バス乗り場で購入できる。

空港からソウル市内へは、
3種類あるリムジンバスや空港鉄道（A'REX）、
あるいはタクシーを利用する。

金浦国際空港は地下鉄Ⓜ5・9号線も通っているので、向かう駅によっては地下鉄の利用も便利。

仁川国際空港から　／　金浦国際空港から

料金（片道）	運行時間	所要時間	料金（片道）	運行時間	所要時間
W1万8000	5時20分 ～23時ごろ 20～40分間隔	1時間10分 ～1時間30分	W8500	8時30分～23時10分 20～30分間隔	約1時間
W1万5000～	5時30分 ～23時ごろ 8～50分間隔	1時間 ～1時間20分	W8000	4時30分～23時 35～50分間隔	約1時間
W9000～1万	5時5分 ～23時20分 12～50分間隔	1時間15分 ～2時間	W4000	5時40分～23時40分 12～50分間隔	約1時間
一般：W5万3000～ 模範、ジャンボ：W9万5000～ インターナショナル（中型）：W6万5000～		1時間 ～1時間20分	一般：W2～3万 模範、ジャンボ：W3～5万 インターナショナル（中型）：W2～4万		40分～ 1時間
直通：W9500 一般：W4250 ～4850	5時15分 ～22時40分 10～40分間隔	ソウル駅まで 直通：51分 一般：66分	W1450～1550	5時43分～24時34分 約10分間隔	ソウル駅まで 21分

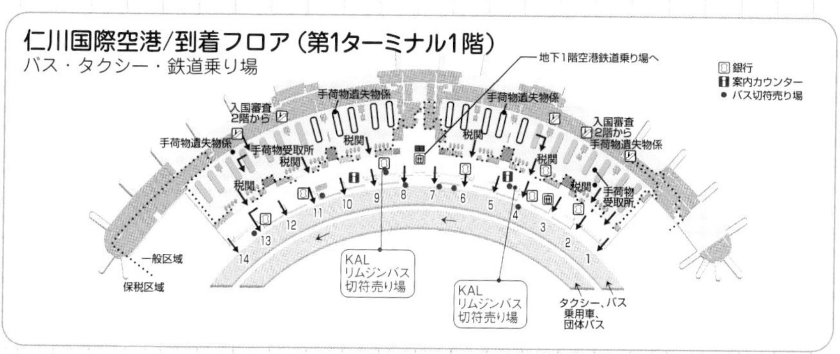

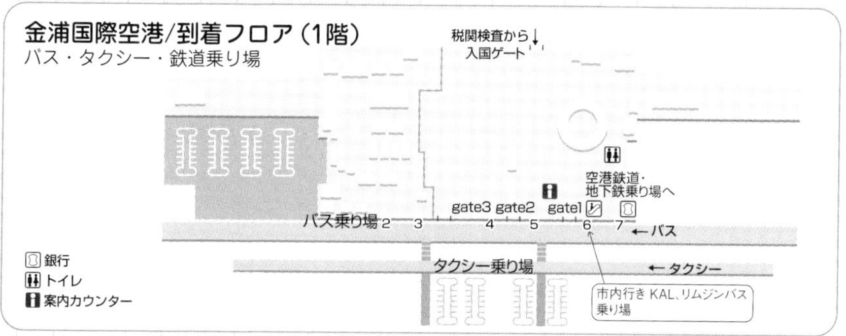

仁川国際空港では、外国人専用の交通カード「エム・パス」を販売。空港鉄道や地下鉄などが、1日最大20回まで利用でき、1・2・3・5・7日券がある。→P144参照。

市内交通

ソウルの主な交通手段は3つ。交通事情や移動のポイントを押さえて効率よくまわろう。また、観光の魅力が凝縮されたオプショナルツアーを使うのも手。

街のまわり方

●歩道のキホン

道路は車や歩行者は右側通行。自転車はほとんど走っていないので、歩道は比較的安全だ。横断歩道の信号は日本より若干早めに切り替わる。

●地下道を活用しよう

地下鉄網が大いに発達しているソウルでは、地下鉄駅とその周辺の主要な建物を結ぶ地下道が発達している。一方で地上の市内中心部は車道の幅が広く、横断歩道が少ない。そのため、道を横断したいときは地下道を使うとスムーズに移動できることが多い。

●出口周辺図を読もう

地下道が便利なソウル市街だが、出口を間違えるとかえって遠回りになることも。各出口には番号があり、地下道や地下鉄駅の出口付近には、たいてい案内図が設置されているので、地上に出る前に出口番号のチェックを。多くはハングルと英語が併記されている。

ソウルで必携の「T-money」

地下鉄、バス、タクシーのほか、一部コンビニでも利用できるチャージ式ICカードの利用がスタンダード。

◯ティー・マネー

티머니 /T-money

T-moneyカードは地下鉄、タクシー、バスで利用できる交通カード。ICチップを内蔵しており、料金をチャージして使う。地下鉄の駅やT-moneyのステッカーが貼られたコンビニで購入できる。カード代はW3000～(返金はされない)で、チャージはW1000から可能。地下鉄の初乗り料金がW100割引になり、何度もソウルへ通うリピーターにはおすすめ。残額の返金には手数料W500がかかる。また、観光客向けの「ディスカバーソウルパス」W5万～もある。T-moneyカードの機能プラス、ソウルシティツアーバス(→P147)、古宮入場などで利用でき、提携店での割引もある。仁川国際空港やソウル市内の観光案内所で購入可能。

◯エム・パス　M-Pass

外国人専用の交通カード。地下鉄や空港鉄道、市内バスを1日最大20回まで利用でき、Tマネー機能も付いている。1・2・3・5・7日券があり、1日券はW1万5000。購入時に別途W5000の保証金が必要となり、返却時にW4500が戻る。利用は最初に使用した日から数えた最終日の24時(深夜12時)まで。仁川国際空港やソウル駅などで購入可能。

オプショナルツアー

㈱グローバル・ツアー・ジャパン
☎03-6435-1280(東京オフィス) 時9～18時(土曜10～13時) 休日曜、祝日 URL www.omakasekorea.com

限られた滞在時間でも効率よく観光できるのが、現地発着のオプショナルツアー。日本語ガイド＆送迎付きで安心。

ソウル半日観光

国立民俗博物館・大統領府のある青瓦台前通りへ。火曜日は徳寿宮と歴史博物館へ。ソウルビギナーにお勧めのコース。

市場めぐり(東大門と南大門)

ソウルを代表するエネルギッシュな市場、東大門市場と南大門市場へ。ガイド付きでの散策なので言葉も安心!

板門店ツアー

朝鮮時代の休戦協定が結ばれた地。脱北者の貴重な体験談を聞きながら回り、南北分断の現実がより実感できるはず。

ソウル終日観光

景福宮(火曜は昌徳宮に民俗博物館、青瓦台通り、仁寺洞・、北村韓屋村、明洞など。世界文化遺産から市場までソウルをまるっと満喫できるプラン。

水原華城&韓国民俗村観光

伝統家屋が並び、時代劇の撮影も多い韓国民俗村と世界遺産に登録されている水原華城を訪ねる、ソウル郊外を訪れるツアー。

世界文化遺産巡り

世界遺産に登録されている水原の水原華城、ソウル市内の昌徳宮(月曜は景福宮)、宗廟(火曜は徳寿宮)へ。韓国を代表する史跡を訪ねるツアー。

オプショナルツアーの情報は2023年8月現在のもの。ツアー内容は交通状況、天候、休館日などで変更の場合もあるので注意。また、料金に含まれるものやキャンセル料金、集合場所などの詳細は申込み時に確認を。

地下鉄  지하철 チハチョル

路線図 別冊MAP P2

地下鉄はソウル市内のほぼ全域をカバーしており、主な観光名所へのアクセスに便利。駅名などの表示がハングル、アルファベット、漢字の3種類で表記されているのも心強い。路線別に色分けされ、それぞれ駅番号もあるため、わかりやすさも抜群だ。

これが出入口。屋根の上の電車マークが目印

○料金

初乗りはW1500、T-money利用でW1400。10km以上の運行は5kmごと、50km以上の運行は8kmごとにW100ずつ追加となる。

※1回用交通カード(現金)は購入時に保証金としてプラスW500が必要。到着駅改札を出た後に返金が可能。

○運行時間

5時30分～24時30分ごろ

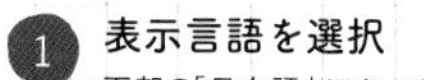

●切符の買い方

地下鉄駅にあるタッチパネル式の自動券売機で購入する。

1 表示言語を選択

下部の「日本語」にタッチし、「1回用交通カード」を選択。

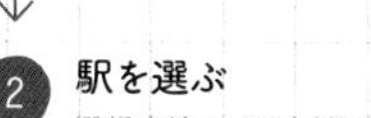

2 駅を選ぶ

選択方法は、駅名(英語)からと路線図(日本語)からの2種類が選べる。

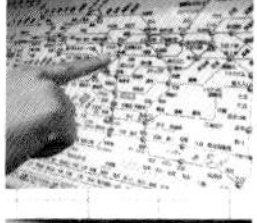

3 枚数を選ぶ

駅名と金額を確認したら、必要な切符の枚数を選ぶ。

4 必要金額を投入

表示された金額を投入すると、切符が出てくる。

●観光に便利な2路線

○3・4号線

景福宮、狎鷗亭、新沙など、江北と江南の主要エリアをカバーする3号線と、ソウル駅、明洞、東大門など、主要な江北のショッピングエリアを網羅する4号線は便利。

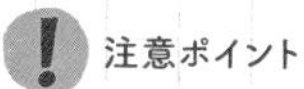

注意ポイント

○切符は回収可能なカードタイプ。駅の専用機械に入れると保証金(W500)が戻るので忘れないようにしよう

○携帯電話のマナーは徐々に浸透している状況。車内での使用は控えよう

○エスカレーターは右側に立ち、急ぐ人が左側を使うのが暗黙のルール

●乗ってみよう

乗り方はほとんど日本と同じ。一度慣れてしまえば、快適にソウル市内を行き来できる。

1 駅を探す

街角のポールや階段の上の案内板が駅の目印。ハングル、アルファベット、漢字で駅名が併記されていることが多い。

2 切符を買う

自動券売機で切符を購入(左記参照)。改札手前の駅窓口での購入も可能。

3 改札を通る

改札はすべて自動改札。「↙」と「—」の表示があり、「↙」が通過できるサイン。センサーにタッチして通過しよう。

4 ホームに出る

案内板に従ってホームに出る。駅によってホームが上下で別になる場合があるので、行き先を間違えないようにしよう。

5 乗車する

地下鉄ホームの多くは、電車が停車するとホームのスライドドアが開閉する方式。停車時間が短いので注意して。

6 出口へ

電車を降りたら、案内板に従って目的の出口に向かおう。出口案内には、駅周辺の主要施設が書かれている。

7 改札を出る

出るときも切符をセンサーにタッチ。1回乗車券は改札外に設置してある回収機に入れると、保証金が返却される。

○乗り換え

ホームに降りたら「乗換」「Transfer」の表示に従い、乗り換えたい路線のホームを目指そう。

注意事項

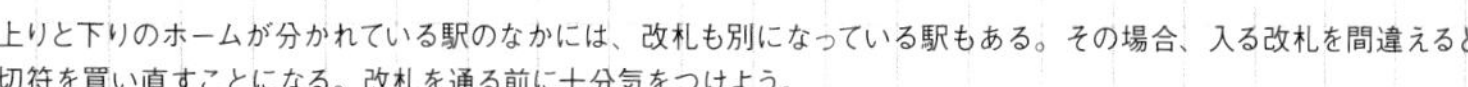

上りと下りのホームが分かれている駅のなかには、改札も別になっている駅もある。その場合、入る改札を間違えると切符を買い直すことになる。改札を通る前に十分気をつけよう。

タクシー

택시
テクシ

↓タクシースタンド

↑さまざまなタイプのタクシーがあり、料金体系がそれぞれ異なる

ソウル市内には数多くのタクシーが走っており、日本より安い分、気軽に利用されている。地下鉄の乗り換えが多いときなどは、タクシーを使う方が早い場合もあり、旅行者にとっても利用価値が高い。

●タクシーは大きく分けて4種類

一般タクシー

料金：初乗り2kmまでW4800。以降131mまたは30秒ごとにW100加算。24時～翌4時は20%増しとなる。

車体はシルバーかオレンジ色が多い。最近は英語が通じるドライバーも増えている

模範タクシー

料金：初乗り3kmまでW7000。以降164mごとにW200、または39秒ごとにW200追加。ただし深夜の割増料金はない。

黒塗りの車体に「Deluxe Taxi」と書かれたラインが目印。一般タクシーより高めの料金設定だが、優良ドライバーが多い

ジャンボタクシー

料金：初乗り3kmまでW7000。以降164mごとにW200、または39秒ごとにW200追加。深夜の割増料金はなし。

最大8名まで乗車できる大型のタクシー。たくさん買い物をしたときなどに重宝するが台数は少なめ

インターナショナルタクシー

料金：利用場所や用途により、定額制、メーター制、貸切料金制が選べる。仁川国際空港に案内デスクがある。URL www.intltaxi.co.kr

車のドアに「International TAXI」と書かれているのが目印。予約制で、日本語も通じる

注意ポイント

○一般タクシーは窓ガラスに「FREE INTERPRETATION」のステッカーがあれば、車内の携帯電話で無料の通訳サービスが利用できる。
○乗車したら、ドライバーの身分証明とメーターの確認を。ない場合は違法タクシーなのですぐに車を降りる。明洞、東大門、南大門、南山ソウルタワーでは観光客を狙った違法タクシーによるぼったくり被害の報告もあるので注意。
○最近は少なくなったが、一般タクシーには相乗りの習慣があり、行き先が同じ方向の客が運転手と交渉して乗り込んでくることがある。
○地下鉄終電後の24時～翌1時は利用客が多いため、つかまえにくい。
○ドアの開閉は自分で行う。特に閉め忘れに注意。
○朝夕の渋滞時(朝は7～10時ごろ、夕方は17～19時ごろ)は移動時間がかかる。
○一般タクシーの場合、近距離の移動だと乗車拒否されることもある。

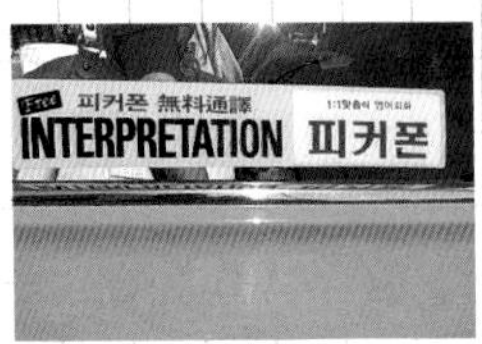

携帯電話での通訳に対応

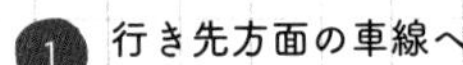

●乗ってみよう

韓国のタクシーは、すべて手動ドア。タクシーが止まったら、自ら ドアを開閉する必要があるので注意を。

1 行き先方面の車線へ
韓国の自動車は右側通行。行き先を地図で確認してからタクシーを止めよう。逆方向の場合は、乗車させてくれないことも。

2 空車を拾う
日本と同じく、流しのタクシーが走っているので乗り場以外でも手を挙げればOK。前面の赤いランプが空車のサインだ。

3 乗車する
日本と違い、ドアは手動式。英語も日本語も通じない運転手がほとんど。行き先をハングルで書いたメモと電話番号を渡すのが確実。英語のホテル名でもわからないことが多々ある。

クレジットカード対応のマーク

4 支払い＆下車する
メーターの額を支払う。加算料金がある場合は口頭で言われることも。チップは不要なので、メーターの額をそのまま支払おう。

プチ情報 タクシー乗車時は行き先のハングル店名をメモで渡すとよい。また、電話番号を伝えると行き先に確認をとってくれることも。

市内バス

시내버스
シネボス

車体の色が路線によって異なる

市内バスはソウル市民の生活の足。表示のほとんどがハングルだけなので旅行者には難易度が高い交通だが、市内全域を網羅しているうえに運賃が安く、使い慣れると重宝する。ソウル旅に慣れたらぜひともトライ！

○料金　もっとも運賃が安いマウルバスはW1200。すべてのバスが初乗り運賃から額が変わらず一律料金。
○運行時間　路線により異なるが、5時30分ごろから24時30分ごろまで。また、早朝5時までの深夜バスが運行するエリアもある。

●観光に便利な3路線

○イエローバス　ソウル中心部の狭いエリアを循環し、定番観光エリアもまわるのでわかりやすい。
○グリーンバス　地下鉄駅が起点、もしくは終点になっており、乗り継ぎやすいのが利点。
○オルペミ（フクロウ）バス　深夜も賑わう東大門、弘大、江南など路線限定で走る深夜バス。Nとフクロウのマークが目印。

注意ポイント

○バスは前乗り、後ろ降りが基本。空港バスを除き、ほとんどの場合W5000札、W1万札がほとんど使えないので、T-moneyかW1000札、小銭をあらかじめ用意しておく。
○T-moneyカード利用の場合、30分以内の地下鉄や別のバスへの乗り換えが割引となる。
○テイクアウト用のカップ等を持っての乗車はNG。屋台フードやソフトクリームなど、包装されていない状態の食べ物も同様。乗車拒否されることも。

●バスは5種類

路線	料金	走行エリア
ブルーバス（幹線）	W1500	ソウル中心部(鍾路区・中区・龍山区）と副都心（周辺エリア）を結ぶ。
グリーンバス（支線）	W1500	地下鉄駅から幹線バスの停留所などを結ぶ。区域から区域を連携。
レッドバス（広域）	W3000	ソウル中心部と郊外の京畿道（ソウル市の衛星都市）をつなぐ。
黄緑バス（循環）	W1400	ソウル中心部を循環しながら結ぶバス。ショッピングに便利。
マウルバス（支線）	W1200	支線バスのなかでも走行区間が短く、その分安い。車体は小さめ。

※T-moneyの場合はW100引きとなる

●乗ってみよう

路線はかなり複雑。乗る前に目的地の確認を。

1 乗車する

バスが来たら、車体の前面に表示されている路線番号と行き先を確認し、前から乗車する。

バス停

2 料金を支払う

料金は先払い。運転席の横にある料金箱に運賃を入れる。T-moneyの場合はパネルにタッチ。

3 車内で

バスの運転は、日本と比べると少々荒め。立っているときは、手すりやつり革にしっかりとつかまろう。

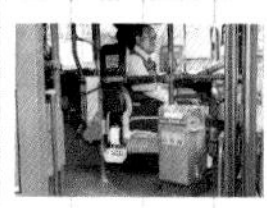

4 下車する

次の停留所で下車する場合は、座席横などにあるブザーを押す。T-money利用の場合は下車時もセンサーパネルにタッチしておく。

ソウルシティツアー

市内の主な観光エリアを結ぶ観光客向けのツアーバス。日本語音声ガイドがあり、予約は不要。チケットは乗車時に購入すればOK。各コースとも起点は光化門（別冊MAP●P8A4）。毎週月曜は運休なので注意。
問合せ先…ソウルシティツアーバス
☎02-777-6090
URL www.seoulcitybus.com（日本語あり）

○都心・古宮コース

市内の主な史跡を結び、明洞や仁寺洞を巡るコース。乗り降り自由。W2万4000。

○ソウルパノラマコース

明洞や63スクエア・漢江遊覧船、弘大など、市内の有名な観光地を巡る。W2万4000。　※運休中

○夜景コース（10名以上で催行）

漢江に架かる橋を観賞し、南山のNソウルタワーで記念写真も撮れるコースW2万。

※ディスカバーソウルパス（→P144）所持者は無料

カラフルな車体とポール型のバス停が特徴。赤い車体が主流

トラベルインフォ　市内交通

プチ情報　バスの番号は1桁目が始発エリア、2桁目が終着エリア。エリアは0中心部、1東北部、2東部、3南東部、4南部、5南西部、6西部、7北西部となる。

旅のキホン

通貨や季節、通信環境などの現地情報は事前に頭にインプットしておこう。また、ソウルは同じアジアでもマナーや習慣など日本と異なることも多い。

お金のこと

韓国の通貨単位はウォン(W)。W10単位からあるが、ほとんどの場合W100単位でのやり取りになる。

W100＝約11.15円
(2023年8月現在)

紙幣は4種類、硬貨は6種類。ただし現在、W1とW5硬貨は事実上流通していない。2009年まではW1万がもっとも高額な紙幣だったが、現在はW5万が最高額紙幣として流通している。
クレジットカードはほとんどのレストランやショップで利用できる。ただし屋台や一部の小規模店舗では使えないこともあるので注意しよう。

W1000

W5000

W1万

W5万

W10

W50

W100

W500

●両替

空港、銀行、ホテル、街なかの両替所などで両替できる。一般的に街なかの公認両替所がもっともレートがよい。両替する際に、パスポートの提示を求められることもあるので、パスポートは肌身離さず持っておこう。

空港	銀行	街なかの両替所	ATM	ホテル
最低限の両替を 空港の銀行は、市内と比べてレートが悪い。市内への移動に必要な、最低限のお金だけを両替するつもりで。	**見つけやすい** とにかく見つけやすいのが銀行の利点だが、営業時間が短く、土・日曜、祝日が休みなので、要注意。	**レートがよい** 明洞、梨泰院などの観光客が多いエリアでは容易に見つけられる。	**24時間使える** 空港やソウル市内に多くあり、カードでほぼウォンが引き出せる。日本語で操作できるものもあるので便利。	**安全&便利** 営業時間の長さと日本語OKの場合が多いのが魅力だが、宿泊客のみ対応のことが多くレートも悪い。

ATM利用のススメ

多額の現金の持ち歩きは、盗難・紛失リスクが高くなるもと。ソウルはカードが広く普及しているので、コンビニやファストフード店をはじめ、ほとんどの店舗で少額から使用可能。食事や買い物などではカードをメインに、どうしても現金が必要なときはATMを上手に活用したい。出発前にPIN(暗証番号)、クレジットカードの場合はキャッシングの利用可否や利用限度額を併せて確認しよう。

ATMお役立ち英単語集

暗証番号…PIN/ID CODE/SECRET CODE/PERSONAL NUMBER
確認…ENTER/OK/CORRECT/YES
取消…CANCEL
取引…TRANSACTION
現金引出…WITHDRAWAL/CASH ADVANCE/GET CASH
金額…AMOUNT
クレジットカード…CREDIT
預金(国際デビット、トラベルプリペイドの場合)…SAVINGS

余った現地通貨は空港のショップなどでカードと併せて支払い、使い切るのがおすすめ。余った現金を再両替すると二重に手数料がかかるうえ、日本円をウォンに両替した際のレシートが必要になる。

シーズンチェック

祝祭日にはレストランやショップ、銀行が休業になることも。特にソルラルと秋夕とその前後は注意。旅行日程を決める前に必ずチェックを。

●主な祝祭日

1月1日	新正月
2月9～12日	ソルラル(旧正月)※
3月1日	三一節(独立運動記念日)
5月5日	こどもの日
5月15日	釈迦誕生日※
6月6日	顕忠日(忠霊記念日)
8月15日	光復節(独立記念日)
9月16～18日	秋夕(お盆)※
10月3日	開天節(建国記念日)
10月9日	ハングルの日
12月25日	クリスマス

※印の祝祭日やイベントの日程は年によって変更する。
上記は2023年10月～2024年9月のもの

●主なイベント

2月14日	バレンタインデー
2月24日	テボルム(旧暦正月明け最初の満月)※
3月14日	ホワイトデー
4月14日	ブラックデー
5月5日	宗廟祭礼※
11月11日	ペペロデー

重要無形文化財の祭礼楽が行われる宗廟祭礼。毎年5月第1日曜

韓国ではクリスマスは公休日になっている

●気候とアドバイス

春 3～5月	3月は寒さが和らぐが、朝晩は冷えるので暖かい上着が必要。4月に入ると一気に春めいて過ごしやすくなる。	夏 6～8月	6月下旬～7月下旬は本格的な梅雨の時期で、折り畳み傘やレインコートが便利。8月は帽子や日焼け止めを。
秋 9～11月	ソウル観光のベストシーズン。昼夜の気温差に備え、ジャケットやセーターを用意して。11月中旬からは防寒が必要になるので、準備を万全に。	冬 12～2月	12月に入るとぐっと気温が下がり、1～2月が最も冷え込む。厚手のコートやタイツ、手袋、ブーツなどでしっかりと防寒しよう。
食べ物の旬	1月／カキ、アンコウ　3月／タラの芽　6月／アワビ 7月／スズキ　8月／エゴマの葉　11月／ブリ 12月／スケトウダラ、フグ、ズワイガニ  エゴマの葉		

●平均気温と降水量

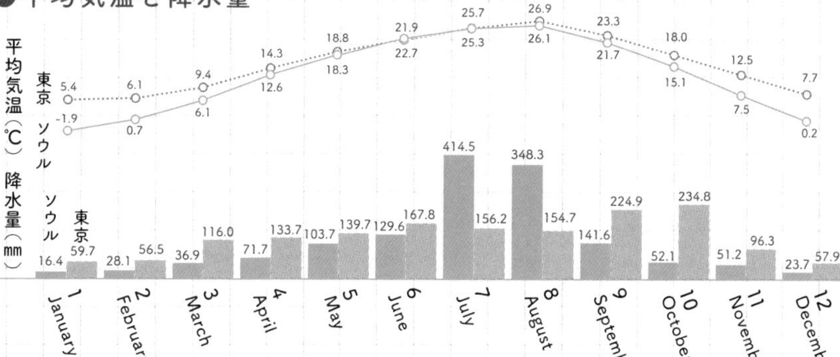

プチ情報　韓国で最も大きなイベントは旧正月と秋夕(お盆)。多くの施設や店が休みになるので、ショッピングを目的に旅行をする場合は避けたほうがよい。

電話のかけ方

カードは絵柄を下に向けて差し込む

●自分の携帯電話からかける場合…機種や契約によってかけ方や料金体系がさまざま。日本出発前に確認を。
●公衆電話…コイン式、テレホンカード式、クレジットカード式の3種類。一部T-money（→P144）が使えるものもある。国際電話は国際電話ステッカーが貼ってある電話機で使用可能。街なかではあまり設置されておらず、空港や駅にある。

●ソウル→日本（固定電話の場合）

001または002（電話会社の識別番号）**-81**（日本の国番号）**-相手の電話番号**（最初の0はとる）

●ソウル市内通話（ホテルの客室からの場合）

「外線番号-相手の番号」をそのまま押せばよい。

※市外間の通話の場合、日本同様市外局番が必要。ソウルの市外局番は02。

●日本→ソウル（固定電話の場合）

電話会社の識別番号（※）**-010-82**（韓国の国番号）**-相手の電話番号**（最初の0はとる）

※マイラインやマイラインプラスに登録している固定電話機の場合は不要。登録していない場合は、KDDI…001、NTTコミュニケーションズ…0033、ソフトバンク…0061などをはじめにプッシュする

インターネット事情

●街なかで

マクドナルドやスターバックス・コーヒーなどのファストフード店や観光案内所、コンビニエンスストアなど、各所にWi-Fiスポットがある。パスワードが不要なWi-Fiは、ウイルス感染などに注意が必要。

●ホテルで

ほとんどのホテルでは、ロビーや公共スペース、また客室でもWi-Fiが利用できるところが多いが、一部有料のところもある。ビジネスセンターやロビーなどに無料で使えるパソコンを設置しているホテルもある。

郵便・小包の送り方

●郵便

宛先は「JAPAN」「AIR MAIL」のみローマ字で書けば、ほかはすべて日本語で問題ない。投函は郵便局の窓口を利用するか、料金分の切手を貼って郵便ポストに入れればよい。小包は郵便局に直接持って行き、航空便か船便かを選ぶ。船便は20～30日かかるので注意。

韓国郵政事業本部　URL www.koreapost.go.kr（韓国語）

ソウルから日本へ送る場合の目安（航空便）

内容	期間	料金
ハガキ	7～15日	W430
封書（10gまで）	7～15日	W570
EMS（書類300gまで）	2～4日	W2万

●宅配便

料金は郵便よりも割高だが、電話をすればホテルまで荷物を取りに来てくれるなど、気軽に利用できるのが魅力。言葉に不安を感じる場合、ホテルのフロントに頼んでみよう。料金、日数は各社に直接問い合わせを。

DHL	☎02-1588-0001 ㊕24時間　㊡なし
FedEx	☎080-023-8000 ㊕24時間　㊡なし

注意事項　海外で携帯電話を使うときはパケット通信を切るか、海外用パケットサービスに契約を。空港でWi-Fiルーターや携帯をレンタルするのも手。

水とトイレとエトセトラ

●水道水は飲める？

政府は飲料水として認めているが、ミネラルウォーターを購入したほうがよい。地下鉄駅の売店やコンビニなどで購入できる。ホテルの客室に置いてある場合、無料か有料かは確認を。

水は手に入りやすい

●トイレに行きたくなったら？

空港やホテル、地下鉄の駅など公共施設では一般的に紙が流せるが、場所によっては流せないところもある。トイレ内に紙を流せるかどうかの表示があるところも多いので、流す前に確認しよう。

トイレのマークは日本と同じ

●プラグと変圧器が必要

電圧は110Vと220Vで、主要ホテルは220Vが多い。日本製の100Vのものを使うときは変圧器が必要になることも。プラグはA、C、SEの3タイプがある。

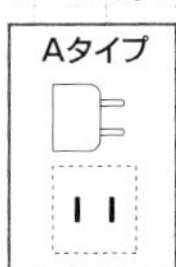

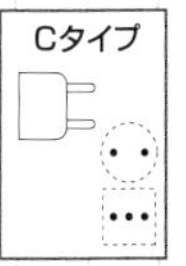

●ビジネスアワーはこちら

ソウルでの一般的な営業時間帯。店舗によって異なる。

ショップ　㊋10～21時
レストラン　㊋10～22時
銀行　㊋9～16時
　㊡土・日曜、祝日
デパート　㊋10～20時

●サイズ・度量衡を目安にお買い物

○レディスファッション

日本	衣料	7	9	11	13	15	17	靴	22.5	23	23.5	24	24.5	25
韓国		44	55	66	77	88	99		225	230	235	240	245	250

○メンズファッション

日本	衣料（上着）	M	L	XL	靴	25.5	26	26.5	27	27.5	28
韓国		95～100	100～105	105～110		255	260	265	270	275	280

○長さ

1寸	約3cm
1尺（＝10寸）	約30.3cm
1丈（＝10尺）	約3m

○重さ

1両	約38g
1斤（＝16両）	約600g

●物価はどのくらい？

ミネラルウォーター（500ml）W500～

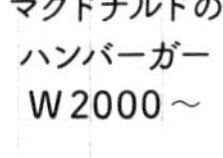

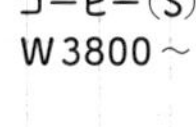

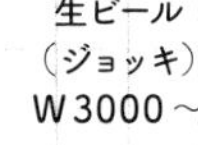

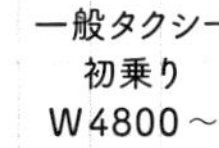

上記のサイズ表および物価は目安。メーカーや店などにより差があるので必ず確認を。韓国ではメートル法の利用が法律で定められているので、原則的に服のサイズ以外は日本と同じ感覚で買い物できる。

ルール＆マナー

［観光］

●儒教の国ですから

地下鉄などで、お年寄りや目上の人に席を譲るなどの習慣は、儒教の思想が強く、礼儀作法を大切にするお国柄か日本よりスマートに行われている。立っている人の荷物を座っている人が持つことも珍しくない。

●タバコ事情

路上にタバコを捨てるのはもちろんNG。法律で禁止されている。周りに人がいるときは一言断ってから吸うように。特に、目上の人の前での喫煙はマナー違反とされることが多い。また、駅などの公共施設や飲食店は全面禁煙となる。

●撮影NGの場所に注意

韓国には保安上の問題から写真撮影が禁止されている場所があり、空港、地下鉄、港などの交通機関や、軍事関係施設、大統領官邸などがこれにあたる。一部寺院でも撮影不可の場所があるので撮影前に確認を。

［グルメ］

●日本と異なるところ

焼肉店や鍋料理店、宮廷料理店では、注文は2人前からが一般的。また、人気店で一人での入店を断られる場合もある。1人前からでも注文OKなのは、主にビビムパプなどのご飯類、麺類の店。付け合わせのキムチやナムルは、基本的にお替わり自由。

●ご飯はスプーンで

箸とスプーンを使って食事をする。一般的におかずは箸、ご飯とスープはスプーンを使って食べる。日本とは異なり、器を持ち上げたり、器に口をつけたりするのはマナー違反。取り分け用の箸はなく、大皿料理でも各自が自分の箸を使う。

●テイクアウトにもトライ！

ソウルの飲食店は、テイクアウトに対応してくれる場合もしばしば。餃子などの軽食だけでなく、お粥やコムタン(牛煮込みスープ) を持ち帰れる店もあるので、夜食や翌日の朝食として、ホテルで食べることもできる。まずはお店で持ち帰りができるか確認しよう。

●お酒を楽しく飲むために

目上の人にお酒をすすめられた場合は、少し顔を横に向けて飲むのが礼儀。お酌をするときは、片手では無礼となるので、必ず両手でつぐこと。また、女性が男性に対してお酒をついでもいいのは、父親や夫など、身内の人だけとされている。

［ショッピング］

●免税店は注意点多し

買い物の際にはパスポートの提示と、帰国便の確認を求められるので、あらかじめ準備を。購入した商品はその場では受け取らず、帰国時に空港の免税品受け渡しカウンターで受け取る。仁川国際空港は4階、金浦国際空港は3階。

●付加価値税の払戻し

韓国では商品の価格に10%の付加価値税が含まれている。外国人旅行客は、TAX FREE SHOPPING加盟店で1店舗1回あたりW3万以上の買物をし、購入日から3カ月以内に国外へ持ち出す場合、手数料を引いた3～9%の金額の還付が受けられる。

①お店で…商品購入時にパスポートを提示し、免税書類を作成してもらう

②空港の税関で…免税書類、パスポート、レシート、購入品(未使用の状態)、航空券または搭乗券を提示し、書類に税関スタンプをもらう

③お金の受取り…空港にて出国審査後出発フロアの専用カウンターにて、免税書類を提出すれば現金(ウォン) を受け取れる。成田・羽田・関西・中部の各空港には専用ポストもある。

詳細はグローバルブルーへ。URL www.globalblue.com

★2016年1月より対象店でなら一度にW50万以下の買い物であれば、その場で即税引き価格で購入することができるようになった(総額W250万まで)。これにより、上記のような空港でのやりとりが必要なくなる。

［ホテル］

●税金

客室料金の10%の税金と、さらに10～15%のサービスチャージが加算される。2018年からは、一部のホテルでも付加価値税の払い戻しが受けられるようになった。対象ホテルで30泊以下、チェックアウト後3カ月以内の出国が適用の条件。

●チェックイン／アウト

チェックインは15時、チェックアウトは12時が一般的。チェックアウト後も荷物をフロントやクロークで預かってもらえるので、活用しよう。

●歯ブラシは必ず持参

環境への配慮から国の法律で、使い捨てのものを無料サービスしてはいけないため、基本韓国のホテルには客室内アメニティに歯ブラシがない(または有料となる)。歯ブラシは日本から持参するか、現地で調達しよう。

店に入るときやタクシーに乗るとき、韓国語であいさつをしてみては。それだけで印象が変わるもの。別冊裏表紙の「シーン別 カンタン韓国語」を参考に。何かをしてもらったときはお礼の言葉を忘れずに。

トラブル対処法

比較的治安のよいソウルだが、近年は犯罪が増加傾向にある。現地では日本語や英語が通じない場合も多いので、日本語OKのホテルに泊まっている場合は、トラブルに備えて宿泊先の電話番号を控えて外出しよう。

●病気になったら

ためらわずに病院へ。ホテルのフロントで医師の手配を頼むこともできる。参加したツアー会社や加入している保険会社の現地デスクに連絡すれば病院を紹介してくれる。また、海外の薬は体質に合わないこともあるので、使い慣れた薬を持参するとよい。

●盗難・紛失の場合

○パスポート
パスポートの盗難(紛失)は、まず警察に行き盗難(または紛失)証明書を発行してもらう。そして日本国大使館で失効手続き後、新規旅券の発給または帰国用の渡航書の申請をする。

○カード
カード会社の緊急電話窓口に連絡し、利用停止手続きを。万が一に備え、カード番号と緊急電話番号は事前に控えて、カードとは別に保管しておこう。

●トラブル事例集

○ホテルでチェックインやチェックアウトをする際に置き引きにあった。
⇒荷物から目を離さないこと。また、レストランで食事中に椅子の背にかけるバッグや上着にも注意。
⇒引ったくり対策も重要。持ち歩きのバッグは肩から斜めに掛けるショルダータイプがおすすめ。

○タクシーの運転手に法外な料金を請求された。また、無理矢理ショッピングに連れて行かれ、高額な商品を購入させられた。
⇒乗車する前にナンバープレートの上部にある2桁の番号が正規のタクシーである30番台になっているか否かを確認する。乗車した後は、ダッシュボード上に掲示されている運転手の身分証明書にある写真が実際の運転手であるかを確認することが必要。

○カジノにおいて、不法に金を貸し付けている人物から金を借り、高金利を課されたり、借金のかたとして旅券を取り上げられたりした。
⇒気軽に日本語で話しかけてくる人の話を素直に聞かない。知らない人からお金を借りないようにする。

行く前にチェック!

外務省海外旅行登録「たびレジ」では、渡航先の最新安全情報や緊急連絡などが受け取れる。
URL www.ezairyu.mofa.go.jp/tabireg/

旅の便利帳

[ソウル]

●在大韓民国日本国大使館領事部
㊟鍾路区栗谷路6 ツインツリータワーA棟8階
☎02-739-7400 ㊓9時30分 ～12時、13時30分～17時(業務により異なる) ㊡土・日曜、祝日、休館日 URL www.kr.emb-japan.go.jp
別冊MAP● P8B2

●コリアトラベルホットライン ☎1330(観光案内/24時間/日本語可/※通話料は要負担)

●警察 ☎112

●消防・救急車 ☎119

●カード会社緊急連絡先
JCB紛失・盗難海外サポート
☎001(または002)-800-00090009 (トールフリー/24時間)
Visa グローバル・カスタマー・アシスタンス・サービス
☎080-486-0880(フリーダイヤル/日本語/24時間)
アメリカン・エキスプレス・グローバル・ホットライン
☎00798-651-7032(トールフリー/24時間)
マスターカード・グローバル・サービス
☎0079-811-887-0823(トールフリー/24時間)

●日本語が通じる病院
カトリック大学校ソウル聖母病院 国際医療センター ☎02-2258-5747(平日8～17時)
延世大学校新村セブランス病院 国際医療センター
☎02-2228-5801(平日8時30分～17時30分)

[日本]

○駐日本国大韓民国大使館 領事部
㊟東京都港区南麻布1-2-5
☎03-3455-2601～3

○駐大阪大韓民国総領事館
㊟大阪府大阪市中央区西心斎橋2-3-4
☎06-4256-2345

○主要空港
NAA成田国際空港インフォメーション
☎0476-34-8000
URL www.narita-airport.jp
羽田空港総合案内
☎03-5757-8111
URL www.haneda-airport.jp
関西国際空港情報案内
☎072-455-2500
URL www.kansai-airport.or.jp
セントレアテレホンセンター(中部国際空港)
☎0569-38-1195
URL www.centrair.jp

病院に行きたいときは「병원에 데려가 주세요」(ピョンウォネ テリョガ ジュセヨ)、警察を呼んでほしいときは「경찰을 불러 주세요」(キョンチャル プルロ ジュセヨ)と言おう。

書き込んで使おう 旅じたくmemo

シーズンチェック（→P 149）を参考に、服装と持ち物を決めよう。

預け入れ荷物リスト

- □くつ
- □衣類
- □下着類
- □歯みがきセット
- □洗顔グッズ
- □コスメ
- □日焼け止め
- □バスグッズ
- □スリッパ
- □常備薬
- □コンタクト・メガネ
- □生理用品
- □プラグ変換機、充電器、充電池
- □エコバッグ
- □折り畳み傘
- □サングラス
- □帽子

ホテルに使い捨てアメニティのセットはないので持参しよう

スーパーの袋は有料となるのであると便利

洗濯グッズ、折り畳みハンガーや、マイ箸、使い捨てフォークもあると便利

機内への無料預け入れ荷物には重量やサイズの制限がある。航空会社によって異なるので、詳細は確認を

濡れた物や液体物に備え、ビニール袋も何枚か

荷物の仕分けにはナイロンポーチやファスナー付き袋を活用

スーツケースの底側に重たい荷物を詰めよう

手荷物リスト

- □パスポート
- □クレジットカード
- □現金
- □カメラ
- □携帯電話
- □ボールペン
- □ツアー日程表（航空券/eチケット控え）
- □ティッシュ/ウエットティッシュ
- □ハンカチ
- □リップバーム（リップクリーム）
- □ストール/マスク（必要な人のみ）

出入国カードや税関申告書の記入で必要

忘れずに

液体類の機内持込みには制限がある（→P 140）

便利memo

機内で入国書類や申告書を記入する際に使おう

パスポートNo.（　　　　　）	ホテル（　　　　　）
フライトNo.行き（　　　　　）	出発日（　　　　　）
フライトNo.帰り（　　　　　）	帰国日（　　　　　）

リチウム電池またはリチウムイオン電池はスーツケースなど預け入れ荷物に入れることができない。携帯電話充電用のバッテリーなどは注意。詳しくは国土交通省ホームページを参照 URL www.mlit.go.jp/koku/15_bf_000004.html

Index

物件名	ジャンル	エリア	ページ	別冊MAP
□ アーダー・エラー	ファッション	弘大	P69	P16B3
□ アートボックス	雑貨	梨大	P55	P17D4
□ アイ・アム・ジョイ	アクセサリー	弘大	P44	P17C2
□ アイヘイトマンデー	靴下	ソウル駅	P27	P10B4
□ アイル・ラント	キャンドル	合井駅	P10	P16B3
□ アベル・スタジオ	ファッション	弘大	P45	P16B3
□ アミマーケット	ファッション	明洞	P71	P12A2
□ アミューズ 漢南ショールーム	コスメ	梨泰院	P62	P19C4
□ アモーレソンス	コスメ	聖水洞	P63	P5C3
□ アンダー・スタンド・アベニュー	複合施設	聖水洞	P18	P5C3
□ Eマート	スーパー	龍山	P76	P4B3
□ イズナナ	ファッション	カロスキル	P25	P24B1
□ 梨泰院市場（イテウォンシジャン）	市場	梨泰院	P71	P18A4
□ イド	陶磁器	清潭洞	P75	P23C2
□ インスタントファンク	ファッション	狎鴎亭洞	P21	P22B2
□ ヴィア・ケー・スタジオ	雑貨	カロスキル	P73	P24B2
□ エーランド	セレクトショップ	明洞	P41	P13C3
□ エイト・セカンズ	ファッション	明洞	P41	P13C2
□ エスエスジー・フードマーケット	スーパー	清潭洞	P23	P23C2
□ エチュード・ハウス	コスメ	弘大	P65	P16B2
□ オブジェクト	雑貨	三清洞	P73	P15B3
□ オリーブ・ヤング	コスメ	明洞	P64	P13C2
□ キム・イギョン陶磁芸術	陶磁器	三清洞	P75	P9C2
□ 閨房都監（キュバントガン）	伝統工芸品	北村	P50	P15A3
□ 京東市場（キョンドンシジャン）	市場	祭基洞駅	P125	P5C2
□ 広蔵市場（クァンジャンシジャン）	市場	鍾路5街駅	P125	P18B1
□ クァンヤ@ソウル	雑貨	聖水洞	P27	P5C3
□ クイーンズスクエア	ファッションビル	東大門	P57	P19D2
□ クイーン・ママ・マーケット	ライフスタイルショップ	狎鴎亭洞	P21	P22B2
□ ゴー・トゥー・モール	ファッションモール	高速ターミナル駅	P70	P20A3
□ コモン・グラウンド	ショッピングモール	聖水洞	P18・39	P5C3
□ ザ・セイム	雑貨	合井駅	P26	P4B3
□ ザ・ナインモール	雑貨	弘大	P44	P17C1
□ ザ・現代ソウル	デパート	汝矣島	P36・60	P4B3
□ サムジキル	ショッピングモール	仁寺洞	P73	P14A2
□ サンクス・ブックス	書店	弘大	P45	P16A4
□ サンサンマダン・デザインスクエア	雑貨	弘大	P72	P16B3
□ ジェントル・モンスター 弘大店	サングラス	弘大	P45	P16B3
□ ショシュルラパン・メインストア	シューズ	明洞	P67	P12A1
□ ジョンイナム・ギャラリー	伝統工芸品	北村	P50	P15B4
□ 新羅免税店（シルラミョンセジョム）	免税店	東大入口駅	P78	P7C4
□ 新世界免税店（シンセゲミョンセジョム）	免税店	明洞	P78	P12A4
□ スタイルナンダ	ファッション	弘大	P44	P17C2
□ スパオ	ファッション	明洞	P41	P13C4
□ スムーディ	ネオンサイン	弘大	P10	P17C1
□ ソグノ	アクセサリー	三清洞	P49	P15A2
□ 雪花秀 北村フラッグシップストア	コスメ	三清洞	P48	P15B3
□ 聖水連邦（ソンスヨンバン）	複合施設	聖水洞	P17	P5C3
□ ダミ	アクセサリー	カロスキル	P66	P24B2
□ タンバリンス	香水	狎鴎亭洞	P10	P24A2
□ チーム204	ファッションビル	東大門	P57	P19D2
□ 中部市場（チュンブシジャン）	市場	乙支路4街駅	P125	P6B3
□ 第一平和市場（チョイルピョンファンシジャン）	ファッションビル	東大門	P57	P19D2
□ チョン・ソヨンの食器匠（チョンソヨンエシッキジャン）	陶磁器	清潭洞	P74	P23D3
□ ディアダリア島山 フラッグシップストア	コスメ	狎鴎亭洞	P62	P22B2
□ D&デパートメント	伝統工芸品	梨泰院	P75	P19C4
□ DDPサルリムト	雑貨	東大門	P72	P19D3
□ デイリーライク	雑貨	カロスキル	P25	P24A2
□ 東大門デザインプラザ	デザインセンター	東大門	P37・58	P19D2・3
□ ドゥータ・モール	ファッションビル	東大門	P56	P19D2
□ トップテン	ファッション	明洞	P68	P12B2

おかいもの

インデックス

□行きたい場所に✓を入れましょう　■行った場所をぬりつぶしましょう

物件名	ジャンル	エリア	ページ	別冊MAP
おかいもの				
□ トニー・モリー	コスメ	東大門	P64	P19C2
□ 通仁市場(トンインシジャン)	市場	西村	P125	P8A1
□ 東和免税店(トンファミョンセジョム)	免税店	光化門駅	P78	P8A4
□ 南大門市場(ナムデムンシジャン)	市場	南大門	P124	P10B2
□ ナムハナ	シューズ	清潭洞	P67	P23D2
□ ニューニュー	アクセサリー	東大門	P66	P7C2
□ ネイチャー・リパブリック	コスメ	明洞	P65	P13C4
□ ハーモニーマート	スーパー	明洞	P77	P13C4
□ はなび	ファッション	高速ターミナル駅	P70	P20A3
□ ハローapM	ファッションビル	東大門	P56	P19C2
□ 現代シティアウトレット	アウトレット	東大門	P71	P19C2
□ プレイ ライン フレンズ	雑貨	仁寺洞	P26	P14A2
□ ホリカ・ホリカ	コスメ	明洞	P65	P13C3
□ マルディ メクルディ 1	ファッション	梨泰院	P52	P19C4
□ マンデイ・エディション	アクセサリー	梨泰院	P52	P19C4
□ ミーオリ	バッグ	三清洞	P49	P15A4
□ ミシャプラス	コスメ	弘大	P65	P16B2
□ ミリオレ	ファッションビル	東大門	P57	P19D2
□ monamiストア 聖水店	文房具	聖水洞	P19	P5C3
□ ラップ	ファッション	明洞	P68	P12A2
□ ラネージュ ショールーム	コスメ	明洞	P63	P13C2
□ リン	アクセサリー	高速ターミナル駅	P70	P20A3
□ レア・マーケット	ファッション	狎鴎亭洞	P21	P23C2
□ レトロムーン	ファッション	望遠駅	P69	P4B2
□ ロウ・クラシック554	ファッション	カロスキル	P69	P24B2
□ ローマジック	香水	聖水洞	P19	P5C3
□ ロッテマート	スーパー	ソウル駅	P76	P10A3
□ ロッテ免税店	免税店	明洞	P78	P12A1
□ ロッテ・ヤング・プラザ	ファッションビル	明洞	P71	P12A2

物件名	ジャンル	エリア	ページ	別冊MAP
おいしいもの				
□ アーバンクリフ	カフェレストラン	厚岩洞	P102	P5C3
□ 狎鴎亭カルサムギョプサル	サムギョプサル	狎鴎亭洞	P23	P22B1
□ アルムダウン茶博物館	伝統茶屋	仁寺洞	P101	P14B3
□ イェジ粉食	家庭料理	明洞	P42	P13C1
□ 利パッ(イパッ)	おむすび定食	三清洞	P50	P9C2
□ ヴォルス・ガーデン	カフェ	弘大	P47	P4B2
□ ウォンガン	韓牛焼肉	論峴駅	P83	P20B3
□ 元祖馬山ハルメアグチム(ウォンジョマサンハルメアグチム)	カンジャンケジャン	新沙駅	P96	P24A4
□ ウォンハルモニポッサム	ポッサム	弘大	P46	P17C1
□ 乙密台(ウルミルデ)	冷麺	大興駅	P91	P4B3
□ オーサム・ローズ	洋食	カロスキル	P25	P24A2
□ オードステア	バー	緑莎坪	P53	P18A4
□ 五壮洞咸興冷麺(オジャンドンハムンネンミョン)	冷麺	乙支路4街駅	P91	P6B3
□ オソロック・ティーハウス	お茶専門店	三清洞	P48	P15B3
□ オッパダック	フライドチキン	明洞	P86	P12B1
□ オンマウル	チゲ	三清洞	P50	P15A1
□ カフェ・オニオン	ベーカリー	三清洞	P99	P15B4
□ カフェ・コイン	ピンス	明洞	P108	P13C3
□ カフェ・サプンサプン	韓方茶	三成駅	P122	P21D3
□ カフェ・テープ	ケーキ	梨泰院	P105	P18A4
□ カフェ ハラポジ工場	カフェ	聖水洞	P17	P5C3
□ カント	カフェ	聖水洞	P103	P5C3
□ クァペ	クァベギ	延南洞	P104	P4B2
□ クンキワチッ	チゲ	三清洞	P93	P15B4
□ ケファオク	ポッサム	狎鴎亭洞	P85	P22B1
□ ケリムウォン	トンダク	東大門	P87	P19D1
□ コリアハウス	韓定食	南山	P95	P11D2
□ ザ・サンファ	韓方茶	東大門	P122	P19C1
□ サノ	ビビムパプ	カロスキル	P89	P24A1
□ ザ・ファイネスト	バー	緑莎坪	P38・53	P5C3
□ ザ・ベイカーズ・テーブル	ベーカリー	梨泰院	P98	P5C3
□ 三清洞スジェビ(サムチョドンスジェビ)	スジェビ	三清洞	P92	P15A1

□行きたい場所に✓を入れましょう ■行った場所をぬりつぶしましょう

物件名	ジャンル	エリア	ページ	別冊MAP
□ ザ・ロイヤル フード & ドリンク	カフェ	厚岩洞	P102	P5C3
□ シゴルパプサン	韓定食	梨泰院	P95	P19C4
□ シゴルヤチェテンジャン	ビビムパプ	江南駅	P88	P18A1
□ ジャムジャム	カフェ	延南洞	P103	P4B2
□ シンイェッチャチプ	韓屋カフェ	仁寺洞	P107	P14A2
□ 神仙ソルロンタン(シンソンソルロンタン)	ソルロンタン	明洞	P43	P13C2
□ シンミ食堂	チゲ	狎鷗亭洞	P93	P22A1
□ スーパージップ	トッポッキ	江南区庁駅	P29	P21C2
□ スターバックス京東1960店	カフェ	祭基洞駅	P11	P5C2
□ ソウル・オウム	カフェ	聖水洞	P19	P5C3
□ ソウルで二番目においしい店	伝統茶屋	三清洞	P107	P15A1
□ 小公粥家	お粥	明洞	P43	P10A1
□ ソサンコッケ	カンジャンケジャン	麻浦駅	P97	P4B3
□ ソナ	カフェ	カロスキル	P25	P24A2
□ ソルビン	ピンス	明洞	P109	P12B1
□ ダウンタウナー	ハンバーガー	三清洞	P110	P15B4
□ チファジャ	宮廷料理	西村	P94	P4B2
□ チャクサルチキン	チキン	石村駅	P31	P5D3
□ チャマシヌントゥル	伝統茶屋	三清洞	P106	P15A2
□ チョウンセサンマンドゥルギ	カフェ	堂山駅	P31	P4B3
□ チョルチョルポッチプ	フグ	乙支路入口駅	P96	P10B1
□ チョンウォンスンドゥブ	チゲ	市庁駅	P93	P10A2
□ 全州会館(チョンジュフェグァン)	ピビムパプ	市庁駅	P89	P10B2
□ 清水堂 共鳴(チョンスダン コンミョン)	カフェ	弘大	P47	P4B2
□ 清水堂 本店(チョンスダン ポンジョム)	カフェ	益善洞	P100	P9C3
□ 伝統茶院(ジョントンダウォン)	伝統茶屋	仁寺洞	P107	P14B2
□ 陳玉華ハルメ元祖タッカンマリ(チンオックヮハルメウォンジョタッカンマリ)	タッカンマリ	東大門	P81	P19C1
□ 晋州会館(チンジュフェグァン)	コングクス	市庁駅	P90	P10A2
□ 太極堂(テグッタン)	ベーカリー	東大門	P99	P7C3
□ 太白クンムルタッカルビ(テベックンムルタッカルビ)	タッカルビ	望遠洞	P87	P4B2
□ 大林倉庫(テリムチャンコ)	カフェ	聖水洞	P17	P5C3
□ テンジャンイェスルクァスル	ピビムパブ	鍾閣駅	P89	P9C4
□ トゥッコビ精肉店直営食堂	韓牛焼肉	宣陵駅	P83	P21C4
□ トゥレグクス	うどん	狎鷗亭洞	P23	P22A2
□ ドーナツチョンス	ドーナツ	鍾路	P102	P7C1
□ 東京ピンス	ピンス	望遠洞	P109	P4B2
□ 図食化(ドシクア)	薬菓カフェ	上水駅	P105	P16B3
□ 土俗村(トソクチョン)	参鶏湯	景福宮駅	P80	P8A2
□ トマ	焼肉	弘大	P46	P16B2
□ 楽園駅(ナグォンニョッ)	カフェ	益善洞	P100	P9C3
□ ヌグナホルタッパナンチキン	チキン	明洞	P42	P12B2
□ ヌデイク	カフェ	狎鷗亭洞	P103	P22B2
□ ヌンナムチプ	キムチマリグクス	三清洞	P90	P15A1
□ ノティド	ドーナツ	狎鷗亭洞	P104	P22B2
□ 朴高ボルレ(パクコボルレ)	居酒屋	江南区庁駅	P29	P23C4
□ バター・フィンガー・パンケーキ	パンケーキ	狎鷗亭洞	P22	P23C2
□ バターブック	ドーナツ	解放村	P104	P5C3
□ 河南テジチプ	サムギョプサル	江南	P28	P20B3
□ 韓牛マン(ハヌマン)	韓牛焼肉	方背駅	P82	P5C4
□ ハヌリ韓定食	韓定食	狎鷗亭洞	P95	P22B3
□ ハノクチプ	キムチチム	西大門駅	P85	P4B2
□ ハル&ワンデー	カフェ	聖水洞	P30	P5C3
□ ピザ・エクスプレス	ピザ	カロスキル	P110	P24A2
□ 郷味(ヒャンミ)	ジャージャー麺	明洞	P93	P12B3
□ 黄生家カルグクス(ファンセンガカルグクス)	カルグクス	三清洞	P92	P15A3
□ プチョンユッケ	ユッケ	東大門	P80	P18B1
□ 付氷(プビン)	ピンス	付岩洞	P108	P5C2
□ ベーカスト・ブラウン	薬菓カフェ	江南駅	P105	P18A1
□ ペク・ボーイ・ピザ	ピザ	延南洞	P110	P4B2
□ ペッコドン	チョンゴル	狎鷗亭洞	P97	P22B1
□ 百年土種参鶏湯本店(ペンニョントジョンサムゲタンポンジョム)	参鶏湯	弘大	P87	P16B2
□ ポド食堂(ポドシクタン)	焼肉	狎鷗亭洞	P84	P22A2

	物件名	ジャンル	エリア	ページ	別冊MAP
おいしいもの	□ 鳳雛チムタク(ポンチュチムタク)	チムタク	新村	P86	P17D1
	□ 本草堂(プレミアム韓国伝統茶カフェ)	韓方茶	弘大	P122	P16B2
	□ 弘大迎賓楼(ホンデヨンビンル)	チャンポン	弘大	P46	P16B3
	□ マウス・ラビット	カフェ	建大	P31	P5D3
	□ マザー・イン・ロー・ベーグルズ	ベーカリー	梨大	P55	P17D4
	□ マダンフラワーカフェ	カフェ	益善洞	P101	P9C3
	□ マニョキンパプ	キンパプ	清潭洞	P29	P23D2
	□ 満足五香チョッパル(マンジョクオヒャンチョッパル)	チョッパル	市庁駅	P81	P10A2
	□ マンナダン	薬菓	カロスキル	P11	P24B1
	□ ミニュート パピヨン	チュロス	狎鷗亭洞	P11	P22B2
	□ 明洞餃子(ミョンドンギョジャ)	カルグクス	明洞	P42	P13C3
	□ 明洞咸興麺屋(ミョンドンハムンミョノッ)	冷麺	明洞	P90	P13C3
	□ ミリネヘムルタン	海鮮鍋	梨大	P55・97	P17D4
	□ ミルド	ベーカリー	聖水洞	P99	P5C3
	□ ミルトースト	ベーカリー	益善洞	P98	P9C3
	□ 武橋洞プゴクッチッ(ムギョドンプゴクッチッ)	プゴクッ	市庁駅	P92	P8B4
	□ メリツリー	カフェ	弘大	P47	P4B2
	□ モルト	カフェ	明洞	P43	P13C2
	□ 両班宅(ヤンバンテク)	韓定食	仁寺洞	P94	P14B3
	□ 肉典食堂(ユッチョンシクタン)	サムギョプサル	東大門	P84	P7D2
	□ ユクサムネンミョン	冷麺	弘大	P91	P16B3
	□ ユジョン食堂	韓国料理	狎鷗亭洞	P28	P22A4
	□ ヨンチョンヨンファ	韓牛焼肉	清潭洞	P83	P23D2
	□ ルッソ・ラボ	カフェ	狎鷗亭洞	P22	P23C2
	□ ル・モンブラン	ケーキ	解放村	P105	P5C3
ビューティスポット	□ アイブロウ・バー	アイブロウサロン	弘大	P121	P16B1
	□ アクアフィールド河南	チムジルバン	蚕室駅	P114	P4A1
	□ イ・ムンウォン韓方クリニック	エステ	江南区庁駅	P117	P23C4
	□ 仁寺洞汗蒸幕(インサドンハンジュンマク)	汗蒸幕	仁寺洞	P113	P9C2
	□ キムソヒョン韓方クリニック	エステ	カロスキル	P116	P24B3
	□ キュリム韓医院	エステ	明洞	P117	P13C4
	□ 廣東韓方病院五行センター(クァンドンハンバンビョンウォンオヘンセント)	エステ	奉恩寺駅	P116	P21D2
	□ ゲランスパ	スパ	東大入口駅	P119	P7C4
	□ ザ・フット・ショップ	マッサージ	明洞	P121	P12B1
	□ スパ1899	スパ	三成駅	P118	P21D3
	□ スパ・レイ	チムジルバン	新沙駅	P115	P24A3
	□ 森の中の漢方ランド(スプソッハンバンレンドゥボンジョム)	チムジルバン	西大門	P114	P4B2
	□ 雪花秀スパ(ソルファススパ)	スパ	明洞	P119	P12A1
	□ ダリアスパ	エステ	建大	P118	P5D3
	□ チョ&パク・ビューティクリニック	アートメイク	新沙駅	P120	P24A4
	□ ツヤネイル	ネイルサロン	狎鷗亭洞	P121	P22A2
	□ ドラゴン・ヒル・スパ	チムジルバン	龍山駅	P115	P4B3
	□ 美素汗蒸幕(ビスハンジュンマク)	汗蒸幕	忠正路駅	P113	P4B2
	□ ホテル・プリマ・サウナ	チムジルバン	清潭洞	P115	P21C1
	□ 柔精手の香り(ユジョンソネヒャンギ)	マッサージ	東大門	P121	P19C2
	□ 女容国(ヨヨングッ)	エステ	総合運動場駅	P117	P5D3
観光スポット	□ アクレッド	ドラマロケ地	狎鷗亭洞	P39	P23C1
	□ イッツ・ミー・フォト	写真スタジオ	明洞	P128	P13D3
	□ 梨花女子大学博物館	博物館	梨大	P54	P17D3
	□ 雲峴宮(ウニョングン)	韓服	仁寺洞	P129	P14B1
	□ ウルフギャング・ステーキハウス	ドラマロケ地	狎鷗亭洞	P37	P23C2
	□ SMエンターテインメント	芸能事務所	ソウルの森駅	P34	P5C3
	□ SBSプリズムタワー	音楽番組鑑賞	デジタルメディアシティ駅	P33	P4B2
	□ MBC公開ホール	音楽番組鑑賞	デジタルメディアシティ駅	P32	P4B2
	□ 景福宮(キョンボックン)	古宮	景福宮駅	P133	P8A・B2
	□ 国立中央博物館(クンニプチュンアンパンムルグァン)	博物館	二村駅	P130	P5C3
	□ 国立現代美術館 ソウル館(クンニプヒョンデミスルグァンソウルグァン)	美術館	三清洞	P131	P15A4
	□ サムスン美術館 Leeum	美術館	梨泰院	P131	P18B3
	□ CJ ENMセンター	音楽番組鑑賞	デジタルメディアシティ駅	P33	P4B2
	□ JYP エンターテインメント	芸能事務所	遁村洞駅	P34	P5D3

↑ □行きたい場所に✓を入れましょう ■行った場所をぬりつぶしましょう

観光スポット

物件名	ジャンル	エリア	ページ	別冊MAP
□ シャープ	占い	明洞	P129	P12B4
□ シンデレラ	写真スタジオ	景福宮	P128	P8B2
□ 水原華城（スウォンファソン）	プチトリップ	郊外	P134	P4A2
□ 世運商店街（セウンサンガ）	ドラマロケ地	鍾路3街駅	P39	P9D4
□ センターフィールドウエスト	ドラマロケ地	江南	P36	P21C3
□ ソウルウェーブアートセンター	ドラマロケ地	蚕院駅	P37	P20A2
□ ソウルバム	ドラマロケ地	緑莎坪	P38	P18A4
□ 昌慶宮（チャンギョングン）	古宮	恵化駅	P133	P9D1
□ 昌徳宮（チャンドックン）	古宮	安国駅	P132	P9C・D1
□ 宗廟（チョンミョ）	古宮	鍾路3街駅	P132	P9D2・3
□ ティルティル	ドラマロケ地	弘大	P37	P16B3
□ 徳寿宮（トクスグン）	古宮	市庁駅	P133	P10A1
□ 徳寿宮石垣道（トクスグントルダムギル）	ドラマロケ地	市庁駅	P36	P10A1
□ 南漢山城（ナムハンサンソン）	プチトリップ	郊外	P134	P4A1
□ ナンタ	ミュージカル	明洞・忠正路駅	P126	P4B2・12B2
□ NEWペインターズ	ミュージカル	西大門駅	P127	P8A4
□ 緑莎坪歩道橋（ノッサピョンポドユッキョ）	ドラマロケ地	緑莎坪	P38	P18A4
□ ノドゥルマダン	公園	ノドゥル島	P60	P4B3
□ ハイブ	芸能事務所	新龍山駅	P34	P4B3
□ 韓国民俗村（ハングクミンソクチョン）	プチトリップ	郊外	P134	P4A2
□ BBQチキン梨大	ドラマロケ地	梨大	P39	P17D4
□ 北村韓屋村（ブクチョンハノクマウル）	韓屋	北村	P51	P15B2
□ マンマンココロ	ドラマロケ地	弘大	P38	P16B2
□ YGエンターテインメント	芸能事務所	合井駅	P34	P4B3

ホテル

物件名	ジャンル	エリア	ページ	別冊MAP
イビス・アンバサダー明洞	ホテル	明洞	P139	P12B2
インターコンチネンタル・ソウル・コエックス	ホテル	三成駅	P139	P21D2
ウェスティン・チョースン	ホテル	明洞	P137	P12A1
グランデ・ウォーカーヒル・ソウル	ホテル	クァンナル駅	P139	P5D2
グランド・アンバサダー	ホテル	東大入口駅	P139	P7C3
グランド・インターコンチネンタル・ソウル・パルナス	ホテル	三成駅	P138	P21D3
グランド・ハイアット	ホテル	梨泰院	P138	P18B3
コリアナ	ホテル	光化門駅	P139	P8A4
コンラッド	ホテル	汝矣島	P139	P4B3
ザ・プラザ	ホテル	市庁駅	P139	P10B1
JWマリオット	ホテル	高速ターミナル駅	P138	P20A3
JWマリオット・東大門スクエア	ホテル	東大門	P138	P19D1
新羅	ホテル	東大入口駅	P137	P7C4
世宗（セジョン）	ホテル	明洞	P139	P13D4
小雪ホテル	ホテル	南部ターミナル駅	P138	P5C4
昭玄堂（ソヒョンダン）	ホテル	三清洞	P136	P15A4
パーク・ハイアット	ホテル	三成駅	P139	P21D3
ハミルトン	ホテル	梨泰院	P139	P18B4
バンヤンツリー クラブ＆スパ	ホテル	東大入口駅	P137	P7C4
現代レジデンス（ヒュンダイレジデンス）	ホテル	東大門	P136	P6B3
フォーポインツ・バイ・シェラトン・ソウル南山	ホテル	ソウル駅	P138	P10A4
楽古斎（ラッコジェ）	ホテル	三清洞	P139	P15B3
ロッテ・ホテル・ソウル	ホテル	明洞	P137	P12A1
ロッテ・ホテル・ワールド	ホテル	蚕室駅	P139	P5D3

ララチッタ
ソウル
Seowl

2023年10月15日	初版印刷
2023年11月1日	初版発行

編集人	井垣達廣
発行人	盛崎宏行
発行所	JTBパブリッシング 〒135-8165 東京都江東区豊洲5-6-36 豊洲プライムスクエア11階

企画・編集	情報メディア編集部
取材・執筆・撮影	K&Bパブリッシャーズ おいしいしごと／千智宣／大原扁理 成沢拓司／鄭宗甲／ゴーシュ P.M.A.トライアングル／中嶋一恵 藤田麗子／皿谷友美／尹智雅 チェ・ジェシク／チュ・ソンヨン 張有庭／鹿井七恵
本文デザイン	ME&MIRACO 宇都宮久美子／brücke／鬼頭敦子 複眼デザイン／スタジオビート 花デザイン
表紙デザイン・ シリーズロゴ	ローグ クリエイティブ（馬場貴裕／西浦隆大）
編集・写真協力	堤静恵／佐藤憲一／金己愛／田尻陽子 松澤暁生／岩井加代子／SumiyoIDA 西村光司／ウシオダキョウコ／雀仁鎬 クルー／金キエ／鈴木伸／河野利枝 韓国観光公社／KISKOREA／PIXTA
地図制作	ジェイ・マップ／アルテコ アトリエ・プラン
印刷所	佐川印刷

編集内容や、乱丁、落丁のお問合せはこちら

JTBパブリッシング お問合せ

https://jtbpublishing.co.jp/contact/service/

234119 759139
ISBN978-4-533-15550-5 C2026

おでかけ情報満載
https://rurubu.jp/andmore/

※続刊予定あり

ヨーロッパ

①ローマ・フィレンツェ
②ミラノ・ヴェネツィア
③パリ
④ロンドン
⑤ミュンヘン・ロマンチック街道・フランクフルト
⑥ウィーン・プラハ
⑦アムステルダム・ブリュッセル
⑧スペイン
⑨北欧
⑩イタリア
⑫イギリス
⑬フランス

アジア

①ソウル
②台北
③香港・マカオ
④上海
⑤シンガポール
⑥バンコク
⑦プーケット・サムイ島・バンコク
⑧ホーチミン
⑨アンコールワット・ホーチミン
⑩バリ島
⑪釜山
⑫ベトナム
⑬台湾
⑭セブ島 フィリピン

アメリカ

①ニューヨーク
②ラスベガス・セドナ
③ロサンゼルス・サンフランシスコ
④バンクーバー・カナディアンロッキー

太平洋

①ホノルル
②グアム
③ケアンズ・グレートバリアリーフ
④シドニー・ウルル（エアーズ・ロック）
⑤ハワイ島・ホノルル
⑥オーストラリア

ここからはがせます♪

Lala Citta Seoul

Area Map

ソウル 別冊MAP

地下鉄路線図 P2-3
ソウル全体図 P4-5
江北中心部 P6-7
三清洞～仁寺洞 P8-9
明洞～南大門市場 P10-11
明洞 P12-13
仁寺洞 P14
三清洞/北村 P15
弘大 P16
梨大/新村 P17
東大門市場/梨泰院/江南駅 P18-19
江南中心部 P20-21
狎鴎亭洞～清潭洞 P22-23
カロスキル P24

韓国料理メニューカタログ P25-27
シーン別 カンタン会話 裏表紙

MAP凡例

観光スポット　レストラン・カフェ　ショップ
ビューティスポット　ナイトスポット　Hホテル

地下鉄路線図

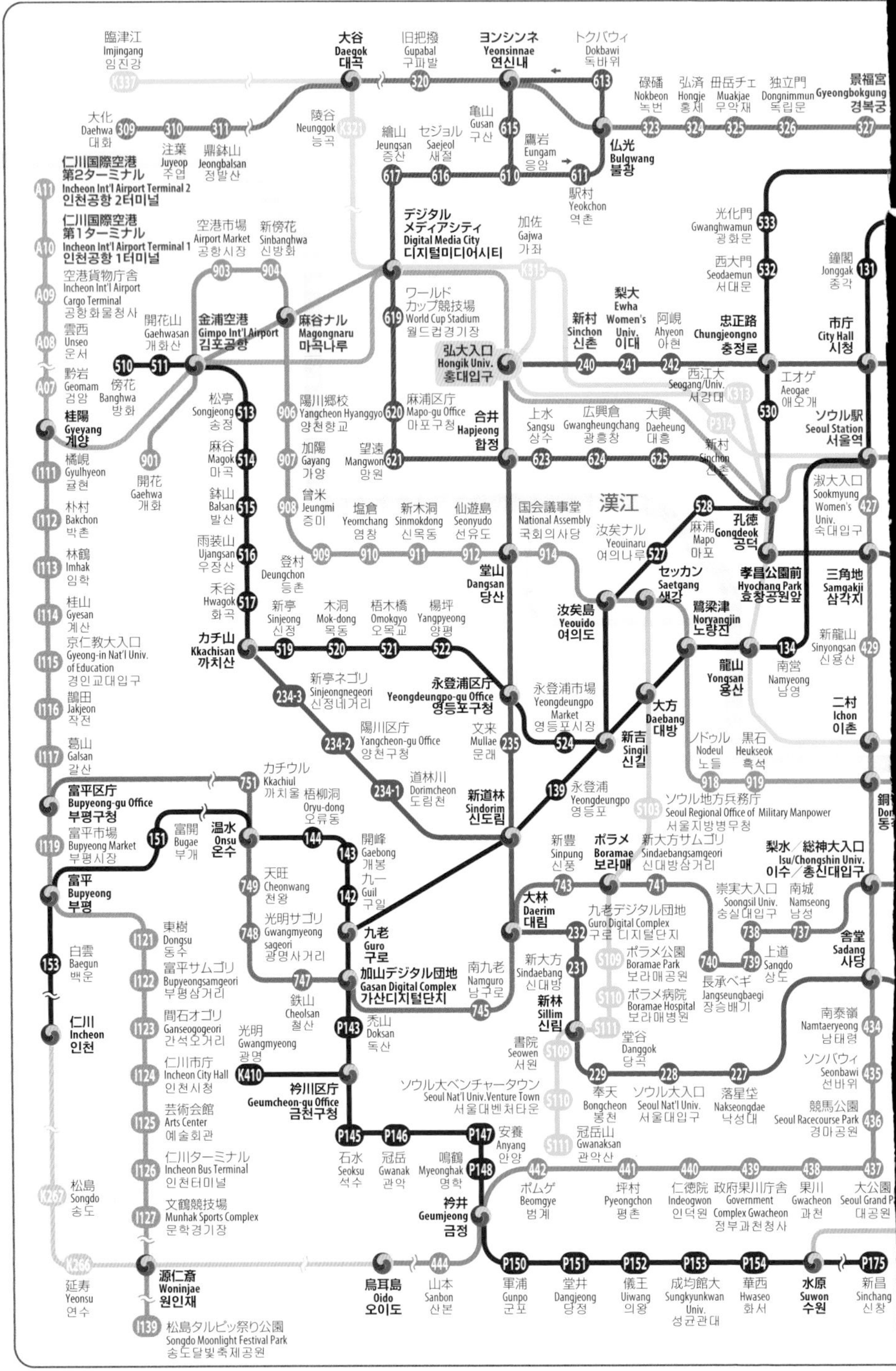

臨津江 Imjingang 임진강 K337
大谷 Daegok 대곡
旧把撥 Gupabal 구파발 320
ヨンシンネ Yeonsinnae 연신내
トクバウィ Dokbawi 독바위 613

大化 Daehwa 대화 309
注葉 Juyeop 주엽 310
鼎鉢山 Jeongbalsan 정발산 311
陵谷 Neunggok 능곡 K321
亀山 Gusan 구산 615
繒山 Jeungsan 증산 617
セジョル Saejeol 새절 616
610
鷹岩 Eungam 응암
駅村 Yeokchon 역촌 611
仏光 Bulgwang 불광

碌磻 Nokbeon 녹번 323
弘済 Hongje 홍제 324
毋岳チェ Muakjae 무악재 325
独立門 Dongnimmun 독립문 326
景福宮 Gyeongbokgung 경복궁 327

A11 仁川国際空港第2ターミナル Incheon Int'l Airport Terminal 2 인천공항 2터미널
A10 仁川国際空港第1ターミナル Incheon Int'l Airport Terminal 1 인천공항 1터미널
A09 空港貨物庁舎 Incheon Int'l Airport Cargo Terminal 공항화물청사
A08 雲西 Unseo 운서
A07 黔岩 Geomam 검암
桂陽 Gyeyang 계양

空港市場 Airport Market 공항시장 903
新傍花 Sinbanghwa 신방화 904
金浦空港 Gimpo Int'l Airport 김포공항
麻谷ナル Magongnaru 마곡나루
デジタルメディアシティ Digital Media City 디지털미디어시티
加佐 Gajwa 가좌 K315

510
開花山 Gaehwasan 개화산 511
傍花 Banghwa 방화
開花 Gaehwa 개화 901

松亭 Songjeong 송정 513
麻谷 Magok 마곡 514
鉢山 Balsan 발산 515
雨装山 Ujangsan 우장산 516
禾谷 Hwagok 화곡 517
カチ山 Kkachisan 까치산

ワールドカップ競技場 World Cup Stadium 월드컵경기장 619
麻浦区庁 Mapo-gu Office 마포구청 620
望遠 Mangwon 망원 621
合井 Hapjeong 합정

陽川郷校 Yangcheon Hyanggyo 양천향교 906
加陽 Gayang 가양 907
曾米 Jeungmi 증미 908
909
登村 Deungchon 등촌
塩倉 Yeomchang 염창 910
新木洞 Sinmokdong 신목동 911
仙遊島 Seonyudo 선유도 912
堂山 Dangsan 당산
国会議事堂 National Assembly 국회의사당 914

弘大入口 Hongik Univ. 홍대입구
新村 Sinchon 신촌 240
梨大 Ewha Women's Univ. 이대 241
阿峴 Ahyeon 아현 242
忠正路 Chungjeongno 충정로
市庁 City Hall 시청

上水 Sangsu 상수 623
広興倉 Gwangheungchang 광흥창 624
大興 Daeheung 대흥 625
孔徳 Gongdeok 공덕
西江大 Seogang/Univ. 서강대 K313
新村 Sinchon 신촌 P314

光化門 Gwanghwamun 광화문 533
西大門 Seodaemun 서대문 532
エオゲ Aeogae 애오개 530
鐘閣 Jonggak 종각 131
ソウル駅 Seoul Station 서울역

漢江

麻浦 Mapo 마포 528
汝矣ナル Yeouinaru 여의나루 527
孝昌公園前 Hyochang Park 효창공원앞
三角地 Samgakji 삼각지
淑大入口 Sookmyung Women's Univ. 숙대입구 427

汝矣島 Yeouido 여의도
セッカン Saetgang 샛강
鷺梁津 Noryangjin 노량진
龍山 Yongsan 용산
南営 Namyeong 남영 134
新龍山 Sinyongsan 신용산 429
二村 Ichon 이촌

新亭 Sinjeong 신정 519
木洞 Mok-dong 목동 520
梧木橋 Omokgyo 오목교 521
楊坪 Yangpyeong 양평 522
永登浦区庁 Yeongdeungpo-gu Office 영등포구청
永登浦市場 Yeongdeungpo Market 영등포시장 524
新吉 Singil 신길
大方 Daebang 대방

新亭ネゴリ Sinjeongnegeori 신정네거리 234-3
陽川区庁 Yangcheon-gu Office 양천구청 234-2
道林川 Dorimcheon 도림천 234-1
文来 Mullae 문래 235
新道林 Sindorim 신도림

ノドゥル Nodeul 노들 918
黒石 Heukseok 흑석 919
永登浦 Yeongdeungpo 영등포 139
S103
ソウル地方兵務庁 Seoul Regional Office of Military Manpower 서울지방병무청

カチウル Kkachiul 까치울 751
梧柳洞 Oryu-dong 오류동
富平区庁 Bupyeong-gu Office 부평구청
富平市場 Bupyeong Market 부평시장 I119
富開 Bugae 부개 151
温水 Onsu 온수
144
開峰 Gaebong 개봉 143
九一 Guil 구일 142
天旺 Cheonwang 천왕 749
光明サゴリ Gwangmyeong sageori 광명사거리 748
九老 Guro 구로
加山デジタル団地 Gasan Digital Complex 가산디지털단지 747
鉄山 Cheolsan 철산
禿山 Doksan 독산 P143
光明 Gwangmyeong 광명 K410
衿川区庁 Geumcheon-gu Office 금천구청

富平 Bupyeong 부평
白雲 Baegun 백운 153
仁川 Incheon 인천

I111 橘峴 Gyulhyeon 귤현
I112 朴村 Bakchon 박촌
I113 林鶴 Imhak 임학
I114 桂山 Gyesan 계산
I115 京仁教大入口 Gyeong-in Nat'l Univ. of Education 경인교대입구
I116 鵲田 Jakjeon 작전
I117 葛山 Galsan 갈산
I121 東樹 Dongsu 동수
I122 富平サムゴリ Bupyeongsamgeori 부평삼거리
I123 間石オゴリ Ganseogogeori 간석오거리
I124 仁川市庁 Incheon City Hall 인천시청
I125 芸術会館 Arts Center 예술회관
I126 仁川ターミナル Incheon Bus Terminal 인천터미널
I127 文鶴競技場 Munhak Sports Complex 문학경기장
源仁斎 Woninjae 원인재
I139 松島タルビッ祭り公園 Songdo Moonlight Festival Park 송도달빛축제공원
K267 松島 Songdo 송도
K266 延寿 Yeonsu 연수

大林 Daerim 대림
新豊 Sinpung 신풍 743
ボラメ Boramae 보라매
新大方サムゴリ Sindaebangsamgeori 신대방삼거리 741
九老デジタル団地 Guro Digital Complex 구로디지털단지 232
新大方 Sindaebang 신대방 231
新林 Sillim 신림
南九老 Namguro 남구로 745
S109 ボラメ公園 Boramae Park 보라매공원
S110 ボラメ病院 Boramae Hospital 보라매병원
S111 堂谷 Danggok 당곡
書院 Seowen 서원 S109
ソウル大ベンチャータウン Seoul Nat'l Univ.Venture Town 서울대벤처타운 S110
冠岳山 Gwanaksan 관악산 S111

崇実大入口 Soongsil Univ. 숭실대입구 738
南城 Namseong 남성 737
740
上道 Sangdo 상도 739
長承ベギ Jangseungbaegi 장승배기
梨水／総神大入口 Isu/Chongshin Univ. 이수／총신대입구
舎堂 Sadang 사당
南泰嶺 Namtaeryeong 남태령 434
ソンバウィ Seonbawi 선바위 435
競馬公園 Seoul Racecourse Park 경마공원 436
大公園 Seoul Grand P 대공원 437

奉天 Bongcheon 봉천 229
ソウル大入口 Seoul Nat'l Univ. 서울대입구 228
落星垈 Nakseongdae 낙성대 227

石水 Seoksu 석수 P145
冠岳 Gwanak 관악 P146
安養 Anyang 안양 P147
鳴鶴 Myeonghak 명학 P148
衿井 Geumjeong 금정

ポムゲ Beomgye 범계 442
坪村 Pyeongchon 평촌 441
仁徳院 Indeogwon 인덕원 440
政府果川庁舎 Government Complex Gwacheon 정부과천청사 439
果川 Gwacheon 과천 438

烏耳島 Oido 오이도
山本 Sanbon 산본 444
軍浦 Gunpo 군포 P150
堂井 Dangjeong 당정 P151
儀王 Uiwang 의왕 P152
成均館大 Sungkyunkwan Univ. 성균관대 P153
華西 Hwaseo 화서 P154
水原 Suwon 수원
新昌 Sinchang 신창 P175

地下鉄駅にはすべて番号がある。目的駅は番号で覚えておくとカンタン。1～9号線は3ケタ表記となり、百の位が路線番号となる。1号線なら100番台、6号線なら600番台となっている。

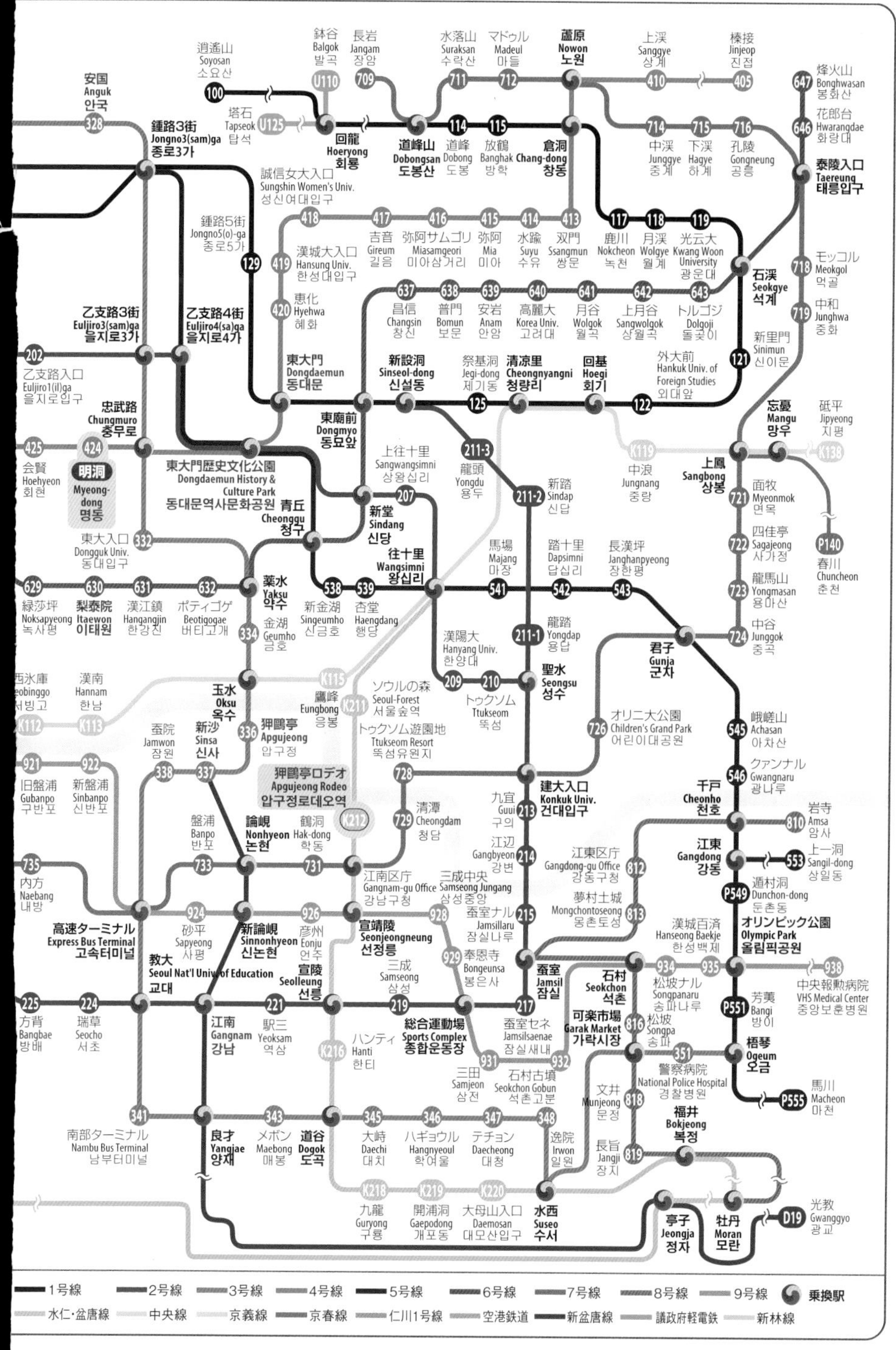
1号線
2号線
3号線
4号線
5号線
6号線
7号線
8号線
9号線
乗換駅
水仁・盆唐線
中央線
京義線
京春線
仁川1号線
空港鉄道
新盆唐線
議政府軽電鉄
新林線

ソウル全体図

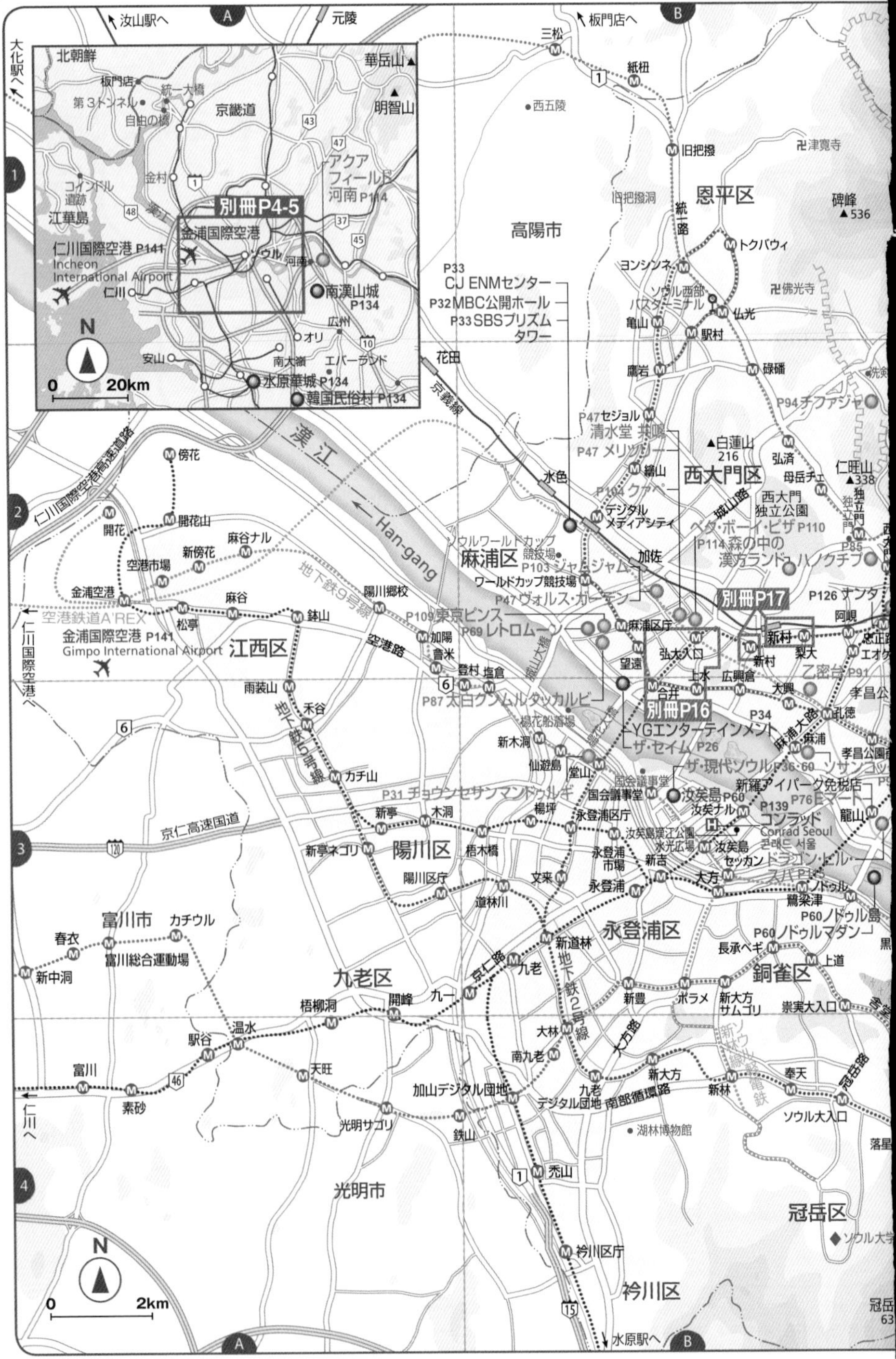

東西南北を山に囲まれ、さらにその盆地の真ん中を川（漢江）が流れるソウル。風水地理学に基づき、その地理的条件が国の首都として最適とされ、1394 年に遷都された。

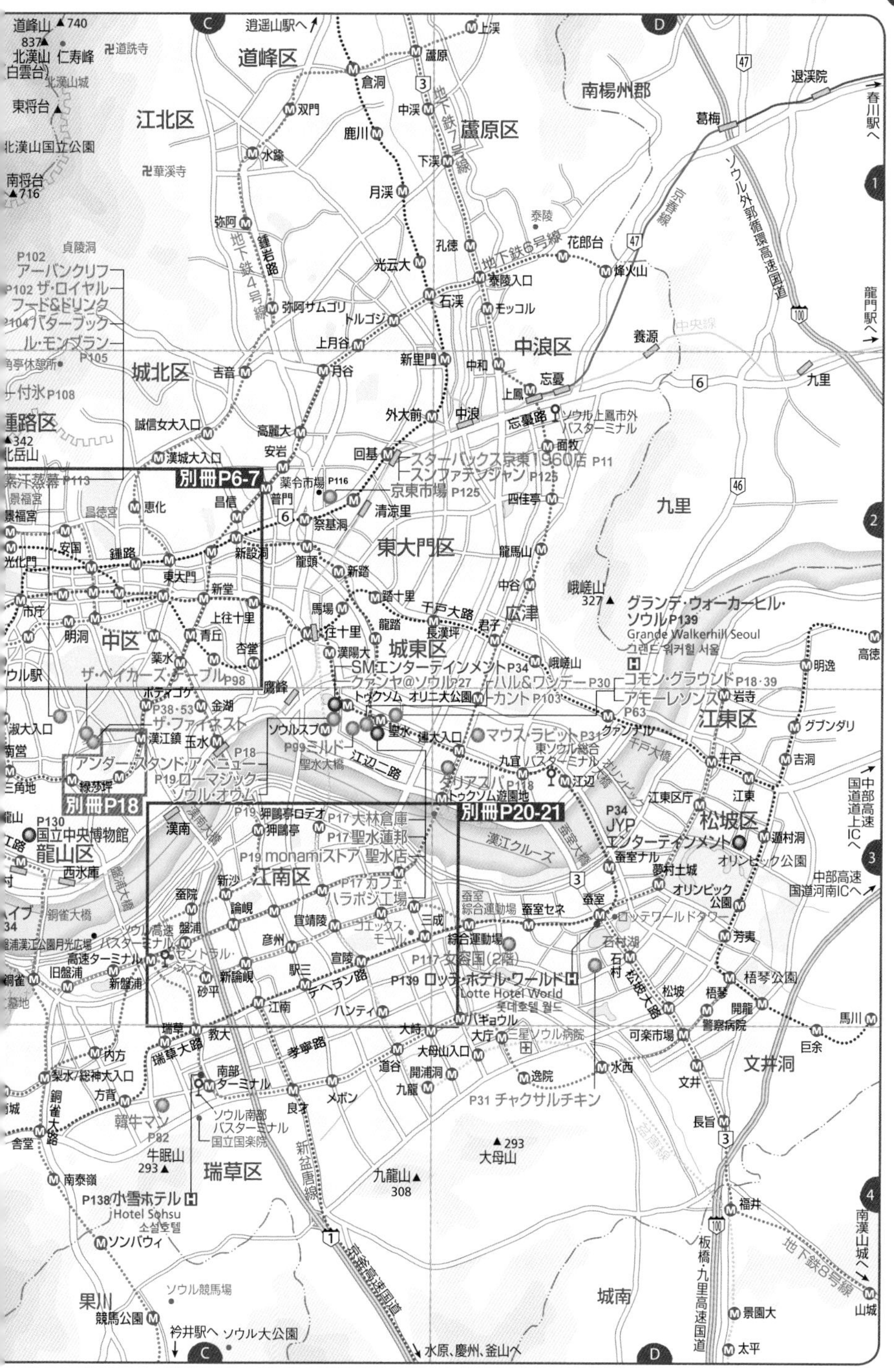
道峰区
江北区
蘆原区
南楊州郡
城北区
中浪区
東大門区
中区
城東区
広津
九里
江東区
松坡区
龍山区
江南区
瑞草区
文井洞
城南
別冊P6-7
別冊P18
別冊P20-21
P116 薬令市場
スターバックス京東1960店 P11
スンファテンジャン P125
京東市場 P125
グランデ・ウォーカーヒル・ソウル P139
Grande Walkerhill Seoul
그랜드 워커힐 서울
SMエンターテインメント P34
ファンサ@ソウル P27
ハル&ワンデー P30
カント P103
コモン・グラウンド P18・39
アモーレソンス P63
マウス・ラビット P31
ダリアスパ P118
JYPエンターテインメント P34
P17 大林倉庫
P17 聖水蓮邦
P19 monamiストア 聖水店
P17 カフェ・ハラボジ工場
P117 女容国(2階)
P139 ロッテ・ホテル・ワールド
Lotte Hotel World
롯데호텔 월드
P31 チャクサルチキン
韓牛マン P82
P138 小雪ホテル
Hotel Sohsu
소설호텔
ザ・ベイカーズ・テーブル P98
ザ・ファイネスト P18
アンダー・スタンド・アベニュー
P19 ローマジック
ソウル・オウム
P99 ミルド
ソウルスプ
アーバンクリフ P102
ザ・ロイヤル・フード&ドリンク P102
バターブック P104
ル・モンブラン P105
付氷 P108
国立中央博物館 P130
ソウル上鳳市外バスターミナル
東ソウル総合バスターミナル
ソウル高速バスターミナル
ソウル南部バスターミナル
ソウル競馬場
ソウル大公園
水原、慶州、釜山へ
春川駅へ
龍門駅へ
中部高速国道河南ICへ
中部高速国道上IC へ
南漢山城へ
逍遥山駅へ
衿井駅へ
地下鉄7号線
地下鉄6号線
地下鉄4号線
地下鉄8号線
ソウル外郭循環高速国道
京釜高速国道
板橋・九里高速国道
漢江クルーズ
オリンピック公園
ロッテワールドタワー
三星ソウル病院
北漢山国立公園
道峰山 740
北漢山 837
仁寿峰
白雲台
東将台
南将台 716
峨嵯山 327
牛眠山 293
九龍山 308
大母山 293

江北中心部

↑北岳山キルへ
青瓦台
別冊P15
別冊P8-9
孝子洞
秘苑
Changgyeonggungno
北村路
国立民俗博物館
三清路
サムチョンドン/プクチョン
三清洞/北村
삼청동/북촌
鍾路区
昌徳宮
창덕궁
P132
ソウル大学病院
昌慶宮
慈慶殿
孝子路 Hyojaro
紫霞門路 Jhahamunro
通仁洞
修政殿
思政殿
景福宮
경복궁
P133
建春門
勤政殿
国立古宮博物館
Samcheongno
体府洞
現代ビル
栗谷路 율곡로 Yulgongno
昌慶宮路
独立門駅へ
社稷路 사직로 Sajingno
光化門
328
安国
Anguk
안국
雲峴宮
敦化門路 Donhwamunno
327
ソウル地方警察庁
景福宮
Gyeongbokgung
경복궁
社稷路8ギル
世宗大路
在大韓民国日本国大使館
郵政局路
仁寺洞ギル
宗廟
地下鉄1号線
Changgyeonggungno
内資洞
曹渓寺
世宗文化会館
唐珠洞
534
鍾路3街
Jongno 3-ga
종로3가
外大門
恵化警察署
533
光化門 광화문
Gwanghwamun
インサドン
仁寺洞
인사동
三一大路
タプコル公園
救世軍会館
新門路1街
131
別冊P14
329
130
鍾路3街
Jongno 3-ga
종로3가
礼智洞
広蔵市場
ソウル歴史博物館
鍾路 Jongro
鍾閣
Jonggak
종각
普信閣
清渓川路
Cheonggyecheonro
清渓川路
南大門路
Samildaero
乙支路入口
Euljiro 1-ga
을지로입구
乙支路3街
Euljiro 3-ga
을지로3가
乙支路4街
Euljiro 4-ga
을지로4가
535
農業博物館
西大門 서대문
Seodaemun
532
貞洞劇場
ソウル市庁
乙支路
202
203
330
204
中部市場
P126
徳寿宮
132
乙支路
Euljiro
別冊P12-13
ウジョン商会
P125
巡和洞
市庁
City Hall
시청
Changmu-ro
P91 五壮洞咸興冷麺
KAL(大韓航空)ビル
201
明洞ギル
忠武路
中区庁
地下鉄2号線
Seosomunno
ミョンドン
明洞聖堂
西小門路
明洞
명동
明洞 명동
Myeongdong
忠武路
Chungmuro
충무로
退渓路
퇴계로
Namdaemunno
南大門路
退渓路 Toegyero
424
423
331
第一病院
統一路
P136 現代レジデンス
Hyundai Residence
현대 레지던스
南大門(崇礼門)
ナンデムンシジャン
南大門市場
남대문시장
小公路 Sogong-ro
425
会賢
Hoehyeon
회현
東国大学
133
ソウル駅
Seoul Station
서울역
ソウル駅
SEOUL
서울역
426
ソウル駅前バスターミナル
南大門警察署
南山ケーブルカー
筆洞
奨忠公園
奨忠洞
南山公園
南山1号トンネル
龍山区
国立劇場
厚岩路
南山ソウルタワー
別冊P10-11
厚岩小学校
南山3号トンネル
南山2号トンネル
空港鉄道A'REX
↓淑大入口駅へ
南山公園
A
B
1
2
3
4

漢江の北側、江北（カンブク）とよばれ、古くから行政・経済・商業の中心として発展してきたエリア。平日の昼間でも道路が渋滞することも多いので、移動は地下鉄利用が便利。

○レストラン・カフェ ○ショップ ○ビューティスポット ●観光スポット ●ナイトスポット Hホテル

三清洞～仁寺洞

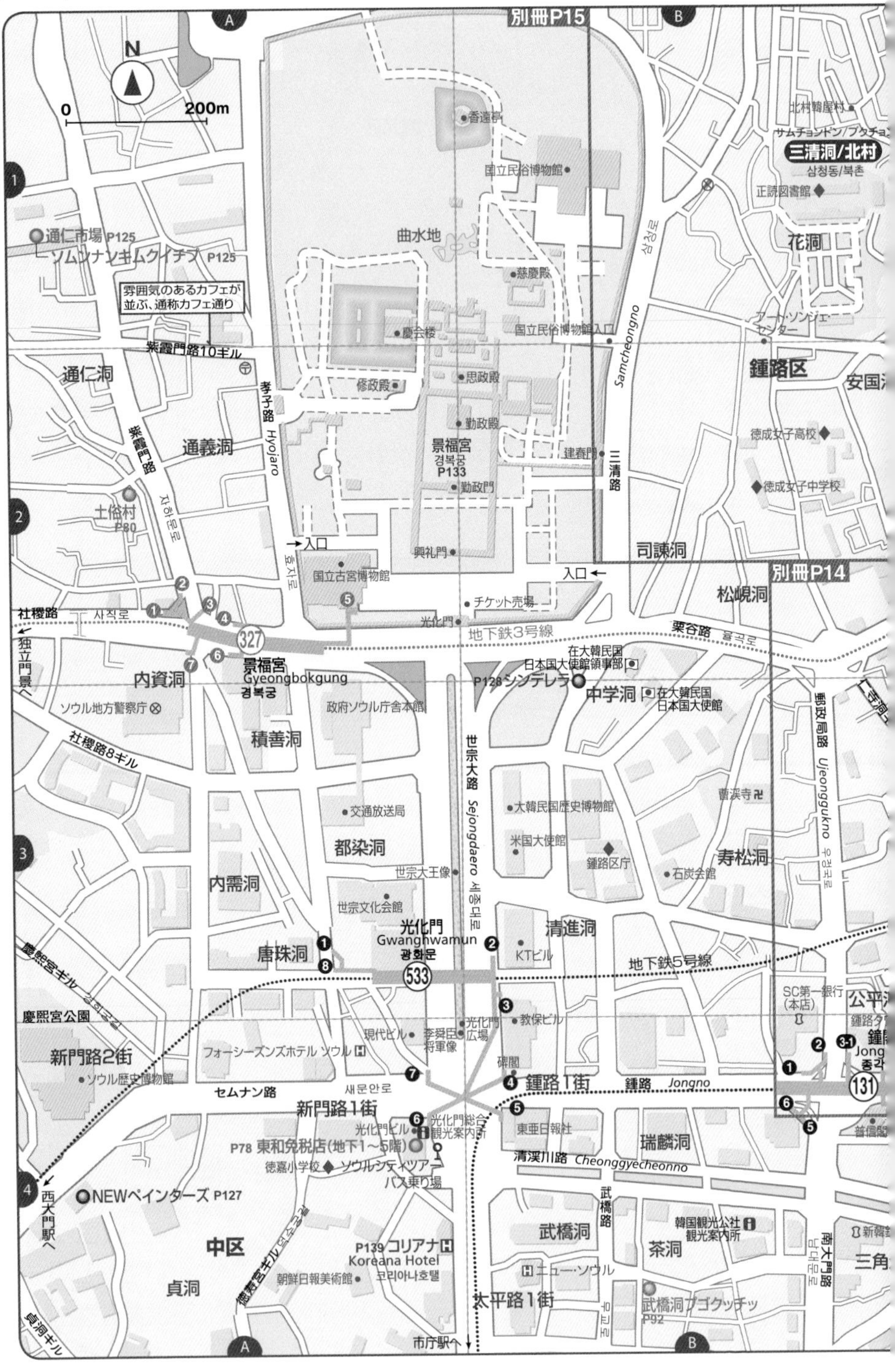

別冊P15
N
0 200m
香遠亭
国立民俗博物館
北村韓屋村
サムチョンドン/プクチョン
三清洞/北村
삼청동/북촌
正読図書館
通仁市場 P125
ソムツナンキムクイチブ P125
曲水池
慈慶殿
花洞
雰囲気のあるカフェが並ぶ、通称カフェ通り
慶会楼
国立民俗博物館入口
アート・ソンジェ・センター
紫霞門路10ギル
Samcheongno
삼청로
鍾路区
安国洞
通仁洞
修政殿
思政殿
孝子路 Hyojaro
勤政殿
徳成女子高校
紫霞門路
通義洞
景福宮
경복궁
P133
建春門
三清路
土俗村 P80
勤政門
徳成女子中学校
자하문로
入口
興礼門
司諫洞
国立古宮博物館
효자로
入口
別冊P14
松峴洞
チケット売場
社稷路 사직로
光化門
地下鉄3号線
栗谷路 율곡로
327
独立門・景へ
在大韓民国日本国大使館領事部
景福宮 Gyeongbokgung 경복궁
P128 シンデレラ
内資洞
中学洞
在大韓民国日本国大使館
ソウル地方警察庁
政府ソウル庁舎本館
社稷路8ギル
積善洞
世宗大路 Sejongdaero 세종대로
郵政局路 Ujeongguknо 우정국로
曹渓寺
大韓民国歴史博物館
交通放送局
米国大使館
都染洞
鍾路区庁
寿松洞
石炭会館
世宗大王像
内需洞
世宗文化会館
清進洞
光化門 Gwanghwamun 광화문
KTビル
唐珠洞
地下鉄5号線
533
慶熙宮ギル 경희궁길
SC第一銀行（本店）
公平洞
慶熙宮公園
光化門広場
教保ビル
鍾路タワー
現代ビル
李舜臣将軍像
鍾閣 Jonggak 종각
新門路2街
フォーシーズンズホテル ソウル
碑閣
ソウル歴史博物館
새문안로
鍾路1街
鍾路 Jongno
131
セムナン路
新門路1街
光化門総合観光案内所
東亜日報社
光化門ビル
普信閣
P78 東和免税店（地下1～5階）
瑞麟洞
徳寿小学校
ソウルシティツアーバス乗り場
清渓川路 Cheonggyecheonno
西大門駅へ
NEWペインターズ P127
武橋路
韓国観光公社観光案内所
新韓銀行
南大門路 남대문로
中区
徳寿宮ギル 덕수궁길
P139 コリアナ Koreana Hotel 코리아나호텔
武橋洞
茶洞
三角洞
ニュー・ソウル
朝鮮日報美術館
貞洞
太平路1街
武橋洞プゴクッチッ P92
무교로
貞洞ギル
市庁駅へ
A B 1 2 3 4

世界遺産の昌徳宮、宗廟をはじめ、景福宮など朝鮮王朝時代の建造物が多いエリア。宮殿の周辺は貴族や官僚が住んでいたお屋敷街となっていた。北村韓屋村では今でもその家並みを見ることができる。

P8-9
三清洞～仁寺洞
P6-7
江北中心部
P10-11
P20-21
江南中心部
周辺図は別冊P6参照
秘苑
宙合楼
芙蓉池
芙蓉亭
臥龍洞
桂洞
嘉会洞
北村路
苑西洞
昌徳宮キル
天主教嘉会洞教会
大東税務高校
嘉会民画博物館
斉洞小学校
嘉会洞住民センター
昌徳宮
창덕궁
P132
大造殿
熙政堂
宣政殿
仁政殿
秘苑入口
通明殿
昌慶宮P133
창경궁
景春殿
昌慶宮路
チケット売場
明政門
弘化門
文政殿
楽善斎
利パッ P50
現代ビル別館
キム・イギョン陶磁芸術 P75
斉洞
憲法裁判所
現代ビル
苑西公園
敦化門
チケット売場
勧農洞
陸橋
율곡로
観天台
栗谷路 Yulgongno
安国
Anguk
안국
REMIAN GALLERY
雲泥洞
雲峴宮
仁寺洞汗蒸幕（地下1階）P113
生涯教育院
慶雲洞
三一大路
Samildaero
校洞小学校
韓国伝統飲食研究所
敦化門路
Donhwamunno
永寧殿
宗廟
종묘
P132
正殿
蓮建洞
苑南洞
益善洞
P101 マダンフラワーカフェ
P100 清水堂 本店
寛勲洞
Insadong-gil
鍾路税務署
P100 楽園駅
楽園洞
廟洞
薫井洞
礼智洞
鍾路3街
Jongno 3-ga
종로3가
ミルトースト P98
楽園商街
インサドン
仁寺洞
인사동
外大門
チケット売場
鳳翼洞
地下鉄5号線
敦義洞
仁義洞
鍾路5街駅へ
鍾路3街
Jongno 3-ga
종로3가
タプコル公園
宗廟市民広場
鍾路3街
鍾路4街
鍾路2街
鍾路
Jongno
종로
地下鉄1号線
YBM時事韓国語学院
長沙洞
禮智洞
P39
世運商店街
（ヴィンチェンツォのロケ地）
貫鉄洞
観水洞
地下鉄3号線
セントラル・ツーリスト
テンジャンイェスルクァスル P89
清渓川
清渓川路
Cheonggyecheonno 청계천로
水標洞
清渓商店街
ソウル青少年会館
乙支路3街
Euljiro 3-ga
을지로3가
乙支路4街
Euljiro 4-ga
을지로4가
水下洞
長橋洞

明洞～南大門市場

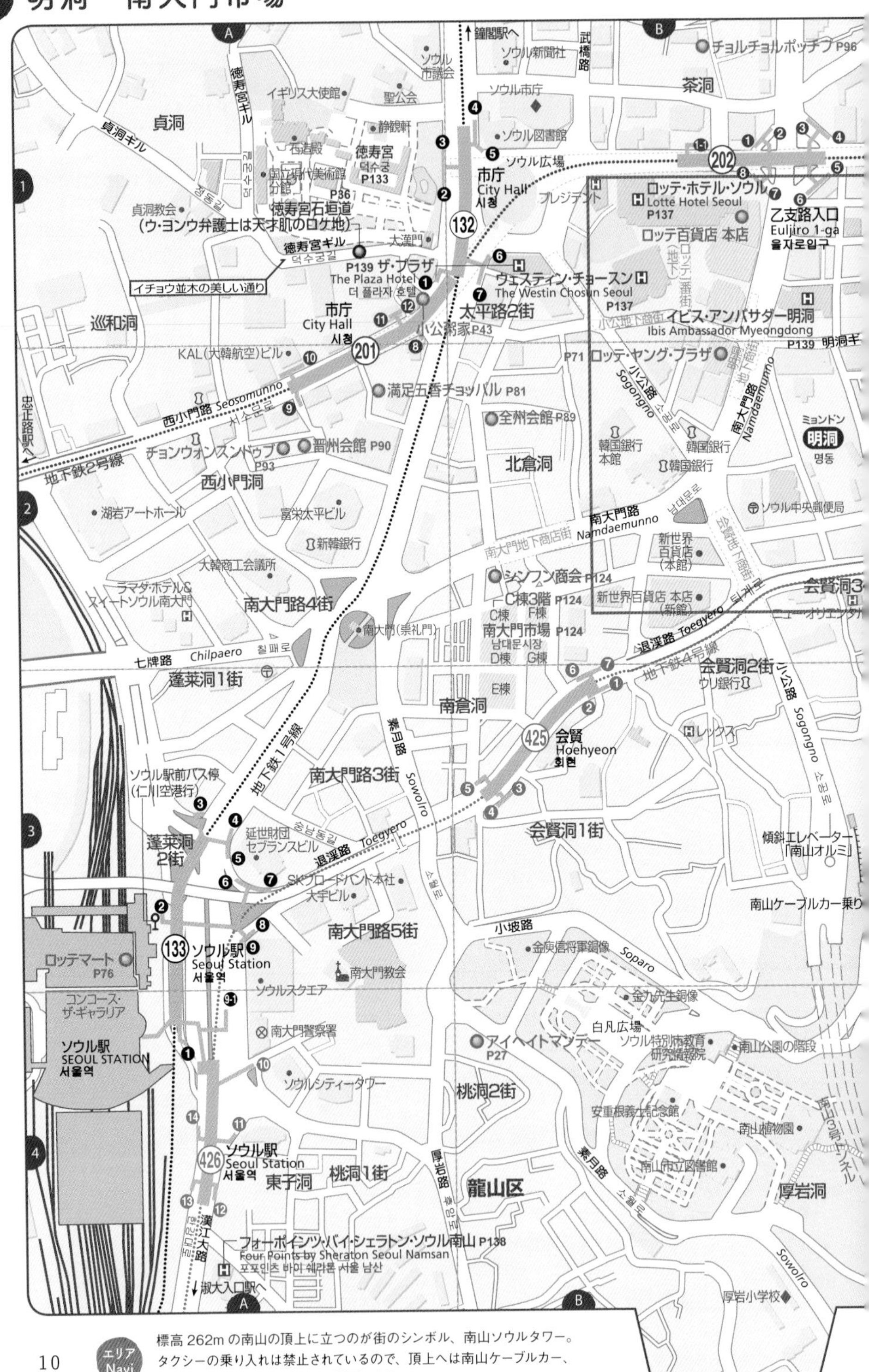

エリア Navi

標高262mの南山の頂上に立つのが街のシンボル、南山ソウルタワー。タクシーの乗り入れは禁止されているので、頂上へは南山ケーブルカー、循環バス、ソウルシティバスを利用しよう。

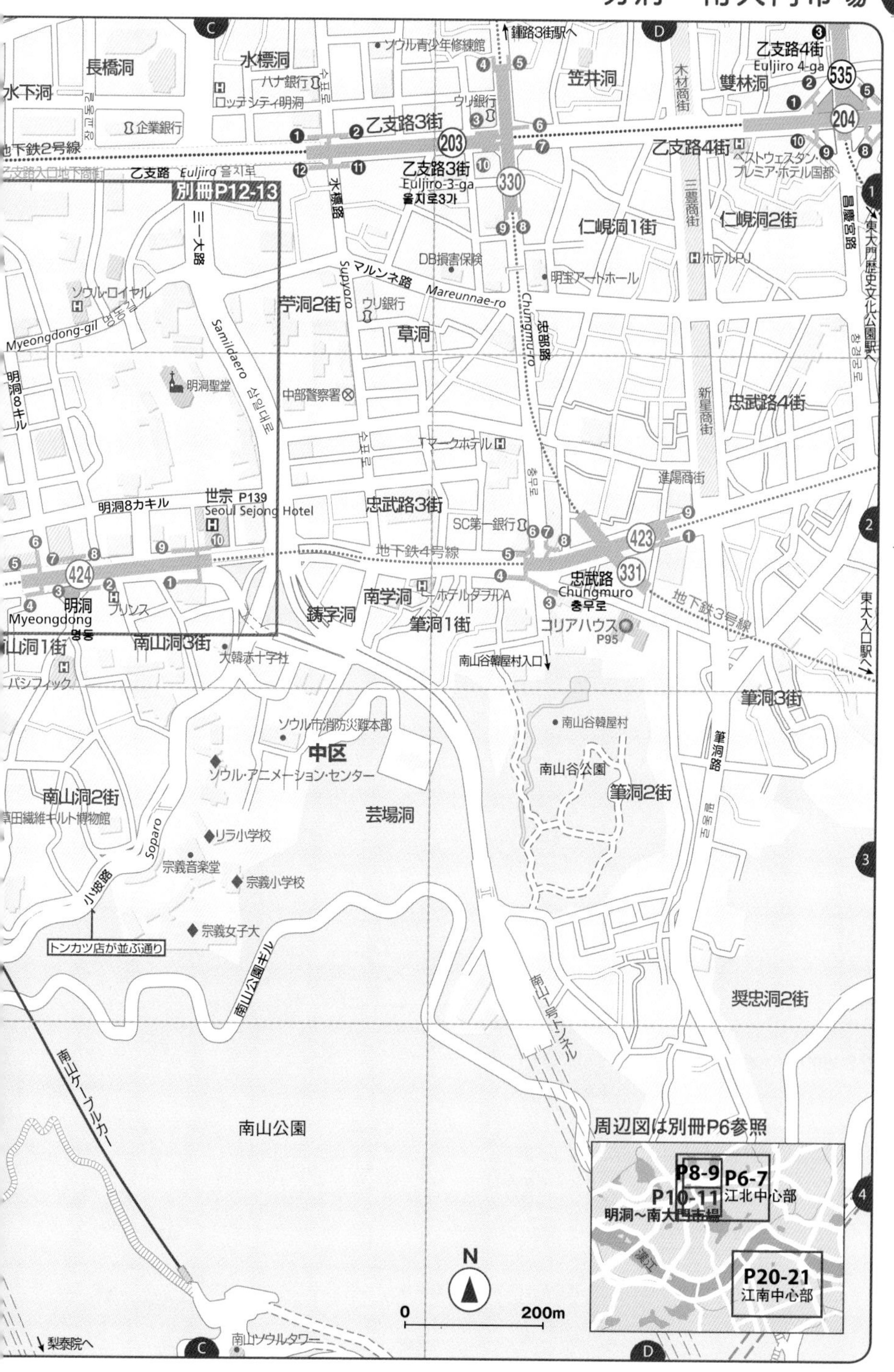
長橋洞
水標洞
水下洞
笠井洞
雙林洞
乙支路3街
乙支路4街
Eulјiro 4-ga
Euljiro-3-ga
을지로3가
乙支路4街
仁峴洞1街
仁峴洞2街
苧洞2街
草洞
忠武路4街
忠武路3街
南学洞
鋳字洞
筆洞1街
筆洞2街
筆洞3街
南山洞3街
南山洞2街
芸場洞
奨忠洞2街
中区
南山公園
南山谷公園
鍾路3街駅へ
ソウル青少年修練館
ハナ銀行
ロッテシティ明洞
企業銀行
ウリ銀行
地下鉄2号線
乙支路入口地下商街
乙支路 Euljiro 을지로
別冊P12-13
三一大路
水標路
マルンネ路 Mareunnae-ro
Supyoro
Samildaero
Chungmu-ro
忠武路
DB損害保険
明宝アートホール
ホテルPJ
ベストウェスタン・プレミア・ホテル国都
ソウル・ロイヤル
Myeongdong-gil
明洞8キル
明洞聖堂
中部警察署
Tマークホテル
進陽商街
新星商街
三豊商街
木材商街
世宗 P139
Seoul Sejong Hotel
明洞8カキル
SC第一銀行
地下鉄4号線
地下鉄3号線
忠武路 Chungmuro 충무로
明洞 Myeongdong 명동
プリンス
ホテルタブルA
コリアハウス P95
南山谷韓屋村入口
南山谷韓屋村
大韓赤十字社
パシフィック
ソウル市消防災難本部
ソウル・アニメーション・センター
草田繊維キルト博物館
リラ小学校
宗義音楽堂
宗義小学校
宗義女子大
Soparo
小坡路
トンカツ店が並ぶ通り
南山公園キル
南山1号トンネル
南山ケーブルカー
南山ソウルタワー
梨泰院へ
東大門歴史文化公園駅へ
東大入口駅へ
昌慶宮路
筆洞路
周辺図は別冊P6参照
P8-9
P6-7 江北中心部
P10-11 明洞～南大門市場
P20-21 江南中心部
漢江
N
0
200m
203
330
204
535
423
331
424

明洞

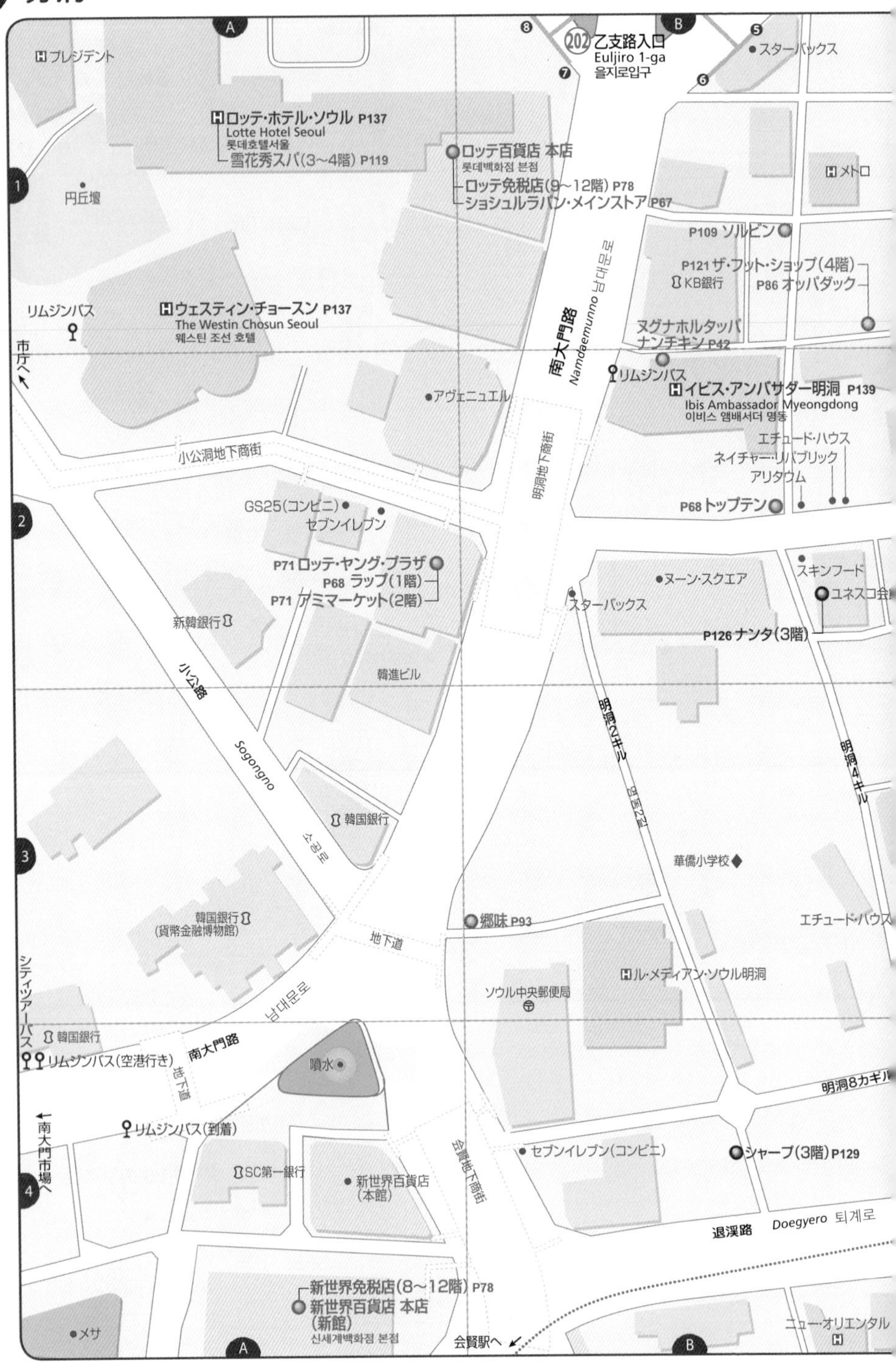

202 乙支路入口
Euljiro 1-ga
을지로입구
スターバックス
プレジデント
ロッテ・ホテル・ソウル P137
Lotte Hotel Seoul
롯데호텔서울
雪花秀スパ(3〜4階) P119
ロッテ百貨店 本店
롯데백화점 본점
ロッテ免税店(9〜12階) P78
ショシュルラバン・メインストア P67
メトロ
円丘壇
P109 ソルビン
P121 ザ・フット・ショップ(4階)
KB銀行
P86 オッパダック
リムジンバス
ウェスティン・チョースン P137
The Westin Chosun Seoul
웨스틴 조선 호텔
南大門路
Namdaemunno 남대문로
ヌグナホルタッパ
ナンチキン P42
市庁へ
リムジンバス
イビス・アンバサダー明洞 P139
Ibis Ambassador Myeongdong
이비스 앰배서더 명동
アヴェニュエル
小公洞地下商街
明洞地下商街
エチュード・ハウス
ネイチャー・リパブリック
アリタウム
P68 トップテン
GS25(コンビニ)
セブンイレブン
P71 ロッテ・ヤング・プラザ
P68 ラップ(1階)
P71 アミマーケット(2階)
ヌーン・スクエア
スキンフード
ユネスコ会
スターバックス
新韓銀行
P126 ナンタ(3階)
韓進ビル
小公路
Sogongno
소공로
明洞2キル
명동2길
明洞4キル
韓国銀行
華僑小学校
韓国銀行
(貨幣金融博物館)
郷味 P93
エチュード・ハウス
地下道
ル・メディアン・ソウル明洞
ソウル中央郵便局
남대문로
シティツアーバス
韓国銀行
リムジンバス(空港行き)
南大門路
地下道
噴水
明洞8カギル
南大門市場へ
リムジンバス(到着)
会賢地下商街
セブンイレブン(コンビニ)
シャープ(3階) P129
SC第一銀行
新世界百貨店
(本館)
退渓路
Doegyero 퇴계로
新世界免税店(8〜12階) P78
新世界百貨店 本店
(新館)
신세계백화점 본점
ニュー・オリエンタル
メサ
会賢駅へ

ソウル一の繁華街、明洞のメインストリートは明洞中央路。地下鉄4号線明洞駅からは6番出口が一番近い。

周辺図は別冊P10-11参照
ハナカード本社
明洞観光情報センター
YWCA
セブンイレブン
スカイパーク2
イェジ粉食 P42
スカイパーク セントラル明洞
セブンイレブン
ロイヤルホテル
P43 モルト
マクドナルド
スターバックス(2階)
オリーブ・ヤング P64
新韓銀行
明洞ギル Myeongdong-gil 명동길
神仙ソルロンタン P43
ウリ銀行
明洞餃子
ミシャ
ラネージュ ショールーム P63
P41 エイト・セカンズ
明洞8キル
明洞10キル
明洞11キル
明洞7キル
カフェ・コイン P108
ボディショップ
明洞咸興麺屋 P90
ソラリア西鉄ホテルソウル明洞(7～22階)
文化観光センター(5階)
エムプラザ
明洞餃子 P42
ダンキン・ドーナツ
コーヒービーン
明洞のメインストリート。ショップや屋台が多く、観光客が集まる
ホリカ・ホリカ P65
P41 エーランド
徒歩約3分
ウリ銀行
GS25 (コンビニ)
明洞8カギル
P128 イッツ・ミー・フォト (2階)
セブンイレブン
世宗 P139 Seoul Sejong Hotel 세종호텔
ハーモニーマート P77
スカイパーク1
スパオ P41
ネイチャー・リパブリック P65
SC第一銀行
L7明洞byロッテ
スカイパーク3
ミリオレホテルソウル明洞
リムジンバス
明洞 Myeongdong 명동
地下鉄4号線
忠武路駅へ
忠武地下商街
キュリム韓医院(5階) P117
リムジンバス
ソウル・プリンス
韓国電力公社
セブンイレブン
Nソウルタワーへ
仁寺洞へ
三一大路
南大門税務署
マルンネ路
カトリック会館
平和放送局
三一大路 Samildaero 삼일대로
永楽教会
明洞聖堂
啓星女子高校

仁寺洞

インサドン
仁寺洞
N
0 50m
周辺図は別冊P8-9参照

↑三清洞へ
↑北村韓屋村へ
徳成女子高校
安国洞
リムジンバス（空港行き）
328
안국
安国 Anguk
Yulgongno 율곡로
栗谷路
リムジンバス（到着）
日本文化院
雲泥洞
雲峴宮 P129
雲峴小学校
入口
オリーブ ヤング
地下鉄3号線
SK HUB Plaza102棟
徳成女子大学
景福宮駅へ
GS25（コンビニ）
五嘉茶
路地裏には、昔ながらの韓屋を使ったレストランや居酒屋が集まる
寛勲洞
慶雲学校
徒歩約2分
ナインツリープレミア
P26 プレイ ライン フレンズ
P107 シンイェッチャチプ
郵政局路 Ujeonggukno 우정국로
サムジキル P73
サムジキル別館
耕仁美術館
伝統茶院 P107
慶雲洞
三一大路 Samildaero 삼일대로
仁寺洞10キル
仁寺洞ギルは歩行者天国。安国駅側の入口から十字路までの間で実施（10時～22時）
仁寺洞ギル
Insadong-gil 인사동길
曹渓寺
堅志洞
仁寺洞マル
新韓銀行
セブンイレブン
仁寺洞4キル
楽園洞
セブンイレブン
SK建設本社
ソンビ
オラカイ仁寺洞スイーツ
コーヒービーン
仁寺洞5キル
楽園商街
アミド・ホテル・ソウル
地下鉄5号線
鍾路3街駅へ
アルムダウン茶博物館 P101
仁寺洞ギル
スターバックス
両班宅 P94
光化門駅へ
삼봉로
IBK銀行
KB銀行
鍾路警察署（仮庁舎）
CU（コンビニ）
セントロポリス（飲食店街）
公平都市遺跡博物館
勝洞教会
Insadong-gil
公平洞
仁寺洞
セブンイレブン
仁寺野外広場
SC第一銀行本店
工事中
三一大路
鍾路タワー（国税庁ビル）
市庁駅へ
鍾路3街駅へ
YMCA観光
鍾路2街
リムジンバス（空港行き）
鐘閣地下商街
鍾路 Jongno 종로
종각
131
鐘閣 Jonggak
地下鉄1号線
リムジンバス（到着）
普信閣

仁寺洞、三清洞、北村の最寄り駅はいずれも地下鉄３号線安国駅。それぞれ出口が異なり、仁寺洞へは６番出口、三清洞へは１番出口、北村へは２番出口となる。また世界遺産の昌徳宮へは３番出口から。

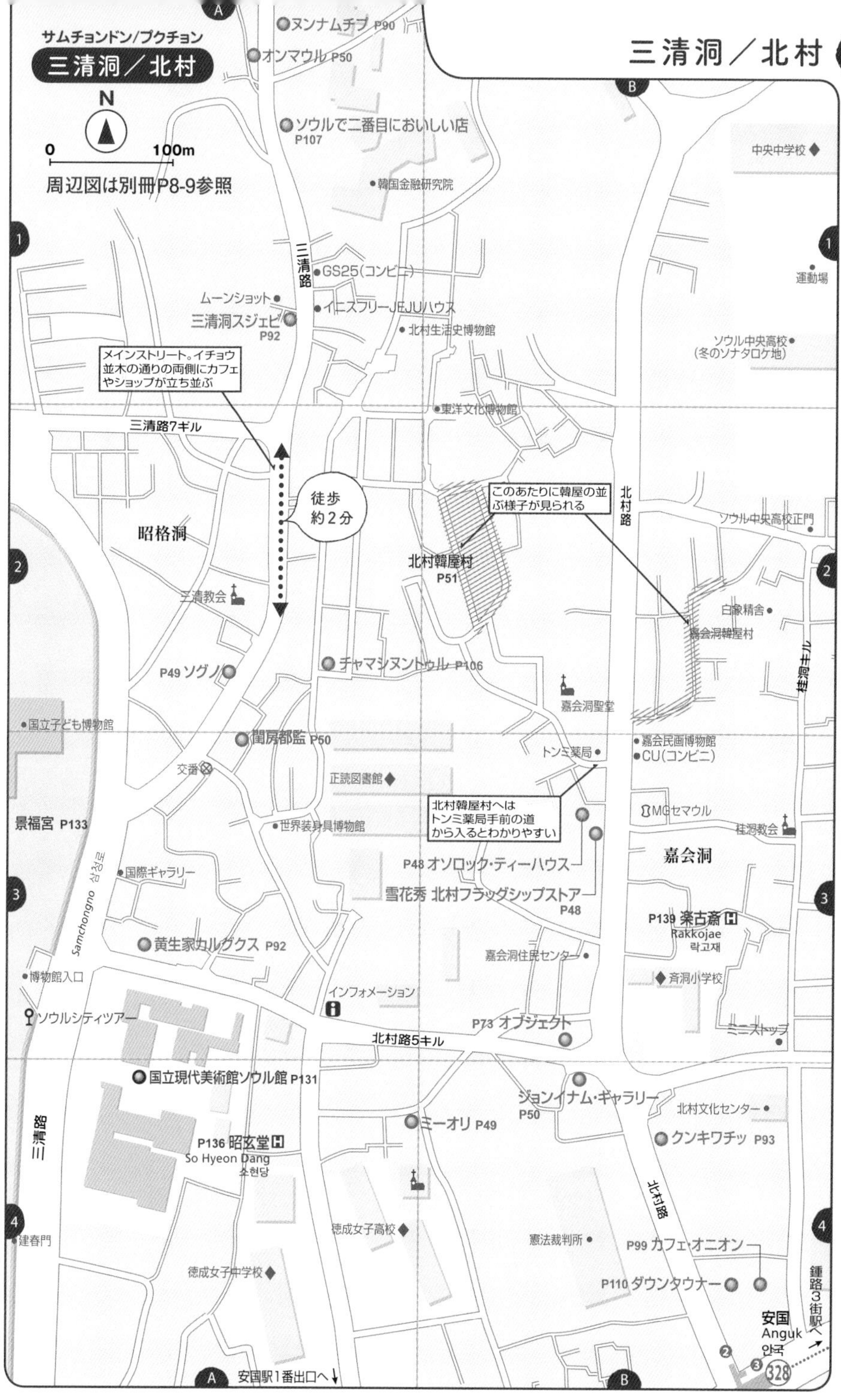

サムチョンドン/プクチョン
三清洞／北村
N
0 100m
周辺図は別冊P8-9参照
ヌンナムチプ P90
オンマウル P50
ソウルで二番目においしい店 P107
韓国金融研究院
中央中学校
三清路
GS25(コンビニ)
ムーンショット
イニスフリーJEJUハウス
三清洞スジェビ P92
北村生活史博物館
運動場
ソウル中央高校(冬のソナタロケ地)
メインストリート。イチョウ並木の通りの両側にカフェやショップが立ち並ぶ
東洋文化博物館
三清路7ギル
徒歩 約2分
このあたりに韓屋の並ぶ様子が見られる
北村路
昭格洞
ソウル中央高校正門
北村韓屋村 P51
白象精舎
三清教会
嘉会洞韓屋村
桂洞キル
P49 ソグノ
チャマシヌントゥル P106
嘉会洞聖堂
国立子ども博物館
聞房都監 P50
嘉会民画博物館
CU(コンビニ)
トンミ薬局
交番
正読図書館
北村韓屋村へはトンミ薬局手前の道から入るとわかりやすい
MGセマウル
景福宮 P133
世界装身具博物館
桂洞教会
嘉会洞
P48 オソロック・ティーハウス
国際ギャラリー
삼청로
Samchongno
雪花秀 北村フラッグシップストア P48
P139 楽古斎 Rakkojae 락고재
黄生家カルグクス P92
嘉会洞住民センター
博物館入口
斉洞小学校
インフォメーション
ソウルシティツアー
P73 オブジェクト
ミニストップ
北村路5キル
国立現代美術館ソウル館 P131
ジョンイナム・ギャラリー P50
北村文化センター
ミーオリ P49
クンキワチッ P93
三清路
P136 昭玄堂 So Hyeon Dang 소현당
北村路
徳成女子高校
建春門
憲法裁判所
P99 カフェ・オニオン
徳成女子中学校
P110 ダウンタウナー
鍾路3街駅へ
安国 Anguk 안국
328
安国駅1番出口へ

弘大

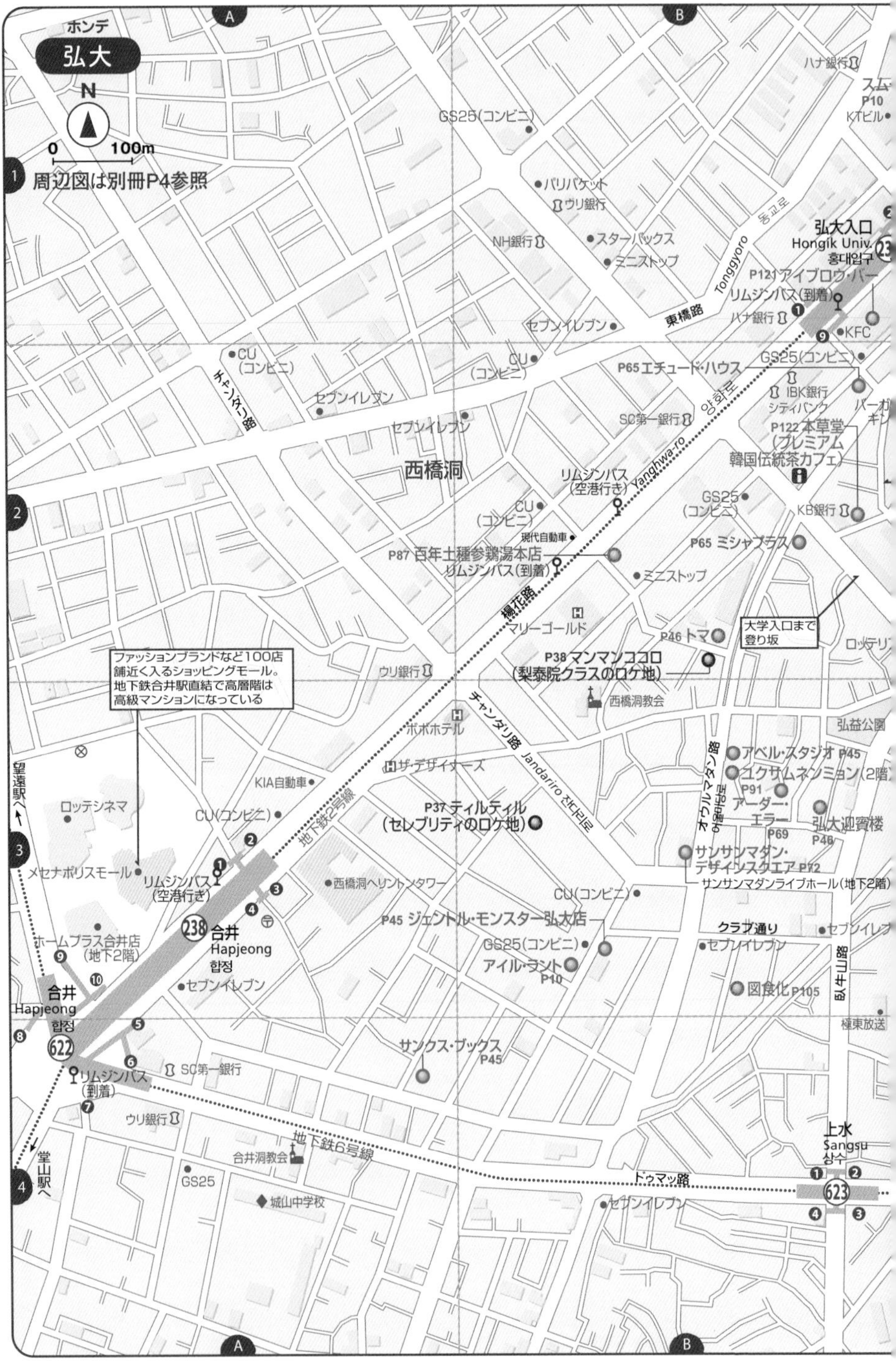

弘大

N

0 100m

1 周辺図は別冊P4参照

2

3

4

A

B

ホンデ
GS25(コンビニ)
パリバケット
ウリ銀行
NH銀行
スターバックス
ミニストップ
セブンイレブン
東橋路
Tonggyoro
동교로
ハナ銀行
スムー
P10
KTビル
弘大入口
Hongik Univ.
홍대입구
P121 アイブロウ・バー
リムジンバス(到着)
ハナ銀行
KFC
CU
(コンビニ)
CU
(コンビニ)
チャンダリ路
セブンイレブン
セブンイレブン
P65 エチュード・ハウス
GS25(コンビニ)
IBK銀行
シティバンク
バーガーキング
SC第一銀行
양화로
P122 本草堂
(プレミアム
韓国伝統茶カフェ)
西橋洞
リムジンバス
(空港行き)
Yanghwa-ro
GS25
(コンビニ)
CU
(コンビニ)
KB銀行
現代自動車
P65 ミシャプラス
P87 百年土種参鶏湯本店
リムジンバス(到着)
ミニストップ
楊花路
マリーゴールド
大学入口まで
登り坂
P46 トマ
P38 マンマンココロ
(梨泰院クラスのロケ地)
ロッテリア
ファッションブランドなど100店
舗近く入るショッピングモール。
地下鉄合井駅直結で高層階は
高級マンションになっている
ウリ銀行
西橋洞教会
チャンダリ路
ボボホテル
弘益公園
望遠駅へ
ザ・デザイナーズ
Jandariro 잔다리로
オウルマダン路
어울마당로
アベル・スタジオ P45
ユクサムネンミョン(2階)
KIA自動車
P91
アーダー・エラー
P69
弘大迎賓楼
P46
ロッテシネマ
地下鉄2号線
P37 ティルティル
(セレブリティのロケ地)
CU(コンビニ)
サンサンマダン・
デザインスクエア P72
サンサンマダンライブホール(地下2階)
メセナポリスモール
リムジンバス
(空港行き)
西橋洞ヘリントンタワー
CU(コンビニ)
P45 ジェントル・モンスター弘大店
クラブ通り
セブンイレブン
238
合井
Hapjeong
합정
ホームプラス合井店
(地下2階)
GS25(コンビニ)
アイル・ラント
P10
セブンイレブン
セブンイレブン
合井
Hapjeong
합정
臥牛山路
図食化 P105
極東放送
622
サンクス・ブックス
P45
リムジンバス
(到着)
SC第一銀行
ウリ銀行
上水
Sangsu
상수
地下鉄6号線
合井洞教会
堂山駅へ
ドゥマッ路
623
GS25
城山中学校
セブンイレブン

弘大・梨大・新村はいずれも学生街で、週末ともなると真夜中まで若者で賑わう。特に弘大のオウルマダン路は歩くだけでも楽しいストリート。ただし、終電がなくなると白タク（不法タクシー）が増えるので注意。

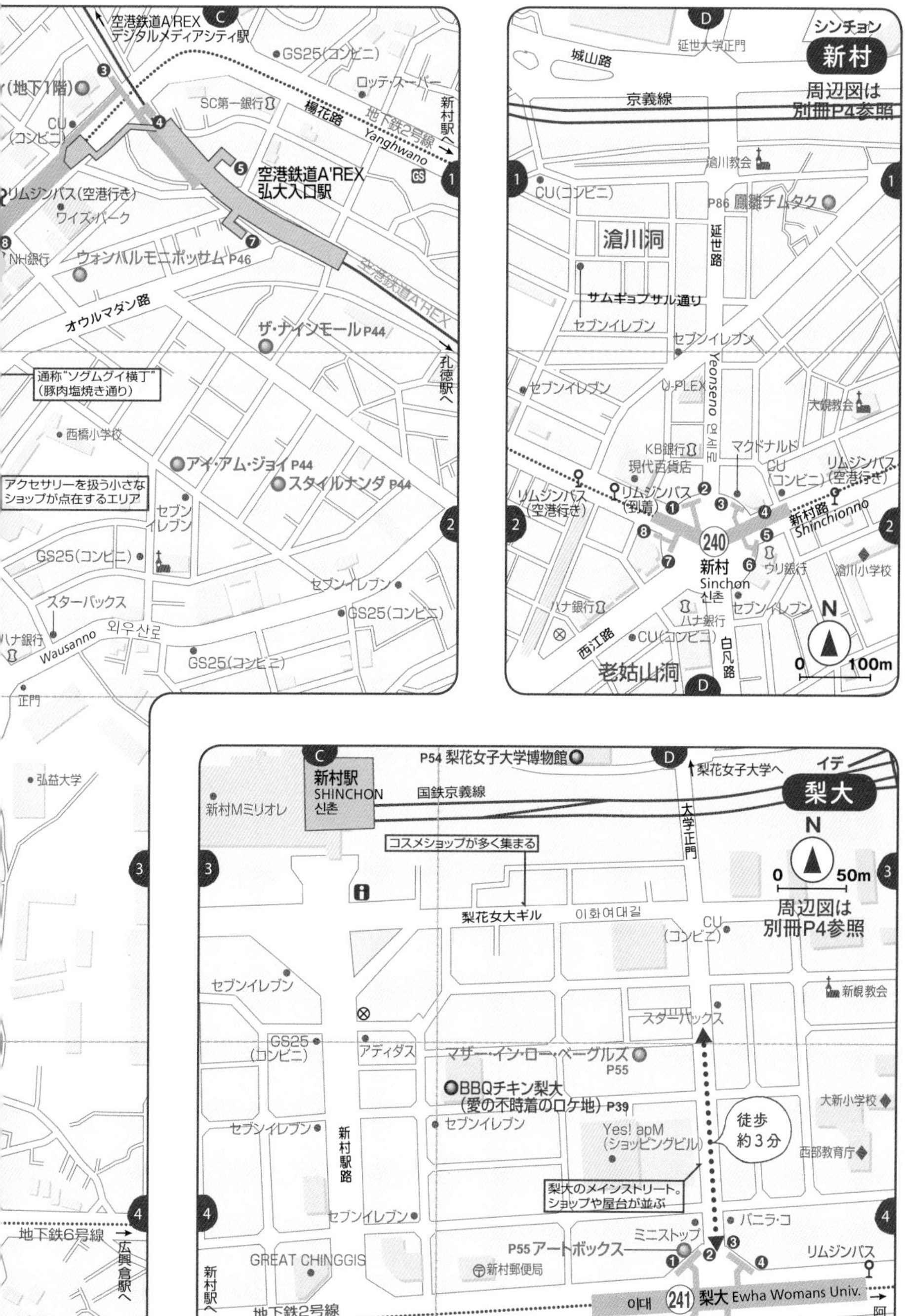

レストラン・カフェ　ショップ　ビューティスポット　観光スポット　ナイトスポット　Hホテル

東大門市場／梨泰院／江南駅

新論峴 신논현 Shinnonhyeon
教保文庫
リッツ・カールトン・ソウル
N
0 200m
周辺図は別冊P20参照
江南大路
P105 ベーカスト・ブラウン
リムジンバス（到着）
강남대로
CGV（映画館）
若者向けのカフェやオシャレなレストランが多い通り
シゴルヤチェテンジャン P88
セブンイレブン
ユニクロ
リムジンバス（空港行き）
MEGABOX
Gangnamdaero
瑞草小学校
CU
リムジンバス（空港行き）
テヘラン路
リムジンバス（到着）
世界中で大ヒットしたPSYの「江南スタイル」を記念したダンスステージがあり、撮影スポットとなっている
セブンイレブン
教大駅へ
地下鉄2号線
瑞草大路
江南 강남 Gangnam
地下鉄新盆唐線
江南 강남 Gangnam
江南駅
カンナムヨッ

↑大学路へ
斗山アートセンター
鍾路5街 Jongno 5-ga 종로5가
GS25
CU
プチョンユッケ P80
広蔵市場 P125 광장시장
清渓川
馬塵橋
東湖路 Donghoro 동호로
芳山市場
芳山洞
舟橋洞

南山公園
素月路
経理団通り
リムジンバス発着所
グランド・ハイアット Grand Hyatt Seoul 그랜드 하얏트 서울 P138
サムスン美術館 Leeum P131
P62 アミューズ 漢南ショールーム
P95 シゴルパプサン
リムジンバス発着所
IPブティック
ハナ銀行
経理団通り
スタンディング・コーヒー本店
おしゃれなレストランやカフェが集まる注目のストリート
梨泰院洞
緑莎坪大路
ソウル梨泰院小学校
レクサス
緑莎坪歩道橋（梨泰院クラスのロケ地）P38
緑莎坪 Noksapyeong 녹사평
三角地駅へ
オードステア P53
ソウルバム（梨泰院クラスのロケ地）P38
P38 クルバム
ハミルトン Hamilton Hotel 해밀톤호텔 P139
梨泰院 Itaewon 이태원
セブンイレブン
梨泰院路 이태원로
リムジンバス発着所
119安全タワー
梨泰院ランド
マクドナルド
梨泰院市場 P71
カフェ・テープ P105

東大門周辺はファッションビルと在来市場が混在するエリア。一度に歩いてまわることもできるが、営業時間が異なるので注意。深夜はファッションビル周辺以外は閑散とするので、一人歩きは避けること。

鍾路5街
鍾路6街
鍾路39ギル
鍾路41ギル
惠化駅へ
東大門 동대문 Dongdaemun
東大門(興仁之門)
ハナ銀行
リムジンバス(空港へ)
鍾路 Jongno 종로
地下鉄1号線
リムジンバス(到着)
P81 陳玉華ハルメ元祖タッカンマリ
ザ・サンファ P122
タッカンマリ横丁
元祖ウォンハルメソムンナンタッカンマリ
焼き魚横丁
東大門総合市場
清溪6街
ケリムウォン P87
東門市場
JWマリオット・東大門スクエア
JW Marriott Dongdaemun Square Seoul
JW 메리어트 동대문 스퀘어 서울
P138
平和市場
ドゥータ免税店
P56 ドゥータ・モール
新平和ファッションタウン
P57 クイーンズスクエア(3~5階)
南平和市場
光熙ファッションモール
統一市場
現代シティアウトレット P71
第一平和市場 P57
中区区民会館
北門
馬場路
奨忠壇路3ギル
ミリオレ P57
ファッションビルの裏側には飲食店が並ぶ
P64 トニー・モリー
徒歩約4分
乙支路39ギル
国立中央医療院
P56 ハローapM
柔精手の香り(10階) P121
グッドモーニング・シティ
東大門歴史文化公園
チーム204 P57
마장로
DDP
東大門観光案内所
東大門デザインプラザ P37・58
DDPサルリムト(D館1・2階) P72
退溪路71ギル
奨忠壇路 Jhangchungdanro 장충단로
地下鉄4号線
ロッテリア
西門
漢陽工業高校
東大門歴史文化公園 Dongdaemun History & Culture Park 동대문역사문화공원
地下鉄2号線
東横イン
リムジンバス
Toegero 퇴계로
新堂駅へ
CU(コンビニ)
光熙門
中区
忠武路駅へ
青丘路 Cheonggu-ro 청구로
光熙洞2街
奨忠壇路 Jangchungdan-ro
地下鉄5号線
茶山路33ギル
奨忠壇路8ギル
0 100m
周辺図は別冊P7参照
東大門市場
トンデムンシジャン
ポティゴゲ駅へ
周辺図は別冊P5参照
漢江鎮 Hangangjin 한강진
Passion5
漢南洞
コム・デ・ギャルソン
Itaewonno
地下鉄6号線
CU
D&デパートメント P75
サインケン漢南(建設中)
マンディ・エディション P52
マルディメクルディ1 P52
大使館路5ギル
梨泰院
イテウォン

江南中心部

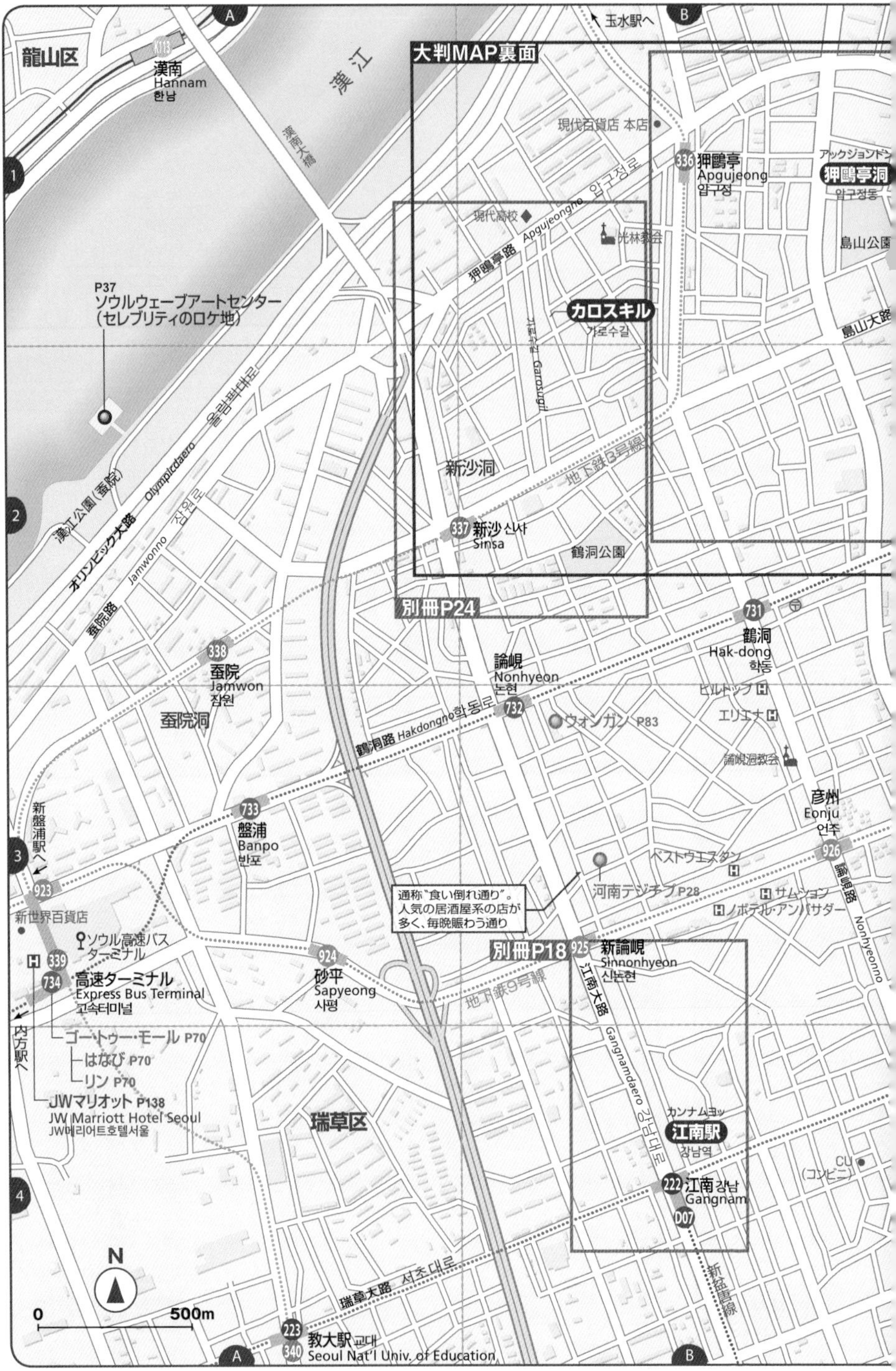

龍山区
K113 漢南 Hannam 한남
漢江
漢南大橋
玉水駅へ
大判MAP裏面
現代百貨店 本店
336 狎鴎亭 Apgujeong 압구정
アックジョンドン
狎鴎亭洞
압구정동
압구정로
現代高校
狎鴎亭路 Apgujeongno
光林教会
島山公園
カロスキル
가로수길
가로수길 Garosugil
島山大路
P37
ソウルウェーブアートセンター
(セレブリティのロケ地)
올림픽대로
Olympicdaero
漢江公園(蚕院)
オリンピック大路
잠원로
Jamwonno
蚕院路
新沙洞
地下鉄3号線
337 新沙 신사 Sinsa
鶴洞公園
別冊P24
731 鶴洞 Hak-dong 학동
338 蚕院 Jamwon 잠원
蚕院洞
論峴 Nonhyeon 논현
732
鶴洞路 Hakdongno 학동로
ビルトップ H
ウォンガン P83
エリエナ H
論峴洞教会
彦州 Eonju 언주
733 盤浦 Banpo 반포
926
論峴路
Nonhyeonno
ベストウエスタン H
新盤浦駅へ
923
新世界百貨店
通称"食い倒れ通り"。人気の居酒屋系の店が多く、毎晩賑わう通り
河南テジチプ P28
H サムション
H ノボテル・アンバサダー
ソウル高速バスターミナル
別冊P18
925 新論峴 Sinnonhyeon 신논현
924 砂平 Sapyeong 사평
江南大路
地下鉄9号線
339
734 高速ターミナル Express Bus Terminal 고속터미널
H
内方駅へ
ゴー・トゥー・モール P70
はなび P70
リン P70
JWマリオット P138
JW Marriott Hotel Seoul
JW메리어트호텔서울
瑞草区
Gangnamdaero 강남대로
カンナムヨッ
江南駅
강남역
CU
(コンビニ)
222 江南 강남 Gangnam
D07
新盆唐線
N
0 500m
瑞草大路 서초대로
223
340 教大駅 교대 Seoul Nat'l Univ. of Education
A
B
1
2
3
4

漢江の南側は江南（カンナム）とよばれる。歴史が長い江北に対し、70年代から開発が進んだ。高層ビルや大型ショッピングセンター、流行に敏感な若者が集まるストリートなどがあり、勢いのあるエリア。

別冊P22-23
ギャラリア百貨店(WEST館)
狎鷗亭ロデオ
Apgujeong Rodeo
압구정로데오역
チョンダムドン
清潭洞
청담동
Dosandaero
プリマ
リベラ
ホテル・プリマ・サウナ
P115
清潭公園
現代アパート
宣陵路 Seolleungno 선릉로
地下鉄7号線
清潭 청담
Cheongdam
三成路 Samseongno 삼성로
江南区庁 강남구청
Gangnam-gu Office
江南区庁
京畿高校
永東大路 Yeongdongdaero 영동대로
奉恩小学校
永東大橋
清潭大橋
漢江
漢江公園(トゥクソム)
トゥクソム船着場
オリンピック大路
Olympicdaero
올림픽대로
スーパージップ
P29・(大判MAP裏)
三成洞
三成中央
Samseong Jungang
삼성중앙
彦州中校
奉恩寺
Bongeunsa
봉은사
P116
奉恩寺
廣東韓方病院五行センター
インターコンチネンタル・ソウル・コエックス P139
InterContinental Seoul COEX
인터컨티넨탈서울 코엑스
ソウル医療院
論峴洞
ジャイアント
Bong-eunsaro
コエックス・モール
P88
江南警察署
総合運動場駅へ
宣靖陵
Seonjeongneung
선정릉
奉恩寺路
P138 グランド・インターコンチネンタル・ソウル・パルナス
Grand InterContinental Seoul Parnas
그랜드인터컨티넨탈서울 파르나스
都心空港ターミナル
重要無形文化財伝授会館
宣陵
三陵公園
靖陵
現代百貨店
三成 삼성
Samseong
パーク・ハイアット
P139
Park Hyatt Seoul
파크 하얏트 서울
彦州路 Eonjuro 언주로
地下鉄2号線
世界遺産にも登録されている、朝鮮王陵(朝鮮王朝の歴代王たちが眠る墓)
KT&Gタワー
炭川 Tanch'on
忠峴教会
新羅ステイ駅三
宣陵 선릉
Seolleung
テヘラン路 Teheranno 테헤란로
徽文中高校
P118 スパ1899(地下2階)
P122 カフェ・サプンサプン
朝鮮パレスソウル江南
大峙洞
駅三 역삼
Yeoksam
江南区
トゥッコビ精肉店直営食堂
P83
P36 センターフィールド ウエスト
(ウ・ヨンウ弁護士は天才肌のロケ地)
駅三路 Yeoksamno 역삼로
周辺図は別冊P5参照
P6-7
江北中心部
P20-21
江南中心部
ロッテ百貨店
도곡로
ハンティ
Hanti
한티
Dongokno
道谷路
道谷駅へ
駅三洞

狎鴎亭洞～清潭洞

A
B
聖水大橋へ
玉水駅へ
狎鴎亭路 Apgujongno 압구정로
漢陽アパート
ユノ病院
ウリ銀行
ハナ銀行
GS25(コンビニ)
リムジンバス(空港行き)
新韓銀行
KB銀行
リムジンバス(到着)
SC第一銀行
スターバックス
P85 ケファオク
P93 シンミ食堂
ウリ銀行
韓一館
ハナ銀行
ミニストップ
プリンセス
ロデオ通り
セブンイレブン
現代百貨店 本店
CU(コンビニ)
新鴎中学校
自生韓方病院
ミニストップ
スターバックス
江南観光情報センター
P97 ペッコドン(地下1階)
ウドンチョン(大判MAP)
徒歩約3分
CU(コンビニ)
カロスキルへ
狎鴎亭 Apgujeong 압구정
セブンイレブン
スターバックス
セブンイレブン
ロデオ通
336
P103 ヌデイク
GS25(コンビニ)
P21 クイーン・ママ・マーケット
P11 ミニュート パピヨン
チャンサラン(地下1階)(大判MAP裏)
GS25(コンビニ)
アックジョンドン 狎鴎亭洞 압구정동
P23 狎鴎亭カルサムギョプサル
セブンイレブン
ミニストップ
Eonju-ro 彦州路 언주로
ポド食堂 P84
スターバックス
トゥー・サム・プレイス(大判MAP裏)
島山公園 도산공원
P104 ノティド
GS25(コンビニ)
ミニストップ
論峴路
新韓銀行
インスタント ファンク P21
セブンイレブン
新沙洞
NH銀行
KB銀行
ツヤネイル(2階) P121・(大判MAP裏)
ディアダリア島山 フラッグシップストア P62
KB銀行
トゥレグクス P23
清潭シネシティ
セブンイレブン
CU(コンビニ)
NH銀行
ウリ銀行
Nonhyeonno
島山公園十字路 도산공원사거리
セブンイレブン
論峴路
ハヌリ韓定食 P95
CU(コンビニ)
GS25(コンビニ)
サンシャイン
KB銀行
ナヌリ病院
ハナ銀行
彦州路 Eonju-ro
新沙駅へ
地下鉄3号線
サムダヨン(大判MAP裏)
彦北中学校
언주로
論峴路 Nonhyeonno 논현로
ユジョン食堂 P28
税関
ザ・プレート(大判MAP裏)
論峴洞
セブンイレブン
新韓銀行
セブンイレブン
KB銀行
コーヒービーン
鶴洞路
鶴洞駅へ

カロスキル、狎鴎亭洞、清潭洞をまわるオススメのルート:地下鉄新沙駅 8番出口から徒歩でカロスキル(別冊 P20B1)へ→狎鴎亭路からタクシーでギャラリア百貨店前(C1)まで移動、狎鴎亭洞へ→徒歩で清潭洞へ。

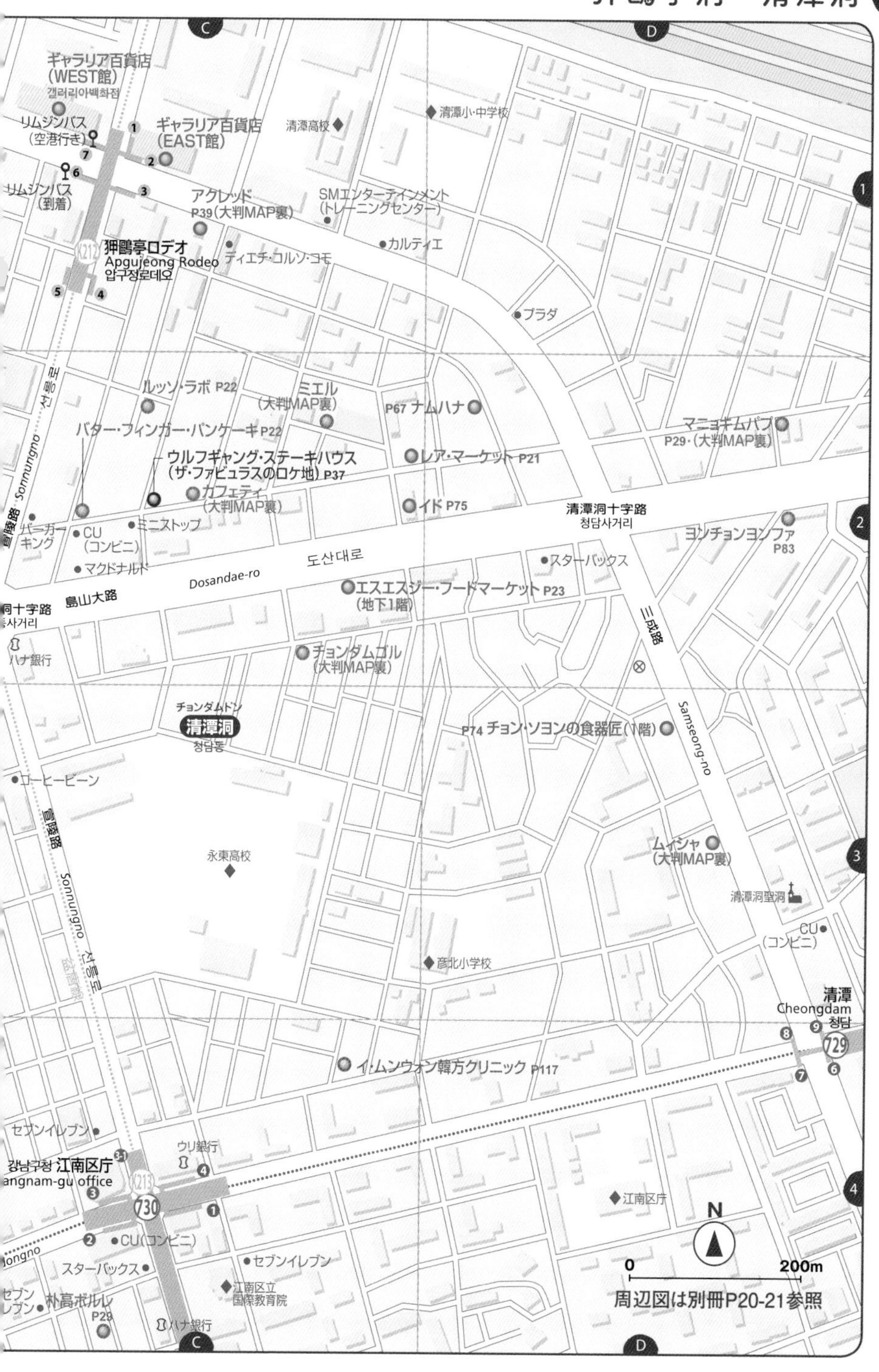

ギャラリア百貨店
(WEST館)
갤러리아백화점
リムジンバス
(空港行き)
ギャラリア百貨店
(EAST館)
清潭高校
清潭小・中学校
リムジンバス
(到着)
アクレッド
P39(大判MAP裏)
SMエンターテインメント
(トレーニングセンター)
狎鷗亭ロデオ
Apgujeong Rodeo
압구정로데오
ディエチ・コルソ・コモ
カルティエ
プラダ
ルッソ・ラボ P22
ミエル
(大判MAP裏)
P67 ナムハナ
マニョキムパプ
P29・(大判MAP裏)
バター・フィンガー・パンケーキ P22
ウルフギャング・ステーキハウス
(ザ・ファビュラスのロケ地) P37
レア・マーケット P21
カフェティ
(大判MAP裏)
イド P75
清潭洞十字路
청담사거리
ヨンチョンヨンファ
P83
Sonnungno
선릉로
宣陵路
バーガーキング
CU
(コンビニ)
ミニストップ
マクドナルド
도산대로
Dosandae-ro
島山大路
スターバックス
エスエスジー・フードマーケット P23
(地下1階)
三成路
ハナ銀行
チョンダムゴル
(大判MAP裏)
チョンダムドン
清潭洞
청담동
Samseong-ro
P74 チョン・ソヨンの食器匠(1階)
コーヒービーン
永東高校
ムイシャ
(大判MAP裏)
清潭洞聖洞
CU
(コンビニ)
彦北小学校
清潭
Cheongdam
청담
イ・ムンウォン韓方クリニック P117
セブンイレブン
ウリ銀行
강남구청 江南区庁
Gangnam-gu office
江南区庁
CU(コンビニ)
スターバックス
セブンイレブン
江南区立
国際教育院
朴高ボルレ
P29
ハナ銀行
N
0
200m
周辺図は別冊P20-21参照

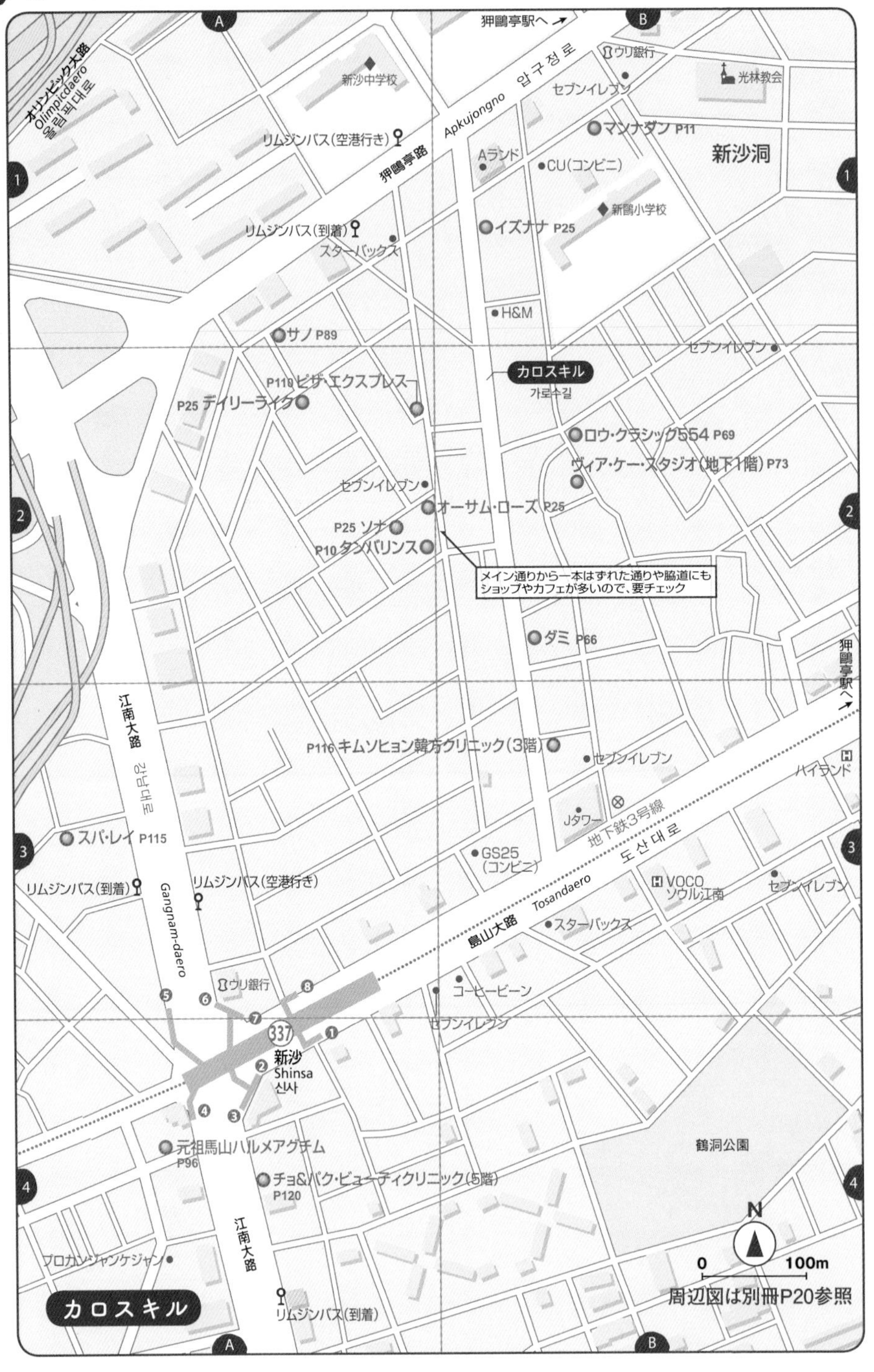
狎鷗亭駅へ
ウリ銀行
光林教会
新沙中学校
압구정로
Apkujongno
狎鷗亭路
セブンイレブン
マンナダン P11
新沙洞
オリンピック大路
Olimpicdaero
올림픽대로
リムジンバス(空港行き)
Aランド
CU(コンビニ)
新鷗小学校
リムジンバス(到着)
スターバックス
イズナナ P25
H&M
サノ P89
セブンイレブン
カロスキル
가로수길
P110 ピザ・エクスプレス
P25 デイリーライク
ロウ・クラシック554 P69
ヴィア・ケー・スタジオ(地下1階) P73
セブンイレブン
オーサム・ローズ P25
P25 ソナ
P10 タンバリンス
メイン通りから一本はずれた通りや脇道にもショップやカフェが多いので、要チェック
ダミ P66
狎鷗亭駅へ
江南大路
강남대로
P116 キムソヒョン韓方クリニック(3階)
セブンイレブン
ハイランド
Jタワー
地下鉄3号線
도산대로
スパ・レイ P115
GS25 (コンビニ)
リムジンバス(到着)
Gangnam-daero
リムジンバス(空港行き)
VOCO ソウル江南
セブンイレブン
Tosandaero
島山大路
スターバックス
ウリ銀行
コーヒービーン
セブンイレブン
337
新沙
Shinsa
신사
元祖馬山ハルメアグチム P96
チョ&パク・ビューティクリニック(5階) P120
鶴洞公園
江南大路
プロカンジャンケジャン
N
0
100m
周辺図は別冊P20参照
リムジンバス(到着)
カロスキル

レストラン・カフェ　ショップ　ビューティスポット　観光スポット　ナイトスポット　ホテル

指をさして簡単注文♪

韓国料理メニューカタログ

焼肉

불고기
プルコギ

豚肉がいちばんポピュラーで、カリカリに脂が落ちるまでよく焼き、サンチュやエゴマの葉などの野菜に包んで食べる。

テジカルビ
돼지갈비

豚カルビ。韓国では牛よりもポピュラー。肋骨のまわりに付いた肉を骨ごとタレに漬け込む。値段は安く庶民の味方。

サムギョプサル
삼겹살

豚のバラ肉（三枚肉）を厚めに切り、鉄板で香ばしく焼き上げる。適度に脂が落ちるので意外とあっさりと食べられる。

カルビサル
갈비살

骨付きカルビの焼肉。タレに漬けたものはヤンニョムカルビ、下味のついてないものはセン(生)カルビという。

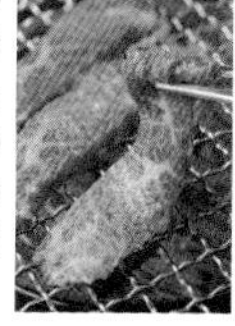

タッカルビ
닭갈비

鶏カルビ。鶏肉をサツマイモ、ニンジン、キャベツなどの野菜と一緒にコチュジャンで炒めたもの。甘辛い味が特徴。

プルコギ
불고기

プルは火、コギは肉の意味。甘いタレに漬け込んだ薄切りのロース肉を、野菜やキノコと一緒に山型の鍋で焼く。

海鮮料理

해산물요리
ヘサンムルヨリ

日本同様、海に囲まれた韓国は刺身や鍋をはじめとして魚介料理のメニューも豊富に揃っている。

カンジャンケジャン
간장게장

生のワタリガニを醤油ダレに漬けたもの。トロトロの身と、濃厚な卵がクセに。別名「ご飯泥棒」とよばれ、ご飯がすすむ。

ナクチボックム
낙지볶음

タコ炒め。ぶつ切りのタコをコチュジャンで炒めた料理。相当辛く、韓国人でも苦手な人がいるほど。

アグチム
아구찜

アンコウの蒸し煮。ぶつ切りにしたアンコウをたっぷりの豆モヤシやネギなどの野菜と蒸し煮にした料理。辛いが後をひく味。

フェ
회

刺身。韓国の刺身はヒラメやタイなど、歯ごたえのある新鮮な白身魚が中心。刺身用のコチュジャンにつけて食べる。

フグチリ
복지리

にんにくが効いた塩味のスープは食欲をそそる。フグの身は特製のタレにつけて。

一品料理

일품요리
イルプムニョリ

小麦粉を使ったチヂミや餃子をはじめ、個性的な一品料理のバリエーションも充実。トッポッキやキムパプは定番のおやつ。

トッポッキ

떡볶이

細長い餅をコチュジャンや水飴で甘辛く煮た屋台料理。韓国人女性が大好きな定番おやつ。鍋にトッピングすることも。

キムパプ

김밥

韓国風海苔巻き。日本との違いはご飯が酢飯ではなく、海苔にごま油をぬる点。具のバリエーションが豊富。

ポッサム

보쌈

下味を付けて蒸した豚肉のスライスを、数種類のキムチや白菜に包んで食べる。さっぱりヘルシーに食べられる肉料理。

チョッパル

족발

豚足。豚の足を醤油ベースのタレで煮込んだ料理。スライスしサンチュに包んで食べるのが一般的。

チャプチェ

잡채

春雨炒め。肉や野菜、春雨をそれぞれ炒めて味付けし、最後にすべての具を混ぜ合わせる。甘めの醤油味。

鍋・スープ

찌개, 전골／국, 탕
チゲ チョンゴル／クッタン

韓国の人はご飯をスープに入れて雑炊のように食べるのが大好き。また、辛味のない白湯系スープは塩やキムチなどで自分好みに味加減するのが韓国スタイル。

タッカンマリ

닭한마리

丸鶏を大きな鍋で煮込む韓国風水炊き。鶏はハサミで切り辛いタレにつけて食べるのが主流だが、そのままでも充分美味。

スンドゥブチゲ

순두부찌개

押し固める前のやわらかい豆腐が入り、魚介のダシが利いた辛い鍋。ご飯や生卵を入れて食べても美味。

ソルロンタン

설렁탕

牛骨や牛肉を白濁するまでじっくり煮込んだスープ。牛のスライスやネギの具が入ってあっさりしている。

サムゲタン

삼계탕

参鶏湯。若鶏にもち米やナツメ、栗、高麗人参などを入れて煮込む、滋味深い味わいの料理。スタミナ抜群。

ヘムルタン

해물탕

海鮮鍋。カニやエビ、ムール貝などの魚介類と、大量の豆モヤシを辛みの効いたスープで煮込む料理。

日本と異なり、韓国では、器を手に持って食べるのは無作法とされている。おかずを取るときには箸を使い、ご飯などはスプーンで食べるのがマナー。

ご飯・麺

밥 면

パッ／ミョン

気軽な一品料理として楽しめるご飯メニューと麺類は単品でオーダーでき、旅行者の強い味方。

ピビムパプ

비빔밥

ご飯の上に盛られた具にコチュジャンを加え、よく混ぜ合わせてから食べる。ピビムは混ぜる、パプはご飯の意味。

ネンミョン

냉면

冷麺。そば粉や緑豆で作ったコシのある麺を、冷たい牛骨スープで味わう。水冷麺ともいう。ハサミで切って食べる。

ピビムネンミョン

비빔냉면

ピビン麺。とうがらしの味噌ダレに和えて食べる、辛い汁なし冷麺。食べるときにハサミで切ってもらおう。

カルグクス

칼국수

韓国式手打ちうどん。ダシは魚介や鶏肉、牛骨など店による。スープで麺をゆでるので、汁にとろみがある。

コングクス

콩국수

大豆スープに小麦粉麺を入れただけのシンプルな麺料理。ほんのり塩味で食べる爽快な夏の涼味だ。

チャジャンミョン

짜장면

中国料理のジャージャー麺を韓国風にアレンジしたもの。甘い味噌あんをかけた庶民的な味付けがウリ。

サムパプ

쌈밥

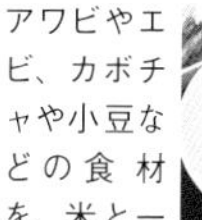

包みご飯。サンチュやエゴマなどの葉で、ご飯と肉や魚などのおかずを包んで食べる。野菜がたっぷりとれヘルシー。

チュク

죽

アワビやエビ、カボチャや小豆などの食材を、米と一緒に炊いた栄養たっぷりの粥。胃が疲れたときにオススメ。

レストランで使えるカンタン韓国語

すみませーん!(呼びかけ) 여기요～! ヨギヨー	おいしいです。 맛있어요. マシッソヨ
(メニューを差して)これをください。 이걸 주세요. イゴル ジュセヨ	水をください。 물 좀 주세요. ムル チョム ジュセヨ
おすすめは何ですか? 뭐가 맛있어요? モガ マシッソヨ	お会計してください。 계산해 주세요. ケサネ ジュセヨ

シーン別 カンタン 会話

Scene 1 あいさつ

こんにちは
안녕하세요.
アンニョンハセヨ

ありがとうございます
감사합니다.
カムサハムニダ

はい、いいです
네, 좋아요.
ネ　チョアヨ

いいえ、だめです
아뇨, 안 돼요.
アニョ　アン　ドェヨ

Scene 2 意思を伝える

わかりました
알겠어요.
アルゲッソヨ

わかりません
모르겠어요.
モルゲッソヨ

結構です
됐어요.
トェッソヨ

嫌です
싫어요.
シロヨ

Scene 3 ショップで

いくらですか？
얼마예요？
オルマイェヨ

試着してもいいですか？
입어 봐도 돼요？
イボ ボァド デェヨ

○○はどこにありますか？
○○는(은) 어디에 있어요？
○○ヌン(ウン)　オディエ　イッソヨ

これにします
이걸로 할게요.
イゴルロ ハルケヨ

Scene 4 タクシーで

○○まで行ってください
○○까지 가 주세요.
○○カジ　カ　ジュセヨ

急いでいます
급해요.
クッペヨ

ここで止めてください
여기서 세워 주세요.
ヨギソ　セウォ　ジュセヨ

領収書をください
영수증 주세요.
ヨンスジュン　ジュセヨ

Scene 5 チャンス到来!?

ファンなんです！
팬이에요！
ペニエヨ

握手してください
악수 해 주세요.
アッス　ヘ　ジュセヨ

サインしてください
사인 해 주세요.
サイン　ヘ　ジュセヨ

一緒に写真を撮ってください
같이 사진 찍어주세요.
カッチ　サジン　チゴジュセヨ

レート W100≒約11.15円
(2023年8月現在)

両替時のレート
W100≒＿＿＿円

書いておこう♪